Le Poche

Le Registre Microsoft® de Windows® XP

www.microapp.com

1re Edition - Mai 2003

Auteur WEBASTUCES, SARL

ISBN : 2-7429-3083-3

MICRO APPLICATION
20-22, rue des Petits-Hôtels
75010 PARIS
Tél. : 01 53 34 20 20 - Fax : 01 53 24 20 00
http://www.microapp.com

Support technique :
Fax : 01 53 34 20 00
Également disponible sur le site www.microapp.com

Avant-propos

Cette collection fournit des connaissances essentielles sur un sujet donné sans jamais s'éloigner de leur application pratique. Les volumes de la collection sont basés sur une structure identique :

- Les puces introduisent une énumération ou des solutions alternatives.

1. La numération accompagne chaque étape d'une technique.

REMARQUE

> Propose conseils et trucs pratiques.

ASTUCE

> Il s'agit d'informations supplémentaires relatives au sujet traité.

ATTENTION

> Met l'accent sur un point important, souvent d'ordre technique, qu'il ne faut négliger à aucun prix.

Conventions typographiques

Afin de faciliter la compréhension des techniques décrites, nous avons adopté les conventions typographiques suivantes :

- **Gras** : menu, commande, boîte de dialogue, bouton, onglet.
- *Italique* : zone de texte, liste déroulante, case à cocher, bouton radio.
- `Police bâton` : touche, instruction, listing, texte à saisir.
- ✂ : indique un retour ligne volontaire dû aux contraintes de la mise en page.

Sommaire

Chapitre > 1

Au cœur de Windows

Le Registre est une base de données utilisée pour stocker la configuration des versions 32 bits de Windows, à savoir Windows 95, 98, Me, NT/2000 et XP.

Il contient des informations et les différentes configurations concernant le matériel, les logiciels, les utilisateurs et les préférences de votre PC. À chaque fois qu'un utilisateur modifie un paramètre d'un module du Panneau de Configuration ou installe un logiciel, les changements sont répercutés et stockés dans le Registre.

Dès lors, si, par exemple, vous décidez de changer d'économiseur d'écran, vous passez par le module **Affichage** du Panneau de configuration. Or ce n'est qu'une des nombreuses interfaces avec le Registre. Vous pouvez parfaitement modifier vous-même votre économiseur d'écran directement dans le Registre.

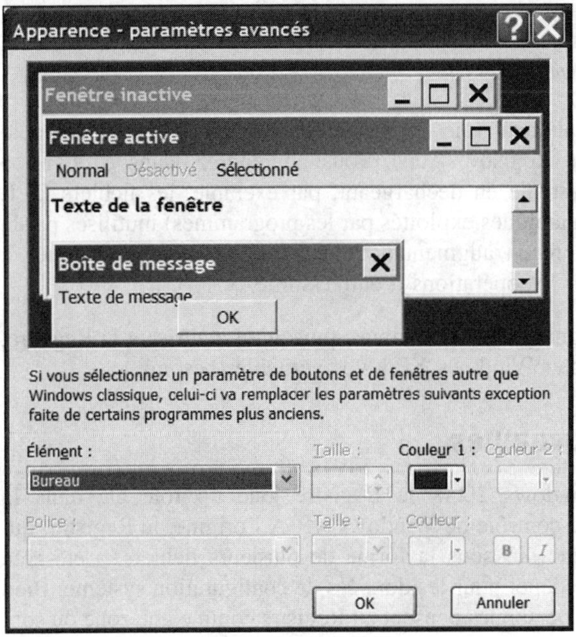

▲ Fig. 1.1 : *Toutes ces valeurs...*

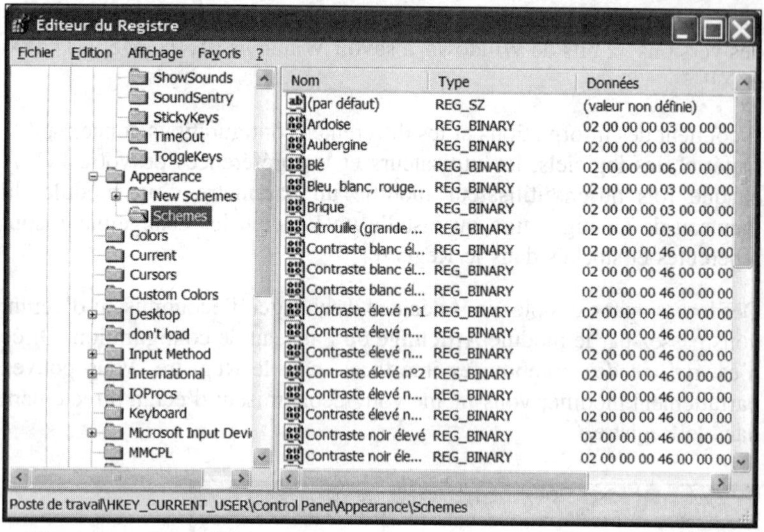

▲ Fig. 1.2 : *...sont conservées ici*

Il faut savoir également que de nombreux réglages sont uniquement accessibles par le Registre. Ainsi, vous apprendrez, dans ce livre, à accélérer votre système en déchargeant, par exemple, les fichiers DLL (bibliothèques dynamiques exploités par les programmes) inutilisés par la mémoire, ou encore en augmentant la quantité de mémoire allouée à Windows XP pour les opérations d'entrée/sortie.

Les possibilités sont quasiment infinies, puisqu'en maîtrisant le Registre, vous pouvez adapter Windows XP à vos véritables besoins.

1.1 Les nouveautés

Comme sous Windows 2000, le Registre joue un rôle clé dans la configuration et le contrôle de Windows XP. À l'origine, le Registre, qui réside sur le disque dur sous la forme de plusieurs fichiers, a été créé comme un lieu de dépôt pour les données de configuration système. Bien que la plupart des personnes pensent au Registre comme une zone où sont stockées des données statiques, c'est également une fenêtre pour accéder à des structures maintenues en mémoire par le noyau de Windows XP.

Le Registre de Windows XP a été remodelé afin d'améliorer les performances générales tout en restant compatible avec les logiciels d'édition standards. Deux bénéfices peuvent être tirés de ce remodelage : un Registre plus grand et des requêtes plus rapides.

Windows XP supporte en effet un Registre beaucoup plus important que les versions précédentes, qui étaient limitées à environ 160 Mo. Le Registre de Windows XP est limité seulement par la taille de l'espace disque disponible, ce qui vous laisse de la marge.

Un autre problème, qui affectait les performances du Registre, était l'accès aux données, qui n'était pas très rapide. Grâce à un algorithme amélioré, Windows XP accède plus rapidement aux données, surtout si elles sont proches localement dans le Registre.

1.2 La structure du Registre

Le Registre possède une structure en arborescence, dans laquelle les paramètres sont classés par sections représentées par des branches.

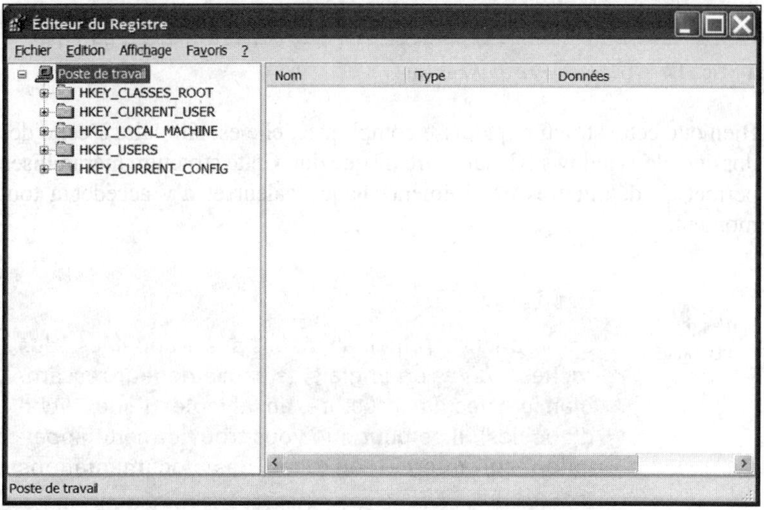

▲ Fig. 1.3 : *Aperçu du Registre*

Chaque branche principale, représentée par une icône de dossier, contient des "clés" qui contiennent elles-mêmes d'autres "clés" ou "sous-clés". Ce n'est que tout au bout de cette arborescence que l'on trouve les valeurs contenant les informations stockées dans le Registre.

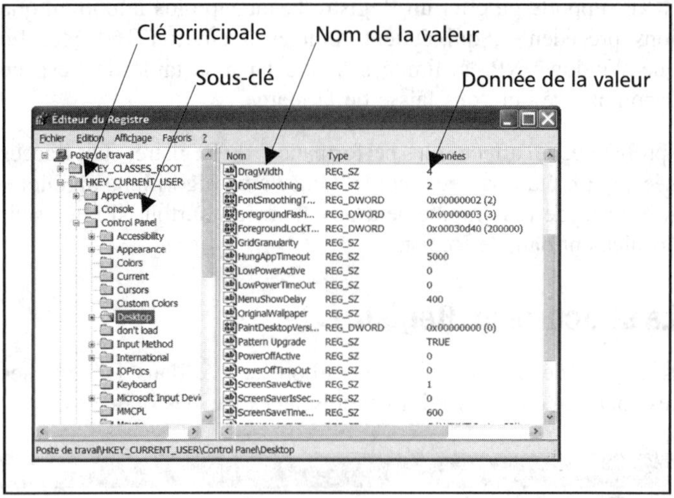

▲ Fig. 1.4 : *Arborescence du Registre*

Bien que cette structure paraisse compliquée, elle est similaire à celle des dossiers de Windows XP sur votre disque dur. Cette structure hiérarchisée permet de définir très précisément chaque valeur et d'y accéder à tout moment.

REMARQUE

Les "hives"

Les branches principales sont aussi appelées "des ruches", *hives* en anglais, (à cause de leur ressemblance avec la structure en alvéole d'une ruche d'abeilles). Il se peut que vous trouviez cette appellation sur Internet ou dans des documentations techniques.

Le Registre est composé de cinq branches, contenant chacune une section spécifique des informations stockées dans le Registre. Voici un bref aperçu des différentes clés principales, et leur signification.

Tab. 1.1 : Les différentes branches du Registre

Branche	Description
HKEY_CLASSES_ROOT	Contient toutes les informations nécessaires aux liaisons de fichiers. On y trouve donc toutes les associations de fichiers, les raccourcis clavier. Sont présentes également les informations nécessaires à Windows pour intégrer des données en provenance d'autres programmes.
HKEY_CURRENT_USER	Cette branche est liée à la clé principale HKEY_USERS. Elle contient les informations relatives à l'utilisateur courant. Parmi les paramètres enregistrés ici, citons les noms de connexions, la configuration du Bureau, du menu Démarrer et de la barre des tâches.
HKEY_LOCAL_MACHINE	Contient toutes les informations concernant la machine courante : configuration matérielle, composants et logiciels installés, pilotes, etc. Ces informations sont valables pour tous les utilisateurs.
HKEY_USERS	Sont conservées ici les informations concernant tous les utilisateurs identifiés sur le système, que cela soit dans le cadre d'un réseau local ou d'une utilisation multiutilisateur. On trouve aussi bien des paramètres généraux que des informations liées à un utilisateur donné.
HKEY_CURRENT_CONFIG	Cette branche est liée à la clé principale HKEY_LOCAL_MACHINE. On y trouve toutes les clés consacrées aux fonctions Plug&Play. Elle contient les informations de la configuration courante (par exemple un portable branché sur une station d'accueil).

Les clés HKEY_CURRENT_CONFIG et HKEY_CURRENT_USER contiennent toujours les données actuelles. Chaque modification que vous apportez à Windows XP y est enregistrée en premier.

Ces deux clés existent car Windows XP offre la possibilité d'utiliser plusieurs configurations matérielles et profils d'utilisateurs.

Comme nous l'avons vu, le Registre présente une structure hiérarchisée à la manière d'une arborescence de dossier. Chaque clé principale contient plusieurs clés, à leur tour divisées en sous-clés. Ces sous-clés peuvent contenir des valeurs (comme un dossier peut contenir des fichiers).

Les valeurs des clés sont caractérisées par des données sauvegardées dans différents formats. Voici ces formats ainsi que leur description.

Tab. 1.2 : Les différents formats des données stockées dans le Registre

Format de données	Description
REG_BINARY ou valeur binaire	Ce type de données enregistre les données au format binaire. La plupart des informations concernant les composants matériels sont stockées dans ce format. Il est indispensable d'utiliser un convertisseur hexadécimal pour lire ces données.
REG_DWORD ou valeur DWORD	Ce type de données représente les données par un nombre sur 4 bits. Il est, la plupart du temps, utilisé pour stocker des valeurs booléennes, comme 0 pour désactiver une fonction et 1 pour l'activer.
REG_EXPAND_SZ ou valeur de chaîne extensible	Le type de valeur de chaîne extensible est une chaîne contenant une variable qui sera remplacée par sa valeur lorsqu'elle sera appelée par une application. Par exemple la chaîne `%SystemRoot%` sera remplacée par le chemin actuel où se trouvent les fichiers système de Windows XP.
REG_MULTI_SZ ou valeur de chaîne multiple	Le type de valeur de chaîne multiple est utilisé pour représenter des valeurs qui contiennent une liste de données ou plusieurs données. Chaque entrée doit être séparée par un espace.
REG_SZ ou valeur de chaîne	Le type de valeur de chaîne est celui qui est utilisé pour les chaînes standards, c'est-à-dire pour stocker des données texte lisibles.

1.3 Éditer le Registre

Les fichiers physiques qui constituent le Registre sont placés différemment suivant votre version de Windows. Ainsi, sous Windows XP, le Registre est réparti entre cinq fichiers : *System*, *Software*, *Sam*, *Security* et *Default*, qui se trouvent dans le dossier *C:\Windows\System32\Config*. À ces cinq fichiers s'en ajoutent deux : *NTUSERS.DAT* et *USRCLASS.DAT*, qui se trouvent dans votre profil et qui reprennent des éléments des cinq fichiers cités précédemment.

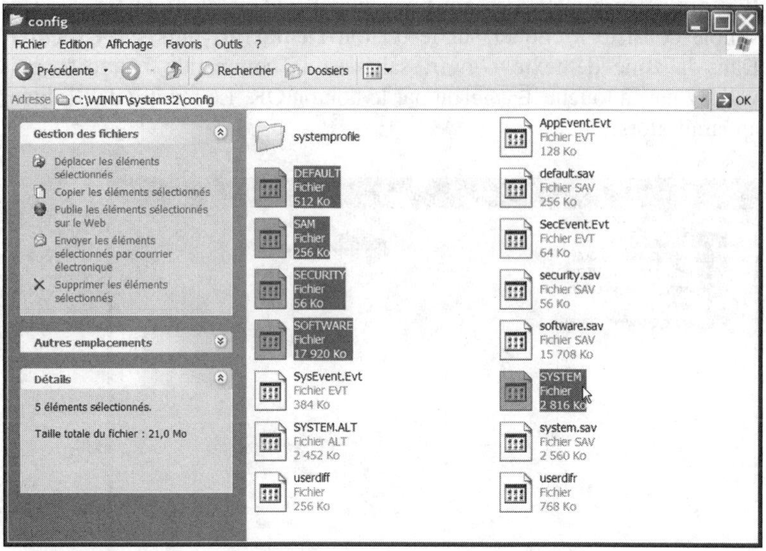

▲ Fig. 1.5 : *Les fichiers qui composent le Registre*

Vous ne pouvez pas éditer directement ces fichiers. De ce fait, vous devez utiliser un outil spécifique appelé communément "Éditeur du Registre" pour effectuer n'importe quel changement dans le Registre.

Conseil

Toujours une seule modification à la fois

Lorsque vous apportez des modifications au Registre, il est préférable que vous n'en fassiez qu'une à la fois avant d'en vérifier les effets. Si vous effectuez plusieurs modifications en même temps, celles-ci peuvent interagir et produire des effets imprévus. De toute façon, il sera alors plus difficile d'assigner un résultat à une action. Cela est valable pour toutes les astuces que vous trouverez dans ce livre.

L'Éditeur du Registre (dont l'exécutable est *regedit.exe*) est présent dans Windows XP, bien que vous ne le trouverez pas dans le menu **Démarrer**.

Il y a plusieurs méthodes pour exécuter l'Éditeur du Registre. La plus simple consiste à cliquer sur le bouton **Démarrer**, puis sur **Exécuter**. Dans la zone de texte *Ouvrir*, saisissez la commande `regedit`, puis validez par la touche [Entrée] ou par le bouton OK. La fenêtre de l'Éditeur apparaît alors.

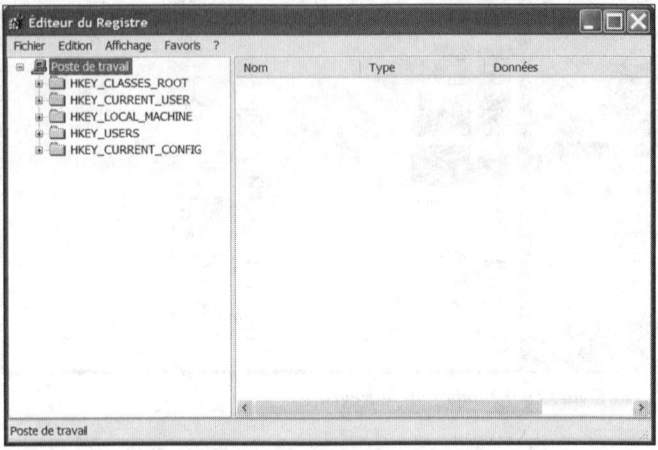

▲ Fig. 1.6 : *Fenêtre de l'Éditeur du Registre*

REMARQUE

Où est passé l'Éditeur amélioré

Windows 2000 comportait un Éditeur du Registre alternatif, Regedit32 représenté par le fichier *regedt32.exe*. Il comportait quelques fonctionnalités supplémentaires, que l'on ne trouve pas dans la version standard. Il était ainsi possible d'afficher et de modifier les permissions de sécurité et de créer et de modifier des valeurs chaînes extensibles et multiples. L'Éditeur standard de Windows XP intègre toutes les fonctionnalités de Regedit32.

Simplifier l'accès à l'Éditeur du Registre

Au cours de ce livre, vous allez être conduit à exécuter fréquemment cet Éditeur du Registre. Il peut être ainsi judicieux de créer un raccourci vers Regedit sur votre bureau, par exemple.

1. Pour cela, cliquez avec le bouton droit de la souris sur un espace vide du Bureau, puis choisissez la commande **Nouveau/Raccourci**.
2. Dans le champ *Entrez l'emplacement de l'élément*, saisissez `regedit.exe`
3. Cliquez ensuite sur **Suivant** pour continuer. Saisissez alors un nom pour ce raccourci, `Editeur du Registre`, par exemple.

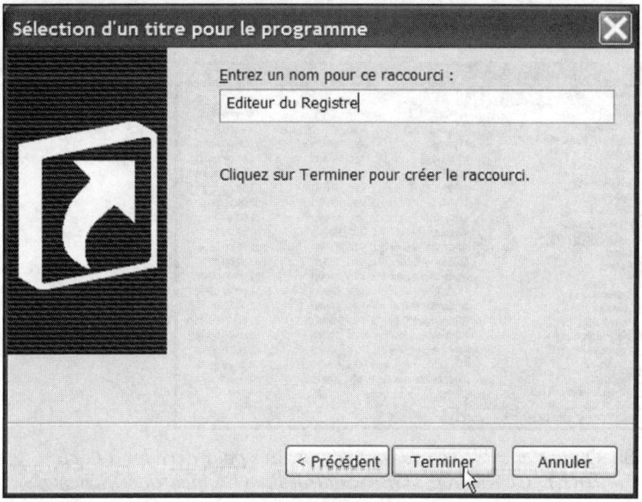

▲ Fig. 1.7 : *Créez un raccourci vers l'Éditeur du Registre*

4. Cliquez enfin sur le bouton **Terminer** pour créer le raccourci. Désormais, à chaque fois que vous aurez une opération à effectuer dans le Registre, il suffira de double-cliquer sur l'icône que vous venez de créer.

Utiliser l'Éditeur du Registre

Vous avez à présent démarré l'Éditeur et avez sous les yeux la fenêtre intitulée **Editeur du Registre**.

Dans ce livre, vous serez amené à ouvrir des branches bien précises afin d'enregistrer ou de modifier une valeur.

Pour trouver le chemin requis, il suffit, en partant de la clé principale, de cliquer sur le signe + pour ouvrir successivement chacune des clés du chemin. Ainsi, pour effectuer une manipulation dans

```
HKEY_CURRENT_USER\Control Panel\Appearance\Schemes
```

vous devez ouvrir quatre clés successives à partir de la racine en cliquant sur leur signe + respectif.

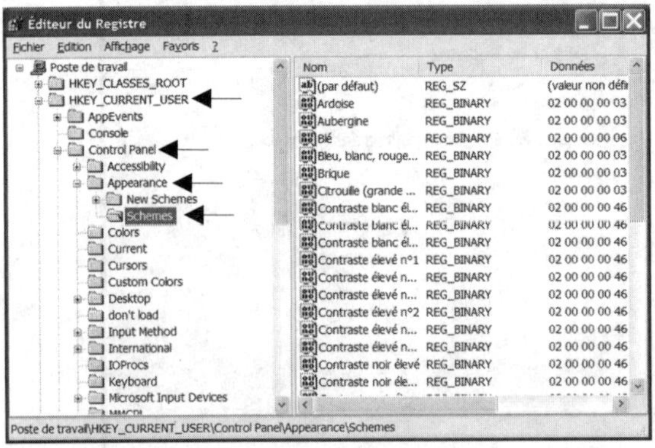

▲ Fig. 1.8 : *Quatre clics de souris sont nécessaires pour accéder à la clé HKEY_CURRENT_USER\Control Panel\Appearance\Schemes*

Les valeurs figurant dans cette clé s'affichent alors dans la fenêtre de droite avec, à leur droite, les données qu'elles contiennent. Pour les modifier, il suffit de double-cliquer sur une valeur pour afficher une boîte de dialogue permettant de lire et d'éditer la donnée qu'elle contient.

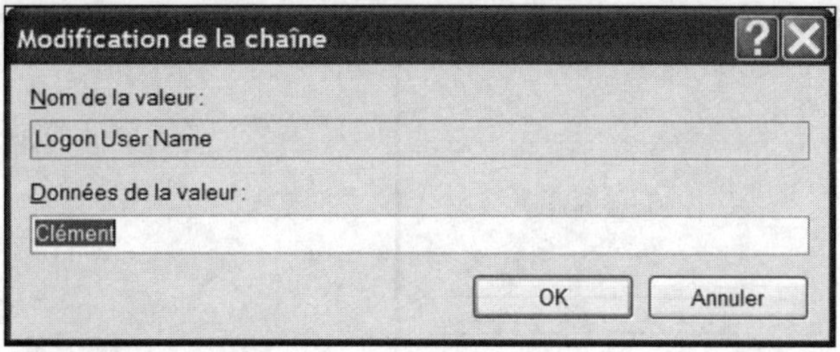

▲ Fig. 1.9 : *Édition d'une valeur de type texte*

Dans l'image précédente, nous avons ouvert une valeur chaîne. Une boîte de dialogue différente s'affiche si on ouvre une valeur binaire.

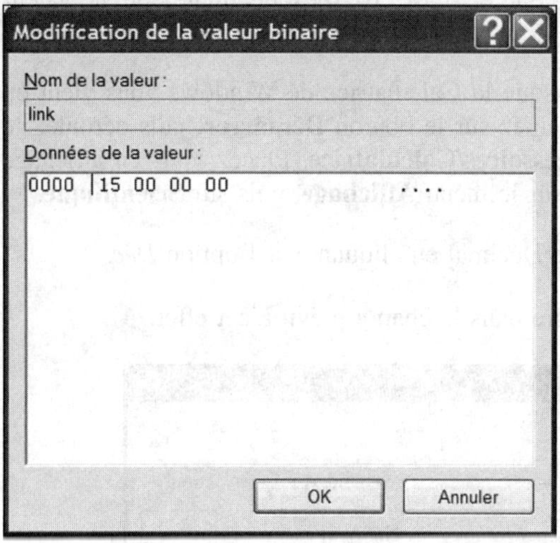

◄ Fig. 1.10 : *Édition d'une valeur de type binaire*

Il en va de même si vous ouvrez une valeur DWORD. Notez que, à cette occasion, vous avez la possibilité de basculer entre une représentation décimale et une représentation binaire.

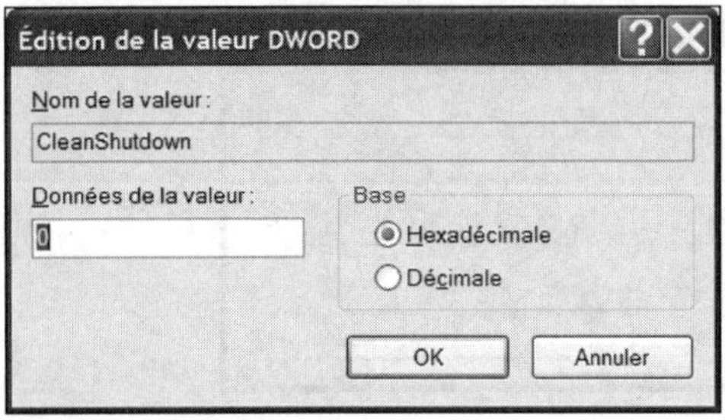

▲ Fig. 1.11 : *Édition d'une valeur de type DWORD*

À ce propos, vous vous demandez certainement comment convertir des nombres décimaux en nombres binaires ou hexadécimaux ? Comment savoir quel est l'équivalent en base 16 (hexadécimale) de la valeur décimale 950 ?

Cela est très simple, puisque la Calculatrice de Windows vous vient en aide. Pour l'exécuter, cliquez sur le bouton **Démarrer**, puis déroulez le menu **Programmes/Accessoires/Calculatrice**. Placez vous en affichage scientifique en cliquant sur le menu **Affichage**, puis sur **Scientifique**.

1. Placez-vous en mode Décimal en cliquant sur l'option *Déc.*
2. Saisissez votre nombre dans le champ prévu à cet effet.

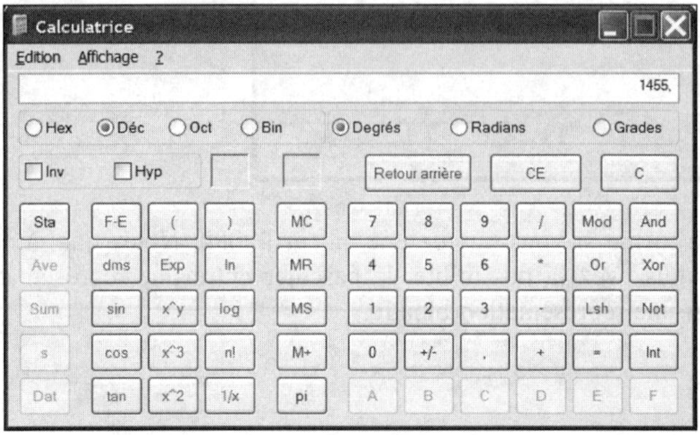

▲ Fig. 1.12 : *Saisissez votre nombre décimal*

3. Sélectionnez ensuite *Hex* pour convertir instantanément ce nombre en hexadécimal.

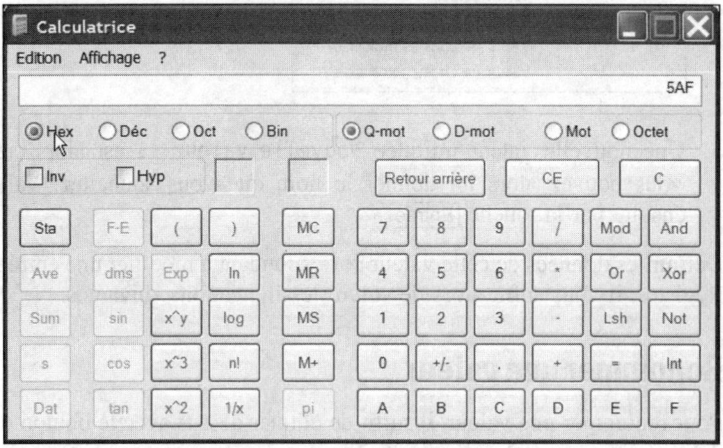

▲ Fig. 1.13 : *Ce même nombre en hexadécimal*

1.4 Les manipulations de base

Avant de modifier le Registre, veillez à faire une sauvegarde.

Ajouter une entrée

La création de clés, comme celle de valeurs, n'est pas très compliquée. Tout d'abord, placez-vous dans la branche où vous souhaitez ajouter votre nouvelle entrée.

1. Dans la fenêtre de droite, cliquez avec le bouton droit de la souris sur un espace vide.

2. Dans le menu contextuel qui apparaît, cliquez sur l'option *Nouveau*, puis choisissez l'option qui vous convient.

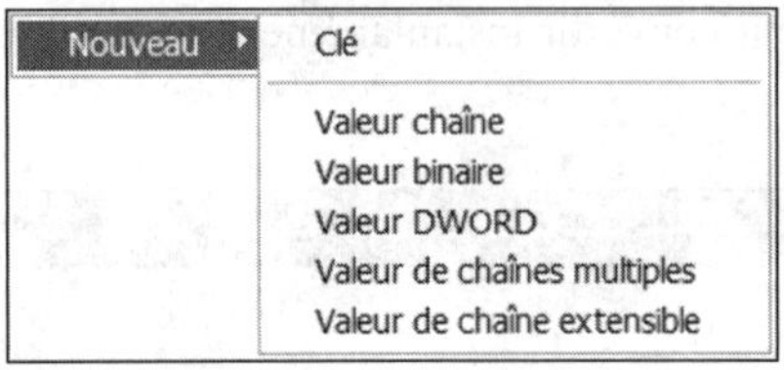

Fig. 1.14 : *Liste des options Nouveau*

3. Une nouvelle valeur intitulée `Nouvelle valeur #1` est alors créée. Vous pouvez alors lui donner le nom que vous souhaitez. Validez ensuite par la touche [Entrée].

Définir les données de cette valeur correspondant à modifier une entrée du Registre, il vous suffit alors de suivre les indications suivantes.

Renommer une valeur

Pour renommer une valeur, il suffit de cliquer dessus avec le bouton droit de la souris, puis de choisir la commande **Renommer**. Vous pouvez également utiliser la touche [F2] de votre clavier pour renommer une valeur sélectionnée. Saisissez votre nouveau nom de valeur, puis validez en appuyant sur la touche [Entrée].

Modifier une entrée du Registre

Pour modifier une entrée du Registre, il n'y a rien de plus simple. Il suffit de double-cliquer sur son nom pour afficher une fenêtre contenant les données de cette valeur. Remplacez alors ces données par les vôtres.

Imaginons que vous souhaitiez accélérer la vitesse d'affichage du menu **Démarrer**. La valeur qui définit cette vitesse s'intitule `MenuShowDelay` et se trouve dans la clé :

```
HKEY_CURRENT_USER\Control Panel\Desktop
```

1. Déroulez l'arborescence en cliquant sur les signes + jusqu'à atteindre cette clé.

2. Dans la fenêtre de droite, vous constatez que la valeur MenuShowDelay est présente. Double-cliquez dessus ou bien sélectionnez-la et choisissez la commande **Modifier** du menu **Edition**.

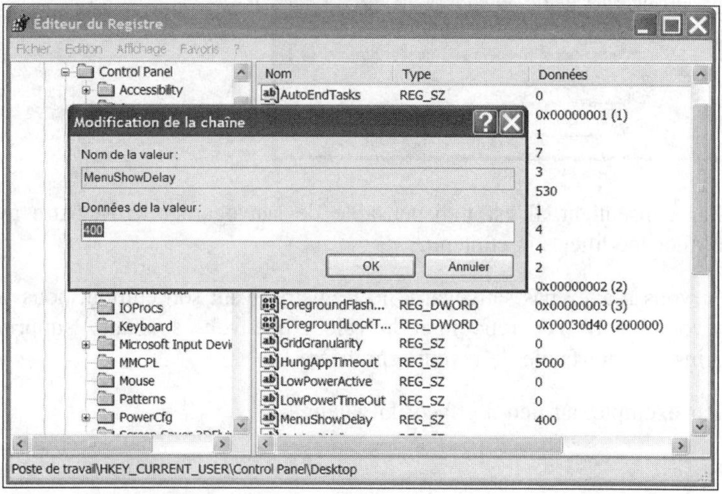

▲ Fig. 1.15 : *Double-cliquez sur une valeur pour modifier ses données*

3. Une boîte de dialogue **Modification de la chaîne** s'ouvre alors. La zone de texte *Données de la valeur* contient la durée en millisecondes d'attente d'affichage des menus. Par défaut, sa valeur est de 400 millisecondes. Saisissez 100 à la place de 400 pour que cette durée d'attente ne soit plus que de 100 millisecondes. Cliquez alors sur OK pour valider.

Supprimer une entrée du Registre

Pour supprimer une entrée, il suffit de la sélectionner avec la souris, puis d'appuyer sur la touche [Suppr.] Vous pouvez également utiliser la commande **Supprimer** du menu **Edition**.

Soyez tout de même attentif avant de supprimer une clé, puisqu'il n'existe pas de fonction **Annuler**, les modifications étant effectuées immédiatement. Cela peut être dangereux : des modifications pouvant aller jusqu'à empêcher le démarrage de Windows.

Lorsque vous supprimez une entrée en répondant **Oui** ou en validant par la touche [Entrée], la question, la valeur ou la clé disparaissent définitivement.

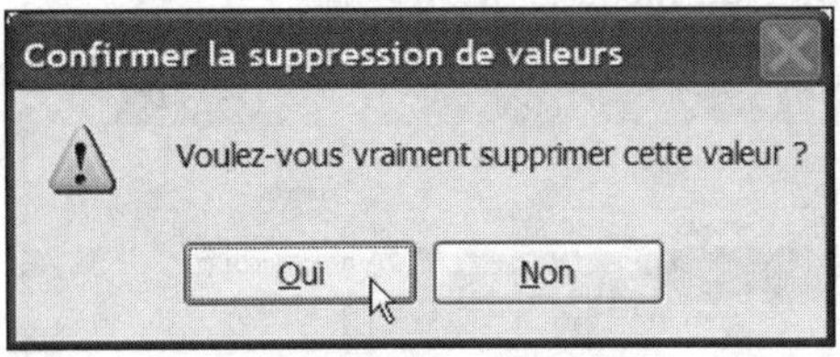

◄ Fig. 1.16 : *Confirmation de suppression*

Par conséquent, il est indispensable de sauvegarder le Registre avant d'aller modifier son contenu.

Si vous n'avez pas sauvegardé le Registre avant son édition, nous vous recommandons de renommer la valeur que vous souhaitez supprimer. Ainsi, il sera facile de revenir en arrière.

Par exemple, au lieu d'effacer la valeur

```
Lines1
```

rebaptisez-la en spécifiant la date :

```
Lines1_suppr_1505
```

La valeur est alors désactivée, et il vous est facile de la restaurer en faisant machine arrière.

Imprimer le Registre

Pour conserver la trace de certains paramètres, rien ne vous empêche d'imprimer le Registre de Windows.

Notez, à ce propos, que l'impression de l'ensemble du Registre dépasse facilement cent pages. C'est pourquoi nous vous conseillons d'imprimer uniquement les clés qui vous sont réellement nécessaires.

Pour imprimer une clé ainsi que ses sous-clés, placez vous dans celle-ci, puis sélectionnez la commande **Fichier/Imprimer**. La boîte de dialogue qui s'affiche alors vous permet de sélectionner l'imprimante. Vérifiez que l'option *Branche sélectionnée* est bien validée pour n'imprimer que la clé choisie.

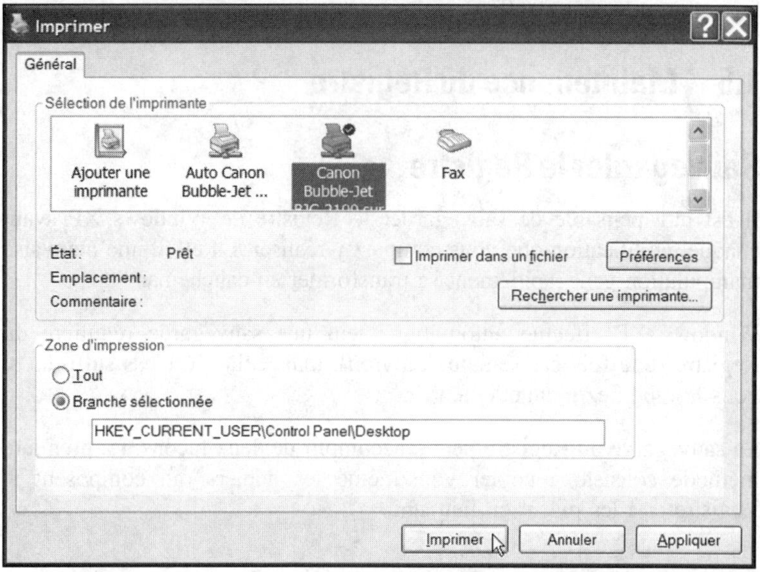

▲ Fig. 1.17 : *Imprimez uniquement les informations qui vous intéressent*

Sachez également que les données d'un grand nombre de valeurs sont très longues. Il vous sera alors peut-être nécessaire de configurer votre imprimante en mode paysage.

Prise en compte des modifications

Comme nous l'avons dit précédemment, les modifications effectuées dans la base des registres sont immédiates. Cependant, leur activation n'est pas aussi rapide selon le type de modification.

Si, par exemple, vous avez modifié le titre de la fenêtre d'Internet Explorer, cette modification sera effective dès le prochain lancement d'Internet Explorer. Cela n'est pas le cas si vos modifications touchent le système plus profondément. Ainsi, si vous avez modifié des paramètres liés à votre matériel, vous allez devoir redémarrer votre ordinateur pour que ces modifications soient effectives.

Pour d'autres cas, comme la personnalisation du Bureau, une simple fermeture de session suffit.

1.5 Maintenance du Registre

Sauvegarder le Registre

Il est indispensable de sauvegarder le Registre de Windows XP avant chaque modification que vous comptez y réaliser. En effet, une mauvaise manipulation peut rapidement se transformer en cauchemar.

Windows XP effectue automatiquement une sauvegarde régulière du Registre (une fois par semaine environ), mais cela n'est pas suffisant si vous le modifiez manuellement.

La sauvegarde du Registre peut s'accomplir de deux façons. La première méthode consiste à copier vous-même les fichiers qui composent le Registre et à les placer en lieu sûr.

Copier les fichiers du Registre en lieu sûr

1. Copiez tout d'abord les fichiers *System*, *Software*, *Sam*, *Security* et *Default*, qui se trouvent dans le dossier *C:\Windows\System32\Config*, dans un autre dossier, disons *C:\Registre*. Attention, ces fichiers peuvent faire plusieurs dizaines de Mo. C'est pourquoi nous vous recommandons de vous servir d'un utilitaire de compression.

PowerArchiver est un logiciel de compression prenant en compte le célèbre format ZIP, qui, en plus de son universalité, offre la possibilité de sauvegarder vos fichiers sur plusieurs disquettes ce que ne fait pas Windows XP avec sa fonctionnalité Dossier compressé. Notez que ce logiciel est gratuit et en français. Alors, pourquoi s'en priver ?

REMARQUE

Télécharger PowerArchiver

Vous pouvez télécharger PowerArchiver à l'adresse www.powerarchiver.com. Préférez la version 6, qui est en français et gratuite. Le fichier pèse un peu plus de 2 Mo. Il vous faudra donc un peu plus de 8 minutes avec un modem 56K pour le télécharger.

2. Après avoir installé PowerArchiver, rendez-vous dans le dossier *C:\Windows\System32\Config*. Sélectionnez les fichiers *System*, *Software*, *Sam*, *Security* et *Default*, puis cliquez avec le bouton droit de la souris sur la sélection.
3. Choisissez la commande **Compresser en ZIP + Options**. Une boîte de dialogue s'affiche alors.

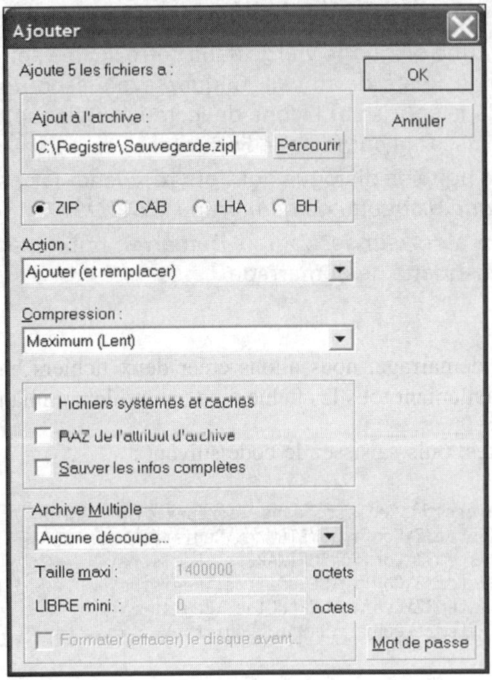

◄ Fig. 1.18 : *Ajoutez les fichiers du Registre à une archive compressée*

4. Cliquez sur le bouton **Parcourir** pour choisir l'emplacement de stockage de l'archive ainsi que son nom. Incluez la date dans le nom de la sauvegarde, cela peut être utile pour la retrouve.
5. Si vous souhaitez copier cette sauvegarde sur plusieurs disquettes, sélectionnez votre lecteur de disquette comme emplacement de sauvegarde, puis choisissez la commande **Automatique** de la liste déroulante *Archive Multiple*. Validez ensuite par OK : la sauvegarde commence. Le logiciel vous demande alors d'insérer une nouvelle disquette dès que celle qui est en cours est pleine.

Cette méthode nécessite l'utilisation d'une disquette de démarrage pour restaurer les fichiers qui sont utilisés par le système et ne peuvent être effacés. De même si un processus utilise le Registre, il se peut que vous ne puissiez pas copier les fichiers, cette disquette vous permettra de le faire.

REMARQUE

Créer une disquette de démarrage

Insérez une disquette vierge dans votre lecteur, puis ouvrez le Poste de travail. Cliquez avec le bouton droit de la souris sur l'icône du lecteur de disquette et choisissez la commande **Formater**.

Dans la boîte de dialogue qui s'ouvre, cochez la case *Créer une disquette de démarrage MS-DOS*.

Cliquez alors sur le bouton **Démarrer** pour créer votre disquette de démarrage.

Sur cette disquette de démarrage, nous allons créer deux fichiers batch permettant de copier facilement tous les fichiers en une seule commande.

1. Ouvrez le Bloc-notes, puis saisissez le code suivant :

```
REM Copie les fichiers du Registre dans le répertoire TEMP
@COPY C:\WINDOWS\System32\Config\SYSTEM c:\Registre\
@COPY C:\WINDOWS\System32\Config\SOFTWARE c:\Registre\
@COPY C:\WINDOWS\System32\Config\SECURITY c:\Registre\
@COPY C:\WINDOWS\System32\Config\DEFAULT c:\Registre\
@COPY C:\WINDOWS\System32\Config\SAM c:\Registre\
```

2. Enregistrez ce fichier sur votre disquette sous le nom `sauvegarde-.bat`. Vérifiez que l'option *Tous les fichiers* est sélectionné dans la liste *Type*. Cliquez alors sur OK. Ce fichier vous permettra de sauvegarder facilement les fichiers du Registre.

3. Ouvrez de nouveau le Bloc-notes pour créer le fichier permettant de restaurer le Registre :

```
@COPY C:\Registre\SYSTEM C:\WINDOWS\System32\Config\
@COPY C:\Registre\SOFTWARE C:\WINDOWS\System32\Config\
@COPY C:\Registre\SECURITY C:\WINDOWS\System32\Config\
@COPY C:\Registre\DEFAULT C:\WINDOWS\System32\Config\
@COPY C:\Registre\SAM C:\WINDOWS\System32\Config\
```

Enregistrez ce fichier sur votre disquette sous le nom `restaure.bat`, en veillant à sélectionner l'option *Tous les fichiers* dans la liste *Type*. Validez par OK.

Si vous n'arrivez pas à sauvegarder votre Registre sous Windows, procédez en respectant les étapes suivantes :

1. Créez un répertoire *C:\Registre* sur votre disque dur, puis insérez la disquette de démarrage dans votre lecteur.

2. Redémarrez votre ordinateur. Ce dernier "boote" alors sur la disquette. Après quelques secondes, vous vous retrouvez devant une invite de commande :

```
A:\
```

3. Exécutez alors le fichier batch qui lance la sauvegarde en saisissant `sauvegarde`, puis en validant par la touche Entrée.

4. Une fois la copie terminée, retirez votre disquette du lecteur et redémarrez votre ordinateur en pressant le bouton **Reset** de ce dernier ou en appuyant simultanément sur les touches Ctrl+Alt+Suppr.

REMARQUE

Avantages et inconvénients de cette méthode

Il est évident que cette méthode n'est pas facile à mettre en place, surtout si tout ce qui touche à la ligne de commande vous rebute. Néanmoins, elle a le mérite de pouvoir restaurer le Registre, même si Windows ne démarre plus, contrairement à la méthode suivante.

Exporter le Registre

La seconde méthode, qui est beaucoup plus simple à mettre en œuvre, consiste à exporter entièrement le Registre.

1. Exécutez l'Éditeur du Registre, puis cliquez sur le menu **Fichier** et sur **Exporter**.
2. Choisissez l'emplacement de sauvegarde. Donnez un nom au fichier : `sauvreg.reg` dans notre exemple.

Attention, en raison de la taille assez imposante du Registre (plus de 70 Mo !), il n'est pas possible de le sauvegarder directement sur disquettes. En revanche, rien ne vous empêche de compresser le fichier de sauvegarde, pour qu'il tienne sur plusieurs disquettes (environ 3).

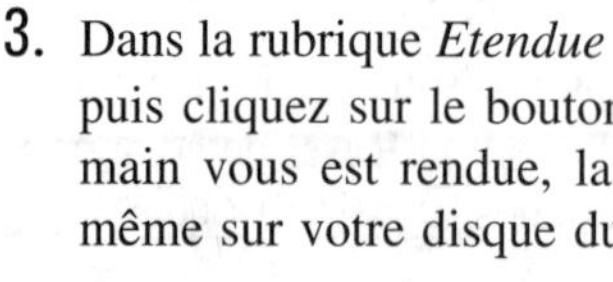

◄ Fig. 1.19 : *Exportez tout le Registre dans un seul fichier*

3. Dans la rubrique *Etendue de l'exportation*, sélectionnez l'option *Tout*, puis cliquez sur le bouton **Enregistrer**. Quelques secondes après, la main vous est rendue, la sauvegarde est effectuée. Vérifiez tout de même sur votre disque dur que la sauvegarde a bien été créée.

Vous êtes alors prêt à résoudre tous les problèmes qui pourraient survenir lors de vos modifications dans le Registre.

Conseil

Une sauvegarde à portée de la main

Comme on ne saurait jamais être trop prudent, il est sage de toujours laisser une sauvegarde sur le disque dur, d'autant qu'elle permet, dans le cas de la première méthode de sauvegarde, d'être restaurée facilement si Windows ne démarre plus.

Restaurer le Registre

Quand restaurer le Registre ?

La restauration du Registre est nécessaire lorsque vous avez commis des erreurs en modifiant la base des registres et que votre système est devenu instable ou que des messages d'erreurs apparaissent.

Il peut arriver qu'une clé soit supprimée par erreur. Le fait que les modifications dans le Registre soient immédiates et qu'il n'y ait pas moyen de revenir en arrière incite à sauvegarder le Registre.

Mais vous pouvez également être conduit à restaurer le Registre en cas d'infection par un virus, par exemple. En effet, de nombreux virus utilisent le Registre pour s'exécuter au démarrage de Windows et contaminer vos fichiers. En restaurant un Registre sain, le virus ne s'exécutera pas au démarrage, ce qui permet de le supprimer plus facilement.

Conseil

Veillez à toujours utiliser la version la plus récente de votre sauvegarde

Avant de restaurer la sauvegarde de votre Registre, vérifiez toujours si vous n'êtes pas en présence d'une version trop ancienne. En restaurant une trop vieille sauvegarde, vous courez le risque de voir les choses empirer.

Si Windows démarre

Dans ce cas, il n'y a aucun problème, puisque vous avez alors accès à l'Éditeur du Registre et à votre utilitaire de compression. Pour restaurer le Registre, il faut d'abord décompresser les fichiers.

1. Insérez la dernière disquette de sauvegarde, puis double-cliquez sur le fichier portant l'extension ZIP.
2. Dans PowerArchiver, ou dans un autre logiciel de compression, cliquez sur le bouton **Extraire**. Sélectionnez un dossier de destination quelconque, par exemple *C:\Registre* (au besoin, créez-le), puis cliquez sur le bouton **Extraire**.

Si vous aviez sauvegardé le Registre à partir des fichiers du répertoire *C:\Windows\System32\Config*, il va vous falloir utiliser la disquette de démarrage pour pouvoir les copier à leur bon emplacement. Les fichiers actuels du Registre sont en effet utilisés par le système, et vous ne pourrez pas les effacer pour les remplacer par les vôtres.

1. Insérez donc votre disquette de démarrage dans votre lecteur de disquette, puis redémarrez votre ordinateur.
2. À l'invite de commande, saisissez `restaure`, puis validez avec la touche [Entrée]. Les fichiers du Registre sont alors remplacés par ceux de votre sauvegarde.
3. Une fois de retour à l'invite de commande, vous pouvez redémarrer votre ordinateur en appuyant sur le bouton **Reset** de votre boîtier, ou en pressant simultanément les touches [Ctrl]+[Alt]+[Suppr].

Si vous avez préféré la seconde méthode, qui consistait à exporter le Registre, cela est plus rapide.

1. Double-cliquez sur le fichier *sauvreg.reg*, créé auparavant. Une boîte de dialogue s'affiche alors et vous demande si vous êtes bien sûr de vouloir ajouter les informations contenues dans ce fichier au Registre.
2. Cliquez sur le bouton **Oui** pour valider. Un message vous avertit alors du succès de l'opération.

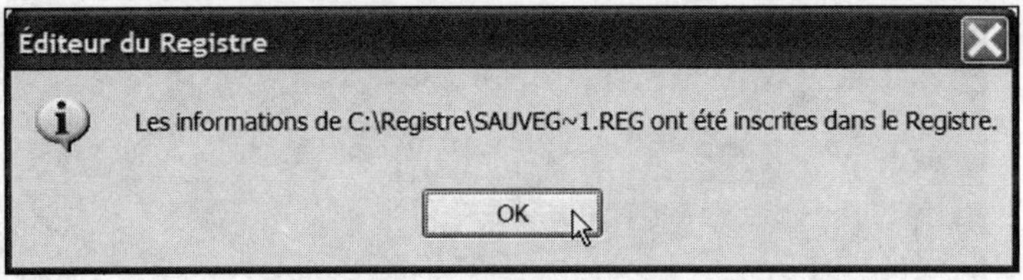

▲ Fig. 1.20 : *Votre sauvegarde du Registre est restaurée*

3. Redémarrez votre ordinateur pour qu'il prenne en compte les changements que vous venez d'apporter.

Si Windows refuse de démarrer

Si Windows refuse de démarrer, vous n'avez alors plus accès à l'Éditeur du Registre ni aux utilitaires de compression pour restaurer votre sauvegarde. Contrairement à ses prédécesseurs, Windows XP ne comporte pas d'utilitaire en ligne de commande pour restaurer le Registre.

Si vous aviez laissé une sauvegarde sur votre disque dur (dans le répertoire *Registre* pour notre exemple) en utilisant la première méthode de sauvegarde des fichiers, vous pouvez utiliser la disquette de démarrage.

1. Insérez la disquette dans votre lecteur, puis démarrez votre ordinateur.

2. À l'invite de commande, saisissez `restaure`, puis appuyez sur la touche [Entrée]. Il ne vous reste plus qu'à redémarrer votre ordinateur quand le processus est terminé.

Si vous n'avez accès à aucune de vos sauvegardes, vous pouvez essayer d'utiliser les sauvegardes automatiques de Windows XP.

1. Pour cela, démarrez votre ordinateur, puis appuyez sur la touche [F8] juste après avoir entendu le bip de démarrage. Vous avez alors accès au menu d'options avancées de Windows XP.

2. À l'aide des flèches de direction, sélectionnez l'option *Dernière bonne configuration connue* (vos derniers paramètres fonctionnels).

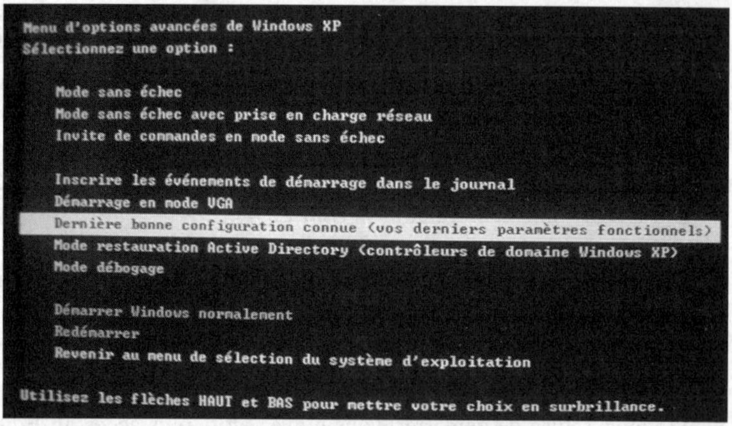

▲ Fig. 1.21 : *Démarrez Windows à tous les coups*

Windows démarre alors avec les paramètres tels qu'ils étaient enregistrés lors de la dernière sauvegarde automatique de Windows.

Si cette méthode est plus simple que celle qui consiste à utiliser la disquette de démarrage, préférez tout de même cette dernière si vous avez le choix, la sauvegarde automatique de Windows n'étant pas aussi récente que votre copie de sauvegarde, qui, si vous avez suivi nos conseils, doit être toute fraîche.

Dernière chance : relancer l'installation

Si vous n'avez pris aucune précaution et que vous regrettez de ne pas avoir suivi nos conseils, tout n'est pas perdu pour autant. Si la restauration de la sauvegarde automatique de Windows ne donne rien, il vous reste le programme d'installation de Windows XP.

Insérez le CD de Windows XP dans votre lecteur de CD-Rom, puis démarrez votre ordinateur. Normalement, le message suivant devrait apparaître à l'écran :

"Appuyez sur n'importe quelle touche pour démarrer à partir du lecteur de CD-Rom"

Si tel n'est pas le cas, cela signifie que votre BIOS n'est pas configuré pour que l'amorçage s'effectue sur votre lecteur de CD-Rom avant de s'exécuter votre disque dur. Consultez la notice de votre carte mère pour corriger cela.

Lorsque ce message apparaît, appuyez sur la touche [Entrée] pour lancer le programme d'installation de Windows.

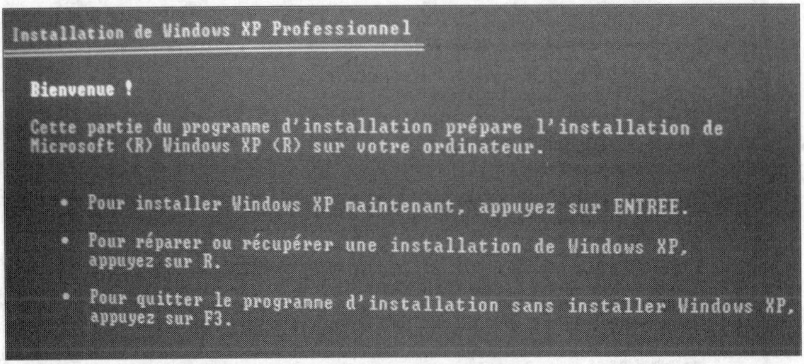

▲ Fig. 1.22 : *Programme d'installation de Windows XP*

Choisissez alors l'option *Réparer ou récupérer une installation de Windows XP en appuyant sur la touche R.*

1.6 Travailler sur le Registre de manière optimale

Rechercher une valeur

Vous venez d'installer un nouveau logiciel, PowerArchiver par exemple, et souhaitez savoir comment il a été intégré dans le Registre.

1. Vous pouvez, pour cela, utiliser la commande **Rechercher** du menu **Edition**. Saisissez votre mot-clé, ici le nom du logiciel, dans la zone de texte *Rechercher*.
2. Comme vous ignorez comment la valeur recherchée a été enregistrée, cochez toutes les options et désactivez la case *Mot entier seulement*.

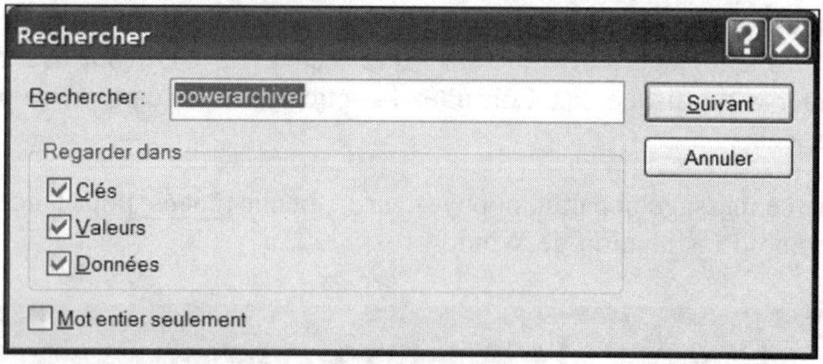

▲ Fig. 1.23 : *La boîte de dialogue Rechercher*

3. Le résultat s'affiche après un clic sur le bouton **Suivant**.

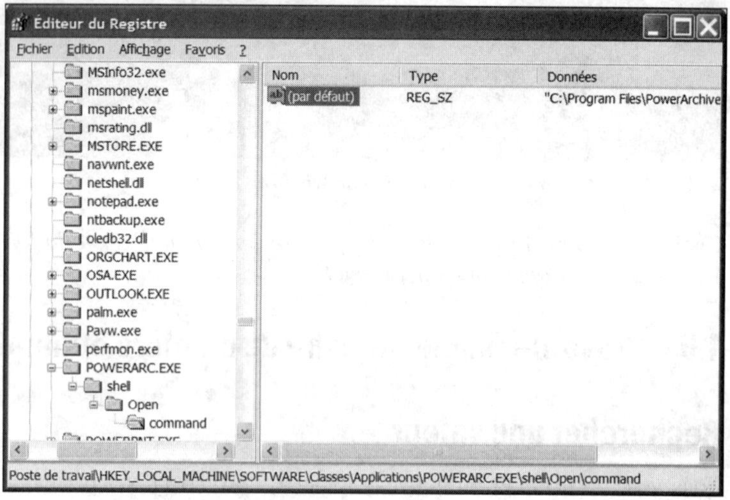

▲ Fig. 1.24 : *Une des nombreuses valeurs et clés ajoutées par PowerArchiver*

Si le résultat de la recherche ne vous satisfait pas, vous avez la possibilité de la répéter en appuyant sur la touche [F3].

Vous pouvez restreindre le domaine de recherche aux clés, valeurs ou données en activant les options adéquates dans la boîte de dialogue de recherche. Pour trouver une chaîne strictement identique à celle que vous saisissez, cochez la case *Mot entier seulement*.

ATTENTION

La recherche débute à partir de la position actuelle

Une recherche commence toujours à partir de la position de la sélection Par conséquent, pour garantir le succès de votre recherche, cliquez sur l'icône *Poste de travail,* tout en haut de l'arborescence, avant de la lancer.

Utiliser les favoris

Tout comme Internet Explorer, l'Éditeur du Registre comporte un gestionnaire de favoris permettant d'atteindre très rapidement les informations auxquelles vous accédez souvent. Ainsi, beaucoup d'astuces que nous vous présentons dans ce livre nécessitent des manipulations dans des sous-clés de la branche `HKEY_CURRENT_USER\Software\Microsoft\Windows\CurrentVersion`.

Ajouter un favori

Pourquoi, alors, ne pas placer un raccourci vers cette clé pour gagner du temps ?

1. Pour cela, ouvrez-la normalement en cliquant sur les +.
2. Sélectionnez la clé `CurrentVersion`, puis cliquez sur le menu **Favoris** et sur **Ajouter aux Favoris**. Par défaut, le nom du favori est le nom de la dernière clé sélectionnée (ici `CurrentVersion`).
3. Si vous souhaitez le modifier, saisissez son nouveau nom dans la zone de texte *Nom du Favori*. Validez ensuite par OK.

Désormais, pour accéder instantanément à la clé

```
HKEY_CURRENT_USER\Software\Microsoft\Windows\CurrentVersion
```

il vous suffira de dérouler le menu **Favoris**, puis de cliquer sur **Current Version** (ou sur le nom que vous lui avez donné).

ATTENTION

Des titres précis

Plusieurs sous-clés CurrentVersion existent. Pour que vous ne vous mépreniez pas, il peut être judicieux d'indiquer devant ce nom de favori la branche principale de la clé sous la forme d'un alias : *HKCU* par exemple pour HKEY_CURRENT_USER.

Supprimer un favori

Pour supprimer un favori, procédez de la manière suivante :

1. Cliquez sur le menu **Favoris**, puis sur **Supprimer des Favoris**.
2. Choisissez, dans la liste, le ou les favoris que vous souhaitez supprimer. Pour sélectionner plusieurs favoris en même temps, maintenez la touche Ctrl enfoncée tout en les sélectionnant.
3. Cliquez sur le bouton OK pour les supprimer définitivement.

Attention, il n'y a pas de message de confirmation ! Vérifiez donc bien que vous ne commettez pas d'erreurs.

Importer et exporter des éléments du Registre

Une fonctionnalité très intéressante de l'Éditeur du Registre est sa capacité d'importer et d'exporter des informations du Registre sous forme d'un fichier texte. Portant l'extension .REG, ces fichiers peuvent ensuite être sauvegardés (comme nous l'avons fait pour la sauvegarde complète du Registre) ou envoyés à d'autres personnes pour qu'elles modifient simplement leurs paramètres sans avoir à "trifouiller" dans le Registre.

Imaginez l'administrateur d'un réseau qui doit effectuer la même manipulation dans le Registre Windows de dizaines de machines. Au lieu de faire les modifications une par une, il lui suffit de créer un fichier texte portant l'extension .REG contenant les éléments à modifier, puis de l'importer dans le Registre de chacun des ordinateurs. Résultat : un gain de temps considérable.

Vous souhaitez, par exemple, transmettre à un ami la modification que vous avez effectuée précédemment concernant la vitesse d'affichage du menu **Démarrer** pour qu'elle soit également effective sur son ordinateur.

1. Déroulez l'arborescence en cliquant sur les signes + jusqu'à atteindre la clé `HKEY_CURRENT_USER\Control Panel\Desktop`.
2. Déroulez ensuite le menu **Fichier** et cliquez sur la commande **Exporter**. Choisissez l'emplacement de sauvegarde, puis donnez un nom au fichier, `menushowdelay.reg` dans notre exemple.

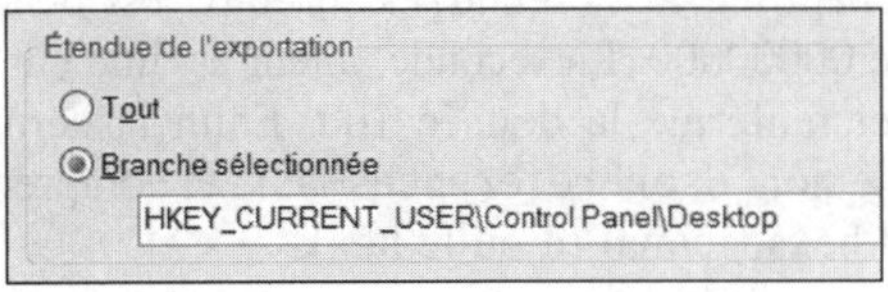

◄ Fig. 1.25 : *Exportez seulement la branche sélectionnée*

3. Dans la rubrique *Étendue de l'exportation*, sélectionnez l'option *Branche sélectionnée*, puis cliquez sur le bouton **Enregistrer**.

Accédez à votre fichier d'inscription dans le Registre par l'intermédiaire de l'Explorateur.

◄ Fig. 1.26 : *Le fichier d'inscription dans le Registre tel qu'il apparaît dans l'Explorateur de Windows*

Vous n'avez plus qu'à transmettre à votre ami le fichier d'inscription dans le Registre que vous venez de générer.

Ce dernier n'a alors qu'à double-cliquer sur ce fichier, puis à cliquer sur le bouton **Oui** de la boîte de dialogue qui s'ouvre pour importer le fichier dans son Registre. Il dispose maintenant de la nouvelle donnée de la valeur `MenuShowDelay` que vous lui avez transmise.

Plus sur les fichiers d'inscription dans le Registre

Il peut être intéressant de voir comment est constitué un fichier d'inscription dans le Registre. Voici la structure d'un fichier portant l'extension .REG sous Windows XP :

```
Windows Registry Editor Version 5.00
[HKEY_CURRENT_USER\Control Panel\Desktop]
"ActiveWndTrkTimeout"=dword:00000000
"MenuShowDelay"="100"
"UserPreferencesMask"=hex:9e,3e,00,80
```

La première ligne indique le type de fichier et sa version. C'est donc un fichier du Registre dans sa version 5.00 (Windows 2000 et XP).

`[HKEY_CURRENT_USER\Control Panel\Desktop]` fait référence à la clé d'où viennent les valeurs que l'on trouve les trois lignes qui suivent.

Ainsi, la première valeur, baptisée `ActiveWndTrkTimeout`, est de type `DWORD` et contient la donnée 00000000. La seconde valeur est une chaîne, de nom `MenuShowDelay`, et renferme la donnée 100. Enfin la dernière valeur est de type binaire, de nom `UserPreferencesMask`, et comprenant les données 9e,3e,00,80 en hexadécimal (d'où le `hex`).

Il est alors facile de créer des fichiers REG contenant toutes les modifications que vous souhaitez apporter au Registre, en une seule opération.

REMARQUE

Évitez les modifications simultanées

Attention, lorsque vous effectuez plusieurs modifications en même temps et que votre système devient instable, vous ne saurez pas l'origine exacte du problème. Vérifiez donc auparavant chacune des modifications une par une.

ATTENTION

N'ouvrez que les fichiers REG qui sont au-dessus de tout soupçon

N'ouvrez que les fichiers REG dont vous êtes sûr de l'origine. Un utilisateur malintentionné pourrait, en effet, supprimer de cette manière des données de votre Registre. Pour voir son contenu, cliquez dessus avec le bouton droit de la souris, puis sur **Modifier**. Le fichier s'ouvre dans le Registre. Vous pouvez alors vérifier que le fichier est "correct.

Supprimer des valeurs avec un fichier REG

Il est également possible de supprimer des clés et des valeurs en utilisant un fichier d'inscription du Registre. Pour créer un fichier REG, ouvrez le Bloc-notes de Windows. Il suffira, par la suite, de sauvegarder le fichier avec l'extension .REG.

1. Pour cela, déroulez le menu **Fichier**, puis cliquez sur la commande **Enregistrer sous**.
2. Déroulez la liste *Type*, puis choisissez *Tous les fichiers*.
3. Dans la zone de texte *Nom du fichier*, saisissez le nom de votre fichier suivi de l'extension .REG.

Pour supprimer une clé, saisissez l'en-tête caractérisant votre fichier, puis placez un signe "-" devant le nom de la clé que vous souhaitez supprimer. Par exemple, pour supprimer la clé `[HKEY_CURRENT_USER\Control Panel\Desktop]` (non recommandé), le fichier d'inscription du Registre sera :

```
Windows Registry Editor Version 5.00
[-HKEY_CURRENT_USER\Control Panel\Desktop]
```

La suppression d'une valeur se fait de la même manière, sauf que le signe négatif est placé avant la donnée de cette valeur. Par exemple, pour supprimer la valeur `MenuShowDelay`, le fichier REG sera :

```
Windows Registry Editor Version 5.00
[HKEY_CURRENT_USER\Control Panel\Desktop]
"MenuShowDelay"=-"100"
```

Attention à ne pas supprimer n'importe quelles clés ou valeurs ! Cela peut entraîner des problèmes dans votre Registre. Rappelez-vous que vous devez toujours effectuer une sauvegarde avant de modifier le Registre.

1.7 Windows XP et le Registre

Gérer les autorisations

Au regard de ses caractéristiques, le Registre est naturellement le point le plus vulnérable de votre système. La personne malintentionnée qui pénètre dans votre Registre peut paralyser votre système en quelques clics de souris.

Il est, par conséquent, nécessaire de définir les autorisations d'accès des différents utilisateurs pour chaque branche du Registre de Windows XP.

1. Ouvrez une session en mode Administrateur, puis exécutez l'Éditeur du Registre.
2. Sélectionnez la première branche intitulée HKEY_CLASSES_ROOT
3. Dans le menu **Edition**, cliquez sur la commande **Autorisations**. La boîte de dialogue suivante apparaît alors à l'écran.

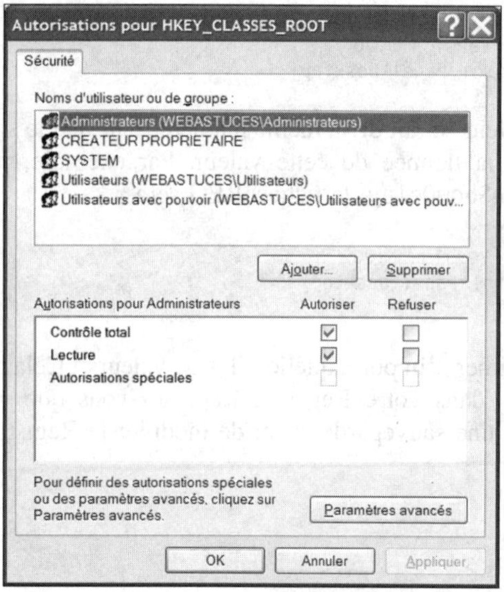

▲ Fig. 1.27 : *La boîte de dialogue Autorisations*

4. Vous constatez que l'administrateur a un contrôle total sur le Registre. Pour définir les autorisations de manière plus précise, cliquez sur le bouton **Paramètres avancés**.

5. Dans l'onglet **Autorisations**, la liste des autorisations est affichée. Pour modifier les autorisations concertant les utilisateurs, cliquez deux fois sur le nom **Utilisateurs**. Vous pouvez également sélectionner **Utilisateurs**, puis cliquer sur le bouton **Modifier**.

6. La liste complète des autorisations pour utilisateurs s'affiche. Vous pouvez les modifier en cochant les cases adéquates (*Autoriser* ou *Refuser*) devant les autorisations.

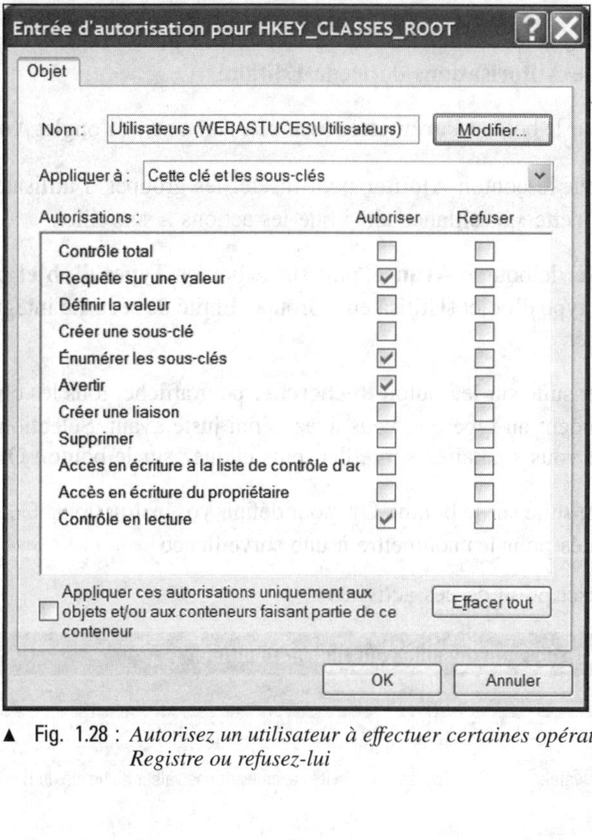

▲ Fig. 1.28 : *Autorisez un utilisateur à effectuer certaines opérations sur le Registre ou refusez-lui*

De cette façon, vous pouvez, par exemple, réduire les autorisations des utilisateurs avec pouvoir, qui ont des autorisations spéciales, pour qu'ils soient "logés à la même enseigne" que les utilisateurs classiques. Pour cela, refusez les opérations suivantes : *Définir la valeur*, *Créer une sous-clé* et enfin *Supprimer*. Cliquez sur le bouton OK pour valider.

Recommencez l'opération pour toutes les branches dont vous souhaitez modifier les autorisations.

Surveiller les accès au Registre

Il est possible de définir, dans le Registre, une surveillance des clés les plus sensibles.

1. Pour cela, sélectionnez la clé à surveiller, puis cliquez sur la commande **Autorisations** du menu **Edition**.
2. Cliquez sur le bouton **Paramètres avancés**, puis ouvrez l'onglet **Audit**.
3. Cliquez sur le bouton **Ajouter** pour insérer les groupes d'utilisateurs soumis à cette surveillance ainsi que les actions à surveiller.
4. Cliquez sur le bouton **Avancé**, puis sur le bouton **Types d'objet** pour définir le type d'objet (Utilisateur, Groupe, Entité de sécurité intégrée) à surveiller.
5. Cliquez ensuite sur le bouton **Rechercher** pour afficher tous les objets correspondant au type que vous avez défini juste avant. Sélectionnez celui que vous souhaitez surveiller, puis cliquez sur le bouton OK.
6. Cliquez ensuite sur le bouton OK pour définir vos instructions. Cochez les activités pour les soumettre à une surveillance.

Voici une description de ces activités :

Tab. 1.3 : Liste des activités que vous pouvez contrôler

Activité	Description
Contrôle total	Toutes les activités
Requête sur une valeur	Toutes les activités examinant une valeur d'une clé du Registre

Tab. 1.3 : Liste des activités que vous pouvez contrôler

Activité	Description
Définir la valeur	Toutes les activités plaçant une valeur dans une clé du Registre
Créer une sous-clé	Création d'une sous-clé dans la clé du Registre sélectionnée
Énumérer les sous-clés	Lecture des sous-clés d'une clé du Registre
Avertir	Tous les éléments d'information d'une clé du Registre
Créer une liaison	Tous les éléments créant un lien symbolique dans une clé précise
Supprimer	Toutes les activités supprimant un objet du Registre
Accès en écriture à la liste de contrôle	Modification des permissions d'une clé
Accès en écriture du propriétaire	Déclaration de l'utilisateur en propriétaire d'une clé
Contrôle en lecture	Lecture des informations concernant la sécurité des clés

7. Validez ensuite par OK, décochez la case *Hérite de l'objet parent les entrées d'audit qui s'appliquent aux objets enfants...*

Lorsque vous avez terminé, vous pouvez observer les accès à cette clé et à ses sous-clés par l'intermédiaire de l'observateur d'évènements. Ce dernier se trouve dans le Panneau de configuration. Pour y accéder :

1. Cliquez sur le bouton **Démarrer**, sur **Paramètres** puis sur **Panneau de configuration**.
2. Double-cliquez sur le module **Outils d'administration** puis sur l'icône *Gestion de l'ordinateur*.
3. Cliquez ensuite sur la rubrique *Observateurs d'évènements*. En cliquant sur le journal **Sécurité**, vous pouvez consulter la liste de tous les accès…

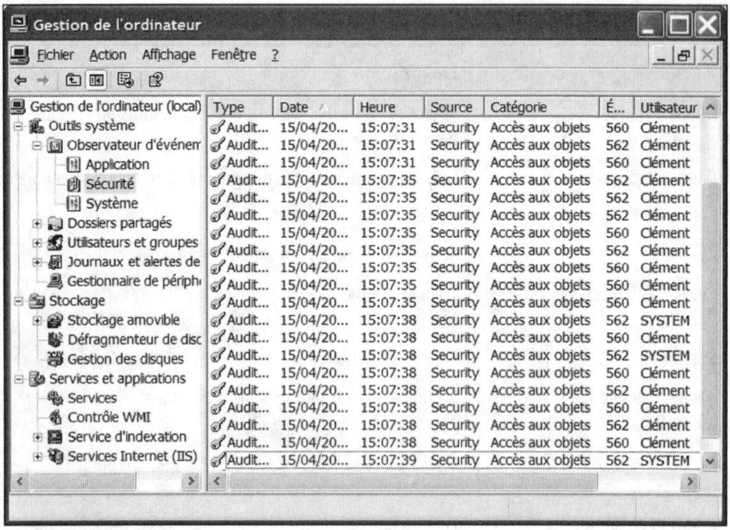

▲ Fig. 1.29 : *Les rapports de surveillance du Registre*

… et examiner le détail de chaque entrée en double-cliquant dessus.

REMARQUE

Aucun évènement n'apparaît dans la liste

Si aucun évènement n'apparaît dans le journal Sécurité, cela est certainement dû au fait que la stratégie d'audit n'est pas activée dans Windows. Pour l'activer, cliquez sur le bouton **Démarrer**, puis sur la commande **Exécuter**. Saisissez `gpedit.msc`, puis validez avec le bouton OK. Déroulez le menu **Configuration Ordinateur, Paramètres Windows, Paramètres de sécurité, Stratégies locales, Stratégie d'audit.** Double-cliquez sur la stratégie **Auditer l'accès aux objets.** Cochez alors la case *Opérations réussie.* Validez par OK.

Chapitre > 2

Améliorer le réseau

Bien que Windows XP soit plus nettement plus pointu que Windows 98 en ce qui concerne les réseaux, vous avez la possibilité de l'optimiser. De nombreux paramètres peuvent, en effet, être ajustés. Qu'il s'agisse des connexions vers un réseau local ou des connexions distantes comme Internet, vous pouvez facilement augmenter votre taux de transfert et votre vitesse de navigation, et gagner ainsi près de 10 % en performance.

Dans ce chapitre, vous trouverez toutes les astuces qui vous permettront d'améliorer le réseau de Windows XP grâce au Registre.

REMARQUE

Efficacité des valeurs

Pour toutes ces astuces, qui se basent sur de nombreux paramètres (vitesse de connexion, fournisseur d'accès, bande passante), il est évident qu'il n'y a pas de réglage universel. Par conséquent, un réglage peut parfaitement accélérer la connexion d'un utilisateur ou, au contraire, la ralentir. Plusieurs tests sont donc à prévoir pour trouver la "bonne" valeur.

2.1 Booster votre connexion Internet

Vous savez certainement que, pour pouvoir communiquer par Internet, les ordinateurs utilisent le protocole TCP/IP (Transfert Control Protocol/ Internet Protocol). En simplifiant à l'extrême, nous pouvons dire que ce protocole découpe toutes les informations (pages web, e-mails, fichiers téléchargés) en "paquets de données". Il ajoute ensuite une adresse de destination et se charge de livrer ces paquets à bon port.

Le MTU (Maximum Transmission Unit)

Si les paquets que vous envoyez sont trop gros, ils risquent de se retrouver bloqués dans les embouteillages d'un routeur surchargé. Le MTU (Maxim Transmission Unit) définit la taille maximale d'un paquet de données qui peut être transféré en une passe sur un réseau.

1. Pour trouver la taille optimale de paquet pour votre connexion, ouvrez une fenêtre **Invite de commandes**. Pour cela, cliquez sur le bouton **Démarrer**, sur **Programmes**, sur **Accessoires**, puis sur **Invite de commandes**.

2. Saisissez la commande suivante :

```
ping -f -l valeur_de_test_MTU www.votrefournisseurd'accès.fr
```

3. `valeur_de_test_MTU` indique votre valeur de test MTU et `www.votrefournisseurd'accès.fr` l'adresse de votre fournisseur d'accès, `www.free.fr`, par exemple. Validez par Entrée.

4. Commencez par utiliser une valeur de MTU de 500, puis augmentez la valeur jusqu'à ce que Windows vous informe que "Le paquet doit être fragmenté".

5. Ajoutez 28 (taille des en-têtes des paquets TCP/IP) à la valeur la plus haute qui ne cause pas de fragmentation. Vous obtenez la valeur MTU optimisée pour votre système. Attention, aucun paquet ne doit être perdu.

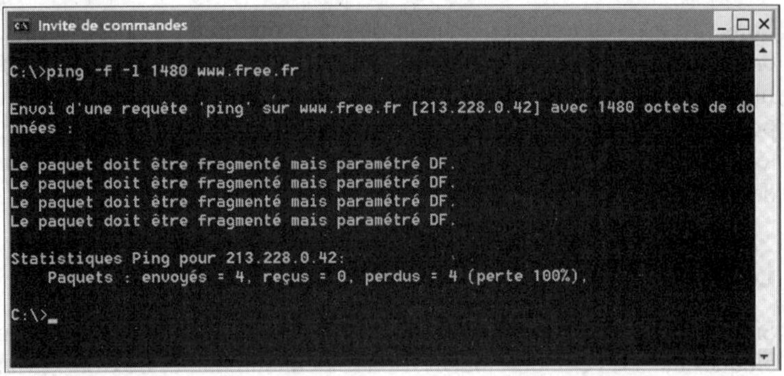

▲ Fig. 2.1 : *Vous êtes allé trop loin...*

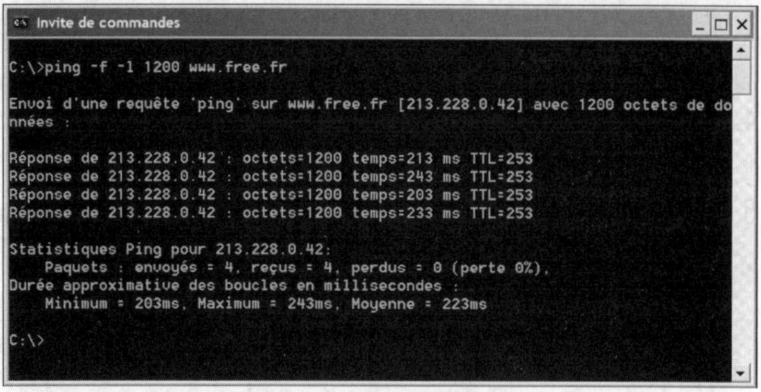

▲ Fig. 2.2 : *Cette valeur de MTU convient parfaitement*

REMARQUE

Taille des paquets et latence

Sachez que les joueurs préfèrent réduire la taille maximale des paquets envoyés afin d'avoir un ping (latence) plus faible, ce qui est au détriment de la vitesse de téléchargement. Si vous utilisez votre connexion pour jouer, définissez le MTU à 576. Dans les autres cas, utilisez la méthode précédente.

Vous êtes alors prêt à modifier le registre pour que Windows XP utilise votre valeur optimisée.

1. Éditez le Registre, puis ouvrez la clé suivante :

```
HKEY_LOCAL_MACHINE\SYSTEM\CurrentControlSet\Services\Tcpip
\Parameters\Adapters
```

2. Notez la clé correspondant à l'adaptateur réseau présent dans votre système.

3. Ouvrez ensuite la clé suivante :

```
HKEY_LOCAL_MACHINE\SYSTEM\CurrentControlSet\Services\Tcpip
✂ \Parameters\Interfaces
```

4. Puis double-cliquez sur la sous-clé portant le même nom que l'adaptateur réseau que vous venez de chercher.

5. Créez alors une nouvelle valeur chaîne intitulée `MaxMTU`. Double-cliquez sur cette valeur, puis saisissez votre valeur optimisée de MTU dans la zone de texte *Données de la valeur*. Validez par OK.

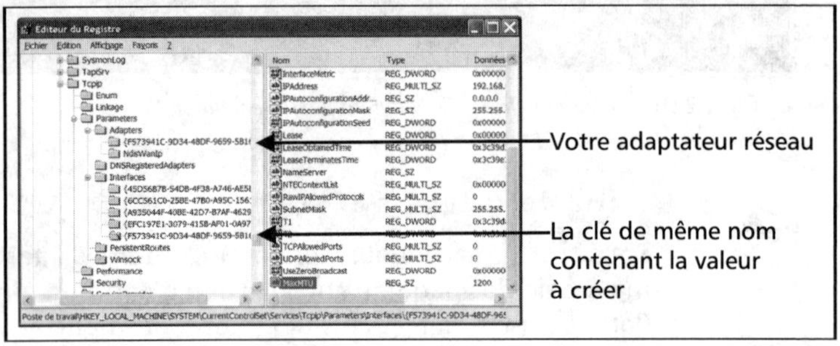

▲ Fig. 2.3 : *Trouvez la clé à modifier*

6. Fermez l'Éditeur du Registre, puis redémarrez Windows pour que les changements soient pris en compte.

Le TTL (Time To Live)

Le TTL correspond au nombre maximal d'adresses par lesquelles un paquet peut passer pour atteindre sa destination. Contrairement à ce que son nom laisse supposer, le TTL ne représente donc pas la durée de vie des paquets.

Par défaut, ce nombre est fixé à 32 adresses, ce qui peut être juste dans certains cas. Imaginez que le site que vous souhaitez afficher nécessite de passer par 33 adresses ! Un message apparaît alors, disant qu'il est impossible de trouver le site, bien qu'il y ait de fortes chances que qu'il existe vraiment.

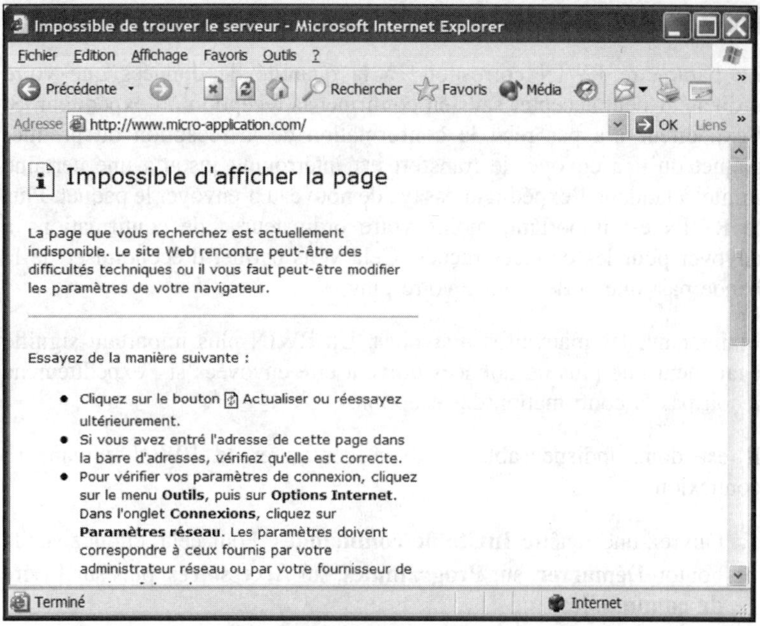

▲ Fig. 2.4 : *Le site de Micro Application n'existerait plus ? Bien sûr que non ! Cela est dû à votre TTL, qui est trop faible*

Il convient donc d'augmenter le TTL, que l'on fixera à 64 pour une connexion modem classique et à 128 pour une connexion câble ou ADSL.

1. Pour cela, éditez le Registre, puis ouvrez la clé suivante :

```
HKEY_LOCAL_MACHINE\SYSTEM\CurrentControlSet\Services\Tcpip
➥ \Parameters
```

2. Créez une nouvelle valeur `DWORD`, que vous intitulerez `DefaultTTL`.
3. Assignez-lui alors la valeur `64` ou `128`, selon votre moyen de connexion à Internet, en ayant auparavant sélectionné la base décimale. Validez par OK.
4. Fermez l'Éditeur du Registre, puis redémarrez Windows pour que les changements soient pris en compte.

RWIN (Receive Window)

Le paramètre RWIN correspond à la quantité de données que votre ordinateur peut accepter sans en confirmer la réception à l'expéditeur. Si l'expéditeur n'a pas reçu la conformation de la réception du premier paquet qu'il a envoyé, le transfert est interrompu jusqu'à une certaine limite, à laquelle l'expéditeur essaye de nouveau d'envoyer le paquet. Plus le RWIN est important, moins votre ordinateur a de confirmations à envoyer pour les données reçues. Cela vous permet d'économiser de la bande passante et de réduire votre ping.

Maintenant, les mauvaises nouvelles. Un RWIN plus important signifie également que plus de données doivent être envoyées si l'expéditeur ne reçoit pas la confirmation de réception.

Il est donc indispensable de bien configurer le RWIN suivant sa connexion.

1. Ouvrez une fenêtre **Invite de commandes**. Pour cela, cliquez sur le bouton **Démarrer**, sur **Programmes**, sur **Accessoires**, puis sur **Invite de commandes**.

2. Saisissez alors la commande suivante :

```
ping -l #### www.micro-application.com
```

   où #### correspond à votre valeur de MTU moins 40 (`### = MTU – 40`).

3. Notez la durée moyenne approximative des boucles en millisecondes.

4. Multipliez par votre bande passante effective et divisez par 8. La bande passante effective correspond à votre bande passante normale si vous utilisez une connexion Internet bas débit, et à moins 20 % dans le cas d'un haut débit.

5. Enfin, multipliez le total par 1,5 (+ 50 %).

Tout cela n'est pas très clair ! Voici un exemple pour une bande passante théorique de 512 kbps (409 kbps réels) et un ping moyen de 170 millisecondes :

```
170 ms x 409 = 69 530
69530 / 8 = 8 691
8691 * 1.5= 13 036
```

Votre RWIN doit alors être défini à 13 036.

Voici un autre exemple pour une bande passante de 56 kbps (RTC) et un ping moyen de 360 ms :

```
360 x 56 = 20 160
20 160 / 8 = 2 520
2 520 x 1.5 = 3 780
```

Le RWIN sera donc de 3 780.

Le problème de cette méthode est qu'elle se base sur un unique test vers un unique site. Pour obtenir les meilleures valeurs possibles, il faudrait donc renouveler ce test de nombreuses fois, vers de nombreux autres sites, éparpillés aux quatre coins de la planète.

Comme vous n'avez pas que ça à faire, le tableau suivant résume ce qui ressort de ces multiples tests.

Tab. 2.1 : Choisissez votre valeur de RWIN

Vitesse de connexion	Valeur de RWIN
33,6 kbps (RTC)	Entre 2 048 et 4 096
56 kbps (RTC)	Entre 4 096 et 8 192
64 kbps (ISDN)	Entre 4 096 et 8 192
128 kbps (ISDN)	Entre 6 144 et 8 192
512 kbps (ADSL ou câble)	Entre 8 192 et 14 336
1 024 kbps (ADSL ou câble)	Entre 12 288 et 20 480

Il ne vous reste plus qu'à saisir dans le Registre votre valeur de RWIN.

1. Éditez le Registre, puis ouvrez la clé suivante :

```
HKEY_LOCAL_MACHINE\SYSTEM\CurrentControlSet\Services\Tcpip
✂ \Parameters
```

2. Créez une nouvelle valeur `DWORD`, que vous intitulerez `TcpWindowSize`.

3. Assignez-lui alors votre valeur de RWIN en ayant auparavant sélectionné la base décimale. Validez par OK.

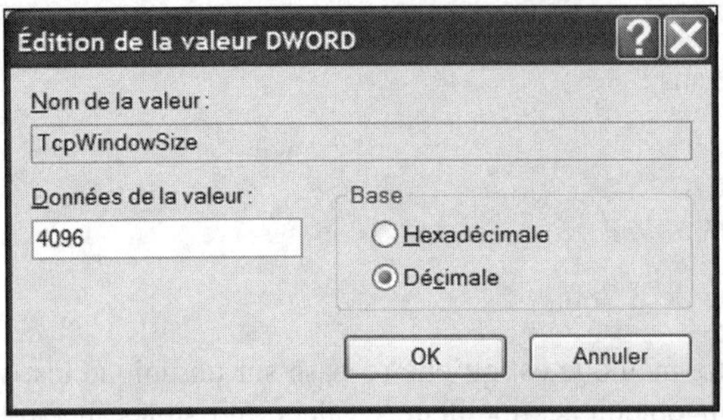

▲ Fig. 2.5 : *Saisissez votre valeur de RWIN*

4. Fermez l'Éditeur du Registre, puis redémarrez Windows pour que les changements soient pris en compte.

Augmenter le nombre de connexions simultanées

Le protocole Internet HTTP 1.0 statue qu'un client (navigateur web par exemple) peut seulement ouvrir jusqu'à quatre connexions vers un serveur à un instant donné. Le protocole HTTP 1.1, quant à lui, n'autorise que deux connexions maximales.

Lorsque vous chargez une page web, votre navigateur crée une connexion pour télécharger le texte de la page, et une autre pour les images. S'il y a beaucoup d'images, elles se chargent une à la fois. En augmentant ce paramètre, qui définit le nombre d'accès simultanés, vous pourrez télécharger plusieurs images en même temps, affichant alors la page plus rapidement.

1. Éditez le Registre, puis ouvrez la clé suivante :

```
HKEY_CURRENT_USER\Software\Microsoft\Windows\CurrentVersion
✂ \Internet Settings
```

2. Créez une valeur DWORD baptisée `MaxConnectionsPer1_0Server`, qui contiendra le nombre maximal de connexions simultanées vers un serveur HTTP 1.0.

3. Double-cliquez sur cette valeur, puis sélectionnez la base décimale.

4. Saisissez la valeur 8 dans la zone de texte *Données de la valeur*, puis validez par OK.

5. Ensuite, créez une nouvelle valeur DWORD, que vous nommerez `MaxConnectionsPerServer`, pour le nombre maximal de connexions simultanées vers un serveur HTTP 1.1.

6. Assignez-lui la valeur 4 en ayant auparavant sélectionné la base décimale. Validez par OK.

7. Fermez l'Éditeur du Registre, puis redémarrez Windows pour que les changements soient pris en compte.

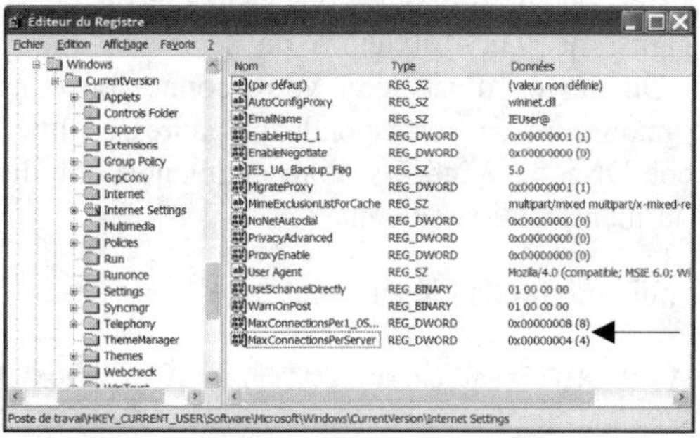

Fig. 2.6 : *Deux valeurs pour augmenter le nombre de connexions vers les serveurs HTTP*

Certains serveurs n'acceptent pas plus de deux connexions provenant d'une même personne. Dans ce cas-là, votre navigateur n'ouvrira alors que deux connexions.

REMARQUE

Revenir en arrière

Étant donné que ces modifications consistent uniquement à ajouter une valeur dans le Registre, il vous suffit de supprimer cette valeur pour retrouver vos paramètres d'origine si vous constatez un ralentissement de votre connexion.

Augmenter la taille du cache DNS

Lorsque vous vous connectez à un site web, votre ordinateur envoie des informations à un serveur DNS qui se charge de faire la correspondance entre l'adresse que vous avez saisie dans votre navigateur, `www.micro-application.com` par exemple, et l'adresse IP à laquelle elle fait référence : 194.206.126.204.

Le cache DNS contient ces informations, de telle sorte que vous n'avez pas à demander cette correspondance lorsque vous visitez le site de Micro Application. Ce sont ainsi quelques dixièmes de secondes que vous gagnez à chaque fois. Un moyen d'accélérer votre connexion consiste donc à enregistrer un maximum de correspondances adresses Internet/adresses IP dans le cache DNS de Windows. Pour augmenter la taille du cache DNS, effectuez la manipulation suivante :

1. Éditez le Registre, puis ouvrez la clé suivante :

```
HKEY_LOCAL_MACHINE\SYSTEM\CurrentControlSet\Services\Dnscache
✂ \Parameters
```

2. Créez une nouvelle valeur `DWORD`, que vous intitulerez `CacheHashTableBucketSize`, si elle n'existe pas déjà.
3. Double-cliquez dessus pour modifier ses données. Saisissez 1 dans la zone de texte *Données de la valeur.* Que vous soyez en décimal ou en hexadécimal n'est pas important, puisque cela est la même chose. Validez par OK.

4. Ensuite, créez une nouvelle valeur DWORD, que vous nommerez CacheHashTableSize. Encore une fois, si la valeur existe déjà, il vous suffit de la modifier.

5. Double-cliquez dessus pour lui assigner la valeur hexadécimale 180 (384 en décimal). Validez par OK.

6. Si elle n'existe pas, créez une nouvelle valeur DWORD, que vous appellerez MaxCacheEntryTtlLimit.

7. Éditez-la, puis saisissez fa00 (64 000 en décimal) dans la zone de texte *Données de la valeur*. Validez par OK.

8. Enfin, créez ou modifiez la valeur DWORD MaxSOACacheEntryTtlLimit. Assignez-lui la valeur hexadécimale 12d (301 en décimal). Validez par OK.

9. Fermez l'Éditeur du Registre, puis redémarrez Windows pour que les changements soient pris en compte.

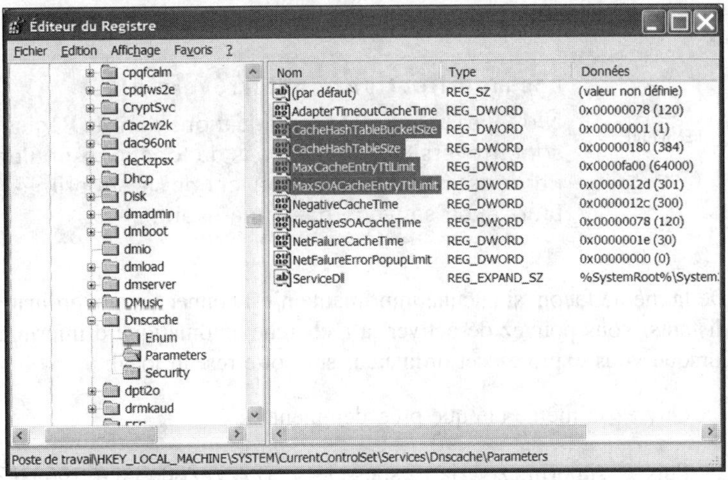

▲ Fig. 2.7 : *Toutes ces valeurs définissent la taille du cache DNS de Windows XP*

2.2 Améliorer votre réseau local

Augmenter la vitesse d'exploration des postes distants

Lorsque vous explorez une machine sous Windows 98 ou Millenium qui se trouve dans votre réseau local, plusieurs secondes sont perdues à la recherche de tâches planifiées sur l'ordinateur distant. Si vous ne vous servez pas du planificateur de tâches Windows, vous pouvez alors empêcher cette vérification et gagner ainsi quelques secondes.

1. Éditez le Registre, puis ouvrez la clé suivante :

```
HKEY_LOCAL_MACHINE\SOFTWARE\Microsoft\Windows\CurrentVersion
✂ \Explorer\RemoteComputer\NameSpace
```

2. Supprimez alors la sous-clé `{D6277990-4C6A-11CF-8D87-00AA0060F5BF}`.
3. Fermez l'Éditeur du Registre : la modification est immédiatement prise en compte.

REMARQUE

Les modifications sont irréversibles

N'oubliez pas que les modifications dans le Registre sont irréversibles (il n'y a pas de fonction Annuler). Par conséquent, pour retrouver une clé supprimée, il faut l'avoir sauvegardée auparavant.

De la même façon, si aucune imprimante n'est connectée aux ordinateurs distants, vous pouvez désactiver la recherche automatique d'imprimante lorsque vous explorez cet ordinateur sur votre réseau local.

1. Ouvrez la même clé que précédemment.
2. Puis supprimez la sous-clé `{2227A280-3AEA-1069-A2DE-08002B30309D}`.
3. Fermez l'Éditeur du Registre : la modification est aussi prise en compte immédiatement.

REMARQUE

Quelles imprimantes sont concernées ?

Les imprimantes connectées directement sur votre réseau local ne sont pas affectées par cette suppression. En revanche, si une imprimante est connectée à un ordinateur et que vous avez supprimé la sous-clé qui y fait référence, elle ne s'affichera pas dans le Voisinage réseau.

Activer le processeur intégré à votre carte réseau

Si votre carte réseau possède un processeur intégré dont le but est de décharger le processeur de votre ordinateur du traitement des tâches réseau, celui-ci est désactivé par défaut. Pour l'utiliser et ainsi récupérer des ressources système supplémentaires, il faut aller modifier une valeur dans le Registre.

1. Exécutez l'Éditeur du Registre, puis ouvrez la clé suivante :

```
HKEY_LOCAL_MACHINE\SYSTEM\CurrentControlSet\Services\Tcpip
✂ \Parameters
```

2. Double-cliquez sur la valeur `DisableTaskOffload`, puis saisissez `0` dans la zone de texte *Données de la valeur*. Validez en cliquant sur le bouton OK.

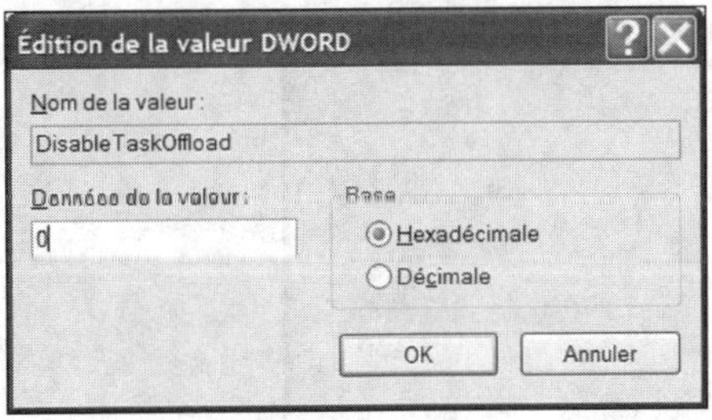

▲ Fig. 2.8 : *Neutralisez la désactivation du processeur intégré à votre carte réseau*

3. Fermez l'Éditeur du Registre, puis redémarrez Windows pour que la modification soit prise en compte.

Spécifier les utilisateurs qui doivent recevoir les alertes administratives

Lorsque vous envoyez des alertes administratives sur votre réseau, tous les utilisateurs et ordinateurs clients les reçoivent. Si vous voulez cibler ces alertes, vous pouvez spécifier une liste d'utilisateurs et d'ordinateurs qui seront les seuls à les recevoir.

1. Éditez le Registre, puis ouvrez la clé suivante :

```
HKEY_LOCAL_MACHINE\SYSTEM\CurrentControlSet\Services\Alerter
✂ \Parameters
```

2. Créez une nouvelle valeur de chaîne multiple (`REG_MULTI_SZ`), que vous nommerez `AlertNames`.
3. Double-cliquez sur cette nouvelle valeur pour la modifier.
4. Saisissez alors, sur une ligne différente, tous les noms des utilisateurs ou des ordinateurs qui doivent recevoir vos alertes administratives. Validez par OK.

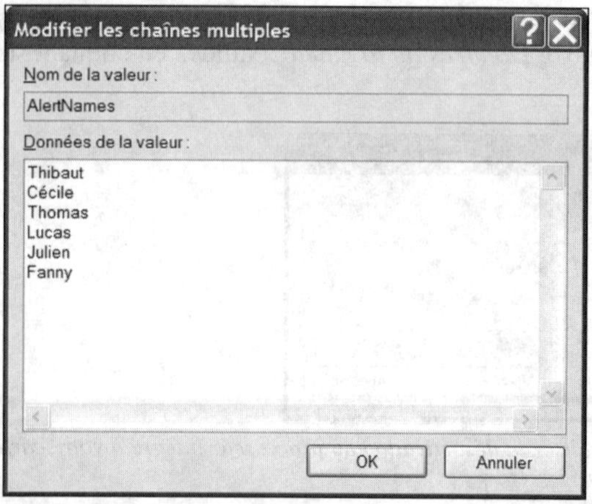

▲ Fig. 2.9 : *Seuls les utilisateurs définis dans cette valeur recevront les alertes administratives*

5. Fermez l'Éditeur du Registre, puis redémarrez Windows pour que la modification soit prise en compte.

Spécifier la durée d'inactivité avant déconnexion

Si vous êtes connecté à un réseau local, mais que vous ne l'utilisez pas, cela consomme des ressources et de la bande passante pour rien. Vous pouvez donc spécifier une durée d'inactivité à partir de laquelle Windows vous déconnectera du réseau local. Par défaut, Windows vous déconnecte au bout de 15 minutes d'inactivité. D'un autre côté, ce temps est peut-être trop court à votre goût. Si vous vous absentez souvent et que, à chaque fois que vous revenez, il vous faut attendre une dizaine de secondes, le temps que la connexion s'effectue de nouveau, cela peut devenir à la longue agaçant. Selon vos méthodes de travail, cette durée peut donc être trop courte ou trop longue, vous pouvez la personnaliser.

1. Pour cela, Éditez le Registre, puis ouvrez la clé suivante :

```
HKEY_LOCAL_MACHINE\SYSTEM\CurrentControlSet\Services\lanmanserver
✂ \parameters
```

2. Modifiez la valeur `autodisconnect` en double-cliquant dessus.
3. Attribuez-lui la durée d'inactivité en minutes avant déconnexion que vous souhaitez. Validez par OK.
4. Fermez l'Éditeur du Registre, puis redémarrez Windows ou votre session pour que la modification soit prise en compte.

Augmenter les performances de votre réseau

Vous pouvez augmenter le nombre de zones de mémoire tampon allouées au trafic réseau. Par défaut, Windows XP alloue 15 zones de mémoire tampon à vos applications réseau. Cela peut être insuffisant, surtout si votre trafic réseau est assez important. Ces zones de mémoire tampon ne consomment aucun espace mémoire si elles ne sont pas utilisées. Vous ne perdez donc rien à augmenter leur nombre. En cas d'utilisation de ces zones mémoire, 1 ko de mémoire supplémentaire leur sera attribué.

Nous vous conseillons de doubler le nombre de zones de mémoire tampon allouées à votre trafic réseau, c'est-à-dire de le passer à 30.

1. Pour cela, Éditez le Registre, puis ouvrez la clé suivante :

```
HKEY_LOCAL_MACHINE\SYSTEM\CurrentControlSet\Services
✂ \lanmanworkstation\parameters
```

2. Créez une valeur `DWORD` que vous nommerez `MaxCmds`.

3. Double-cliquez dessus pour modifier sa valeur, que vous fixerez à 30 en ayant auparavant activé la base décimale. Cliquez sur le bouton OK pour valider.

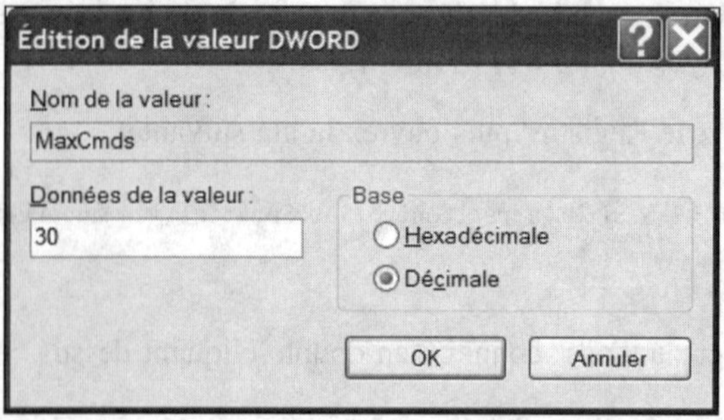

▲ Fig. 2.10 : *30 zones de mémoire tampon seront attribuées à votre réseau*

4. Fermez l'Éditeur du Registre, puis redémarrez votre ordinateur pour que la modification soit prise en compte.

Désactiver les annonces de vos imprimantes partagées

Lorsque vous partagez une imprimante sous Windows XP, celle-ci informe alors régulièrement les autres machines du réseau qu'il y a une imprimante disponible. Ainsi, toutes les 10 minutes, les imprimantes partagées envoient des messages à travers le réseau pour indiquer leur présence. Cela est un peu excessif et consomme inutilement de la bande passante dans votre réseau. Vous avez donc la possibilité de désactiver ces messages.

1. Ouvrez l'Éditeur du Registre, puis ouvrez la clé suivante :

```
HKEY_LOCAL_MACHINE\SYSTEM\CurrentControlSet\Control\Print
```

2. Créez une nouvelle valeur `DWORD`, que vous appellerez `DisableServerThread`.

3. Double-cliquez sur cette valeur, puis saisissez 1 dans la zone de texte *Données de la valeur*. Validez par OK.

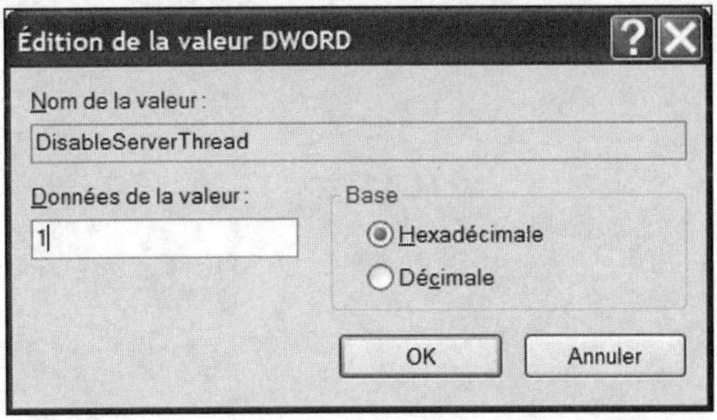

▲ Fig. 2.11 : *Saisissez 1 pour désactiver les annonces des imprimantes sur le réseau*

Désactiver les messages signifie également que l'imprimante partagée ne sera plus visible dans le Voisinage réseau si vous naviguez sur le réseau. Néanmoins, elle sera toujours accessible en saisissant manuellement le nom et le chemin de l'imprimante réseau à partir d'une autre machine.

Si vous souhaitez réactiver les annonces des imprimantes partagées, il vous suffit de supprimer la clé que vous venez de créer, ou alors simplement de changer sa valeur en 0.

Chapitre > 3

Augmenter la sécurité

Bâti sur les fondations de Windows 2000, Windows XP apporte de nombreuses améliorations en ce qui concerne la sécurité et la confidentialité de vos données. Cependant, c'est aussi à vous de paramétrer Windows XP comme il le faut pour qu'il colle réellement à vos besoins en terme de sécurité. Ainsi, si vous êtes plusieurs à utiliser le même PC, vous souhaitez peut-être harmoniser l'apparence, les paramètres et la configuration de Windows. Peut-être également estimez-vous que des fonctions n'ont pas à être disponibles pour certains utilisateurs. Le Registre permet de configurer cela.

3.1 Restreindre l'utilisation de votre système

Eviter les importations accidentelles du Registre

Par défaut, lorsque vous double-cliquez sur un fichier d'inscription dans le Registre portant l'extension *.REG*, une boîte de dialogue s'ouvre vous demande de confirmer l'ajout des informations contenues dans ce fichier dans le Registre. Bien entendu, vous pouvez répondre Non si vous avez double-cliqué par erreur. Cependant, on ne sait jamais, vous, ou un autre utilisateur pouvez acquiescer par erreur ou en ne sachant pas trop quoi faire. Cela peut être dangereux si le fichier d'inscription dans le Registre n'est pas de source sure.

RENVOI

En effet, nous avons vu dans le chapitre *Au cœur de Windows* que l'on pouvait facilement ajouter, modifier et supprimer des informations dans le Registre par un tel fichier.

Vous pouvez donc désactiver l'ajout des informations d'un fichier REG dans le Registre après un double clic et le remplacer par l'édition du fichier avec le bloc-notes.

1. Exécutez le Registre puis ouvrez la clé suivante :

```
HKEY_CLASSES_ROOT\regfile\shell
```

2. Double cliquez sur la valeur `(Par défaut)` puis saisissez `edit` dans la zone de texte `Données de la valeur`. Validez par OK.

3. Fermez l'éditeur du Registre, la modification est immédiate.

Désormais, lorsque vous double cliquez sur un fichier portant l'extension *.REG*, celui s'ouvre dans le bloc-notes. Pour ajouter ses informations au Registre, il vous suffit de cliquez avec le bouton droit de la souris sur ce fichier, puis de choisir la commande **Fusionner**. La boîte de dialogue de confirmation s'ouvre alors.

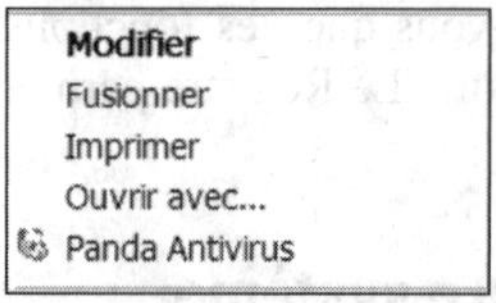

◄ Fig. 3.1 : *La commande par défaut est Modifier*

Cacher des disques dans le Poste de travail

Vous souhaitez cacher des lecteurs qui se trouvent dans le Poste de travail pour éviter qu'ils soient utilisés. Cela peut permettre de se prémunir contre les infections virales. En cachant, par exemple, le lecteur de disquette, les autres utilisateurs de votre ordinateur ne le verront plus et ne pourront plus importer ni sauvegarder leurs travaux sur disquettes. Le Registre vous permet de cacher tous les lecteurs ou seulement ceux que vous aurez sélectionnés.

L'information concernant les disques à cacher en local comme en réseau, se trouve dans une valeur `DWORD NoDrives`. Cette valeur codée sur 26 bits contient toutes les lettres des lecteurs, de A à Z. Chaque bit correspondant à une lettre de lecteur. Ces derniers sont visibles lorsque la valeur est configurée à `0`, et cachés lorsqu'elle est configurée à `1`.

Ainsi, pour cacher le lecteur A:, la valeur `NoDrives` contiendra `20`, soit `1` en décimal.

De même, le lecteur D: sera caché en saisissant `23`, soit 8 en décimal dans la valeur `NoDrives`.

Et ainsi de suite pour les autres lettres : `24` pour le lecteur E:, `25` pour le lecteur F:, `26` pour le lecteur G:, jusqu'à `225` pour le lecteur Z:.

Pour cacher plusieurs lecteurs, il vous suffit simplement d'additionner ces valeurs.

Ainsi, pour cacher à la fois le lecteur A: et le lecteur D:, saisissez 9 (1 + 8) en décimal dans la valeur NoDrives.

1. Éditez le Registre, puis ouvrez d'abord la clé suivante :

```
HKEY_LOCAL_MACHINE\SOFTWARE\Microsoft\Windows\CurrentVersion
✂ \Policies\Explorer
```

2. Créez une nouvelle valeur DWORD, que vous intitulerez NoDrives.

3. Celle-ci doit contenir la valeur que vous venez de calculer. N'oubliez pas de sélectionner la bonne base. Ainsi, pour cacher les lecteurs A: et D:, saisissez 9, tout en sélectionnant la base décimale. Validez par OK.

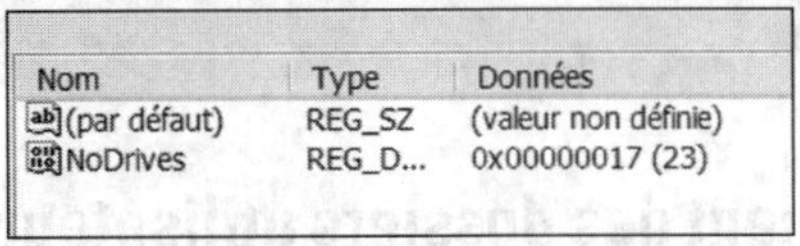

◄ Fig. 3.2 : *La valeur NoDrives contient 9 en décimal, ce qui signifie que les lecteurs A: et D: seront cachés*

4. Fermez l'Éditeur du Registre, puis redémarrez votre ordinateur pour que soient appliqués les changements.

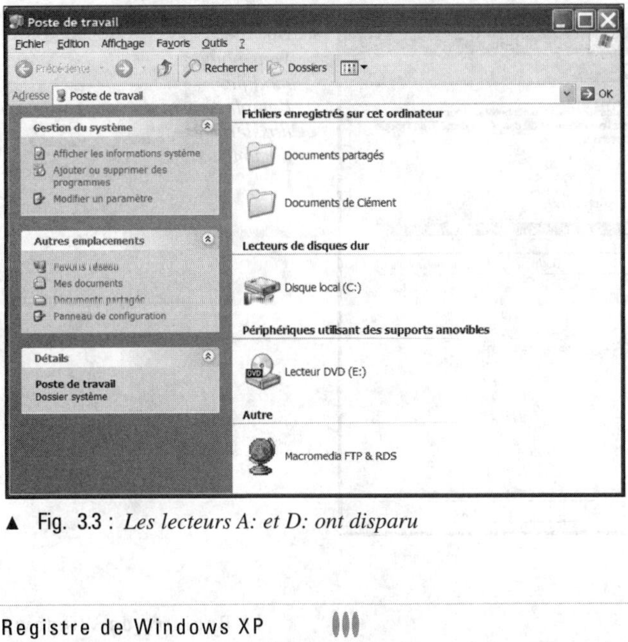

▲ Fig. 3.3 : *Les lecteurs A: et D: ont disparu*

REMARQUE

Clé qui n'existe pas

Dans cette astuce et dans d'autres astuces suivantes, vous remarquerez que certaines modifications doivent être effectuées dans la clé suivante :

```
HKEY_LOCAL_MACHINE\Software\Microsoft\Windows
✂ \CurrentVersion\Policies\Explorer
```

Or, celle-ci n'existe pas. Il vous faudra donc créer une sous-clé `Explorer` dans la clé ci-après :

```
HKEY_LOCAL_MACHINE\Software\Microsoft\Windows
✂ \CurrentVersion\Policies
```

Empêcher le déplacement des dossiers utilisateurs

En cliquant avec le bouton droit de la souris sur leurs dossiers spéciaux, comme *Mes documents*, *Mes images*, *Ma musique*, *Favoris*, les utilisateurs peuvent modifier leur emplacement.

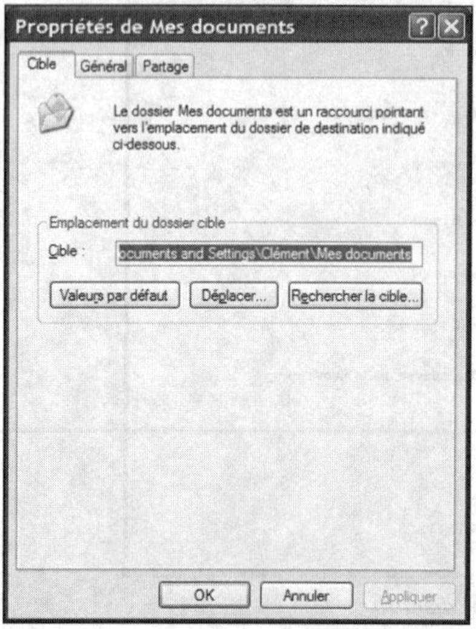

◄ Fig. 3.4 : *Vous pouvez modifier l'emplacement du dossier Mes documents*

Vous pouvez empêcher ces modifications afin de garder un contrôle sur votre ordinateur et sur toutes les sessions qui y sont ouvertes et pour que les dossiers ne se retrouvent pas n'importe où dans le disque dur dans un désordre indescriptible.

1. Éditez le Registre, puis ouvrez la clé suivante :

```
HKEY_LOCAL_MACHINE\SOFTWARE\Microsoft\Windows\CurrentVersion
✂ \Policies\Explorer
```

   La restriction sera ainsi active pour tous les utilisateurs. Si vous ne souhaitez l'appliquer que pour un utilisateur, connectez-vous sous sa session, puis ouvrez la clé ci-dessous :

```
HKEY_CURRENT_USER\Software\Microsoft\Windows\CurrentVersion
✂ \Policies\Explorer
```

2. Dans les deux cas, pour chaque dossier à verrouiller, créez une nouvelle valeur DWORD de la liste suivante, et assignez-lui la valeur 1.

Tab. 3.1 : Nom des valeurs correspondant aux dossiers à verrouiller

Nom de la valeur DWORD	Nom du dossier contrôlé
DisablePersonalDirChange	Mes documents
DisableMyPicturesDirChange	Mes images
DisableMyMusicDirChange	Ma musique
DisableFavoritesDirChange	Favoris

3. Fermez votre session ou bien redémarrez Windows pour activer la modification (voir fig. 3.5).

Pour pouvoir, de nouveau, permettre le déplacement de ces dossiers, il suffit de fixer la donnée de la valeur à 1, ou de supprimer directement cette valeur.

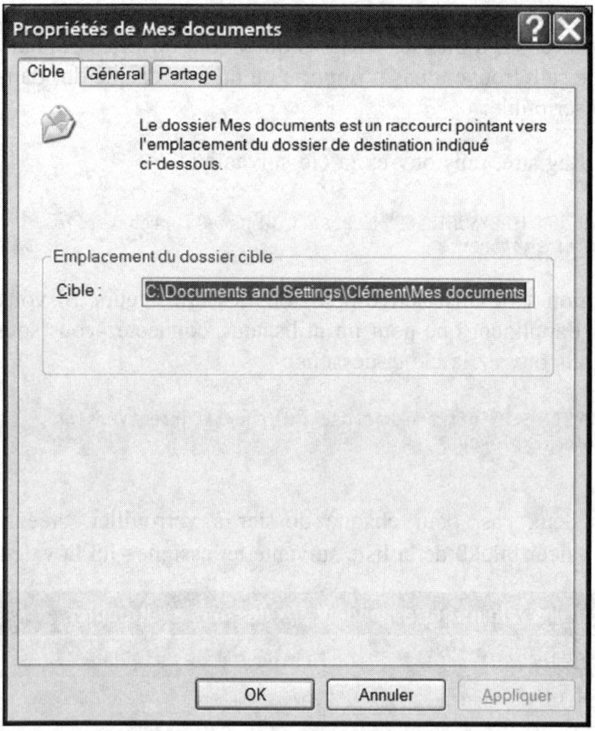

▲ Fig. 3.5 : *La modification de l'emplacement du dossier Mes documents est désormais impossible*

Sécuriser l'accès à votre lecteur de disquettes

Windows considère un lecteur de disquettes comme un volume. Il est par conséquent, par défaut, partagé administrativement sur le réseau. Or, cela signifie que le lecteur de disquettes peut être utilisé par l'administrateur ou par un autre utilisateur d'une autre station de travail, alors que l'utilisateur courant a ouvert une session sous Windows.

1. Pour empêcher cela et pour que, ainsi, seul l'utilisateur qui travaille sous la session courante puisse accéder au lecteur de disquettes, ouvrez l'Éditeur du Registre.

2. Ouvrez la clé suivante :

```
HKEY_LOCAL_MACHINE\SOFTWARE\Microsoft\Windows
✂ NT\CurrentVersion\Winlogon
```

3. Modifiez la valeur chaîne `allocatefloppies` en lui attribuant la valeur 1. Validez par OK.

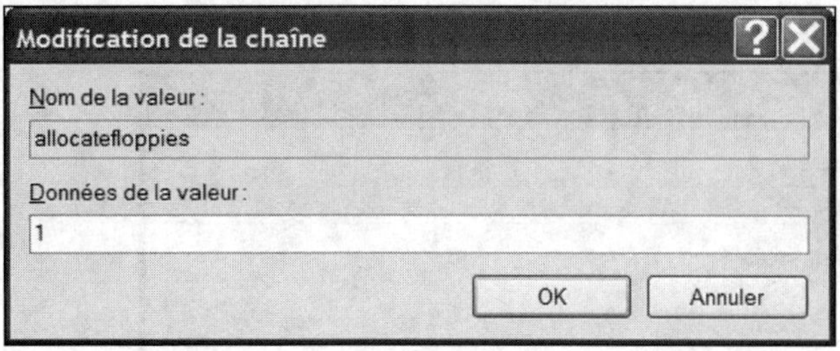

▲ Fig. 3.6 : *Attribuez 1 à la valeur allocatefloppies*

4. Fermez l'Éditeur du Registre, puis redémarrez votre ordinateur pour que seul l'utilisateur courant puisse accéder aux données d'une disquette dans le lecteur de disquettes.

Sécuriser l'accès à un disque amovible

Si vous utilisez un disque amovible, comme un lecteur ZIP, de Iomega, vous pouvez déterminer les droits d'accès à ce lecteur.

1. Pour cela, éditez le Registre, puis ouvrez la clé suivante :

```
HKEY_LOCAL_MACHINE\SOFTWARE\Microsoft\Windows
✂ NT\CurrentVersion\Winlogon
```

2. Créez une nouvelle valeur chaîne, que vous intitulerez `allocateDASD`. Double-cliquez dessus pour la modifier en vous référant au tableau suivant :

Tab. 3.2 : Valeurs de la valeur chaîne allocateDASD et leurs effets sur les disques amovibles

Valeur	Effet sur les disques amovibles
0	Seuls les administrateurs ont accès
1	Les administrateurs et les utilisateurs avec privilèges ont accès
2	Les administrateurs et l'utilisateur courant ont accès

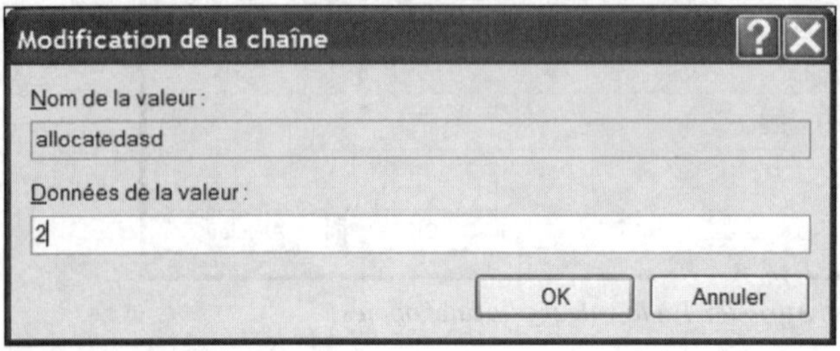

▲ Fig. 3.7 : *Fixez la valeur allocateDASD à 2 pour que seuls les administrateurs et l'utilisateur courant aient accès aux disques amovibles*

3. Validez par OK. Fermez le Registre, puis redémarrez Windows pour que soient appliqués les changements.

Restreindre l'accès aux lecteurs de CD-Rom

Comme les lecteurs amovibles, les lecteurs de CD-Rom peuvent être utilisés par l'administrateur ou par un autre utilisateur d'une autre station de travail, alors que l'utilisateur courant a ouvert une session sous Windows.

1. Pour empêcher cela et pour que, ainsi, seul l'utilisateur qui travaille sous la session courante puisse accéder aux lecteurs de CD-Rom, exécutez l'Éditeur du Registre.
2. Ouvrez la clé suivante :

```
HKEY_LOCAL_MACHINE\SOFTWARE\Microsoft\Windows
✂ NT\CurrentVersion\Winlogon
```

3. Modifiez la valeur chaîne `allocatecdroms` (créez-la si elle n'existe pas) en lui attribuant la valeur 1. Validez par OK.

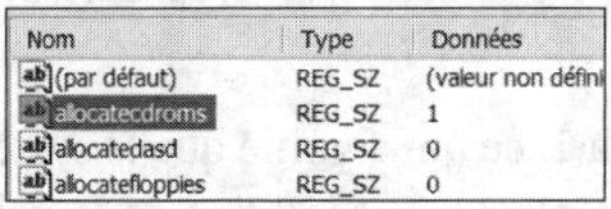

◄ Fig. 3.8 : *Modifiez la valeur chaîne allocatecdroms pour qu'elle soit égale à 1*

4. Fermez l'Éditeur du Registre, puis redémarrez votre ordinateur que soient appliqués les changements.

Restreindre l'accès aux éléments du système en mémoire

Dans Windows, les librairies du noyau du système d'exploitation sont gardées en mémoire et partagées entre tous les programmes exécutés. Cela peut permettre à des utilisateurs malintentionnés d'accéder aux privilèges d'administration.

1. Pour protéger plus efficacement les éléments du système qui se trouvent en mémoire, éditez le Registre, puis ouvrez la clé suivante :

```
HKEY_LOCAL_MACHINE\SYSTEM\CurrentControlSet\Control\Session
✂ Manager
```

2. Modifiez la valeur `DWORD ProtectionMode` pour qu'elle contienne 1.

3. Validez, fermez l'Éditeur du Registre, puis redémarrez votre ordinateur pour que la modification soit prise en compte.

Contrôler le comportement de Windows après un plantage

Lorsque Windows plante, il redémarre aussitôt. Or, ce n'est peut-être pas forcément ce que vous souhaitez. Pour des raisons de sécurité, il est possible que vous vouliez que le système reste tel quel en attendant que vous interveniez pour le remettre en route. Pour cela, vous pouvez empêcher le redémarrage de Windows après un crash ou un plantage système.

1. Dans le Registre, ouvrez la clé suivante :

```
HKEY_LOCAL_MACHINE\SYSTEM\CurrentControlSet\Control\CrashControl
```

2. Par défaut, la valeur `AutoReboot` est à `1`, ce qui signifie que le système redémarre automatiquement après un plantage. Modifiez cette valeur en la mettant à `0` pour désactiver le redémarrage automatique.
3. Fermez l'Éditeur du Registre, puis redémarrez votre ordinateur pour que soient appliquées les modifications.

Limiter l'accès aux journaux des évènements

Les journaux des évènements, ou les fichiers log de Windows contiennent les enregistrements de tous les évènements des applications, de la sécurité et du système qui ont lieu dans la machine. Ainsi, ces fichiers log peuvent contenir des données sensibles. Il est donc important de limiter leur accès aux administrateurs.

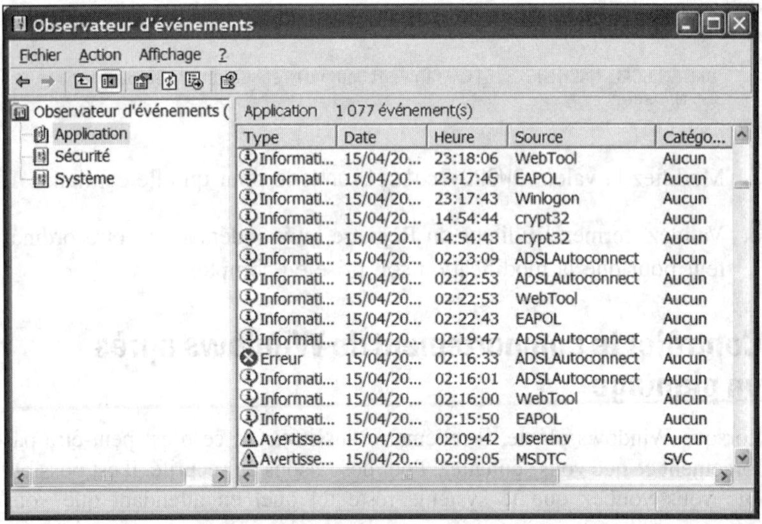

▲ Fig. 3.9 : *Les évènements sont consultables par l'Observateur d'évènements*

1. Pour cela, éditez le Registre, puis ouvrez la clé suivante :

```
HKEY_LOCAL_MACHINE\SYSTEM\CurrentControlSet\Services\Eventlog
```

2. Créez une nouvelle valeur DWORD. Nommez-la RestrictGuestAccess.

3. Attribuez-lui la valeur 1, puis fermez l'Éditeur du Registre. Redémarrez votre ordinateur pour que la limitation prenne effet.

Désactiver la gravure de CD

Windows XP intègre des fonctions de gravure de CD. Or, si vous ne souhaitez pas que les utilisateurs puissent sauvegarder eux-mêmes des données sur CD, il est possible de désactiver ces fonctions.

1. Pour désactiver la gravure de CD pour tout le système, éditez le Registre, puis ouvrez la clé suivante :

```
HKEY_LOCAL_MACHINE\SOFTWARE\Microsoft\Windows\CurrentVersion
✂ \Policies\Explorer
```

Pour que cette fonctionnalité soit désactivée uniquement pour un ou plusieurs utilisateurs, éditez le Registre, puis ouvrez la clé ci-après :

```
HKEY_CURRENT_USER\Software\Microsoft\Windows\CurrentVersion\Policies
✂ \Explorer
```

2. Créez une nouvelle valeur DWORD, que vous nommerez NoCDBurning. Assignez-lui la valeur 1. Validez par OK.

3. Fermez l'Éditeur du Registre, puis redémarrez votre ordinateur pour que les fonctions de gravure intégrées à Windows soient inopérantes.

REMARQUE

Prévenir les conflits

En plus du côté sécurité, le fait de désactiver la gravure de CD intégrée à Windows XP permet de prévenir les conflits qui pourraient apparaître entre ce dernier et votre logiciel habituel de gravure (Easy CD Creator, Nero Burning Rom, CloneCD, etc.).

Désactiver la commande Arrêter l'ordinateur

Vous pouvez empêcher les utilisateurs d'éteindre votre ordinateur en désactivant la commande **Arrêter l'ordinateur**.

1. Éditez le Registre. Pour désactiver la commande **Arrêter l'ordinateur** pour tous les utilisateurs, ouvrez la clé suivante :

```
HKEY_LOCAL_MACHINE\SOFTWARE\Microsoft\Windows\CurrentVersion
✂ \Policies\Explorer
```

Sinon, pour supprimer la commande pour un utilisateur spécifique, connectez-vous sous sa session, puis ouvrez la clé ci-dessous :

```
HKEY_CURRENT_USER\Software\Microsoft\Windows\CurrentVersion\Policies
✂ \Explorer
```

2. Créez une nouvelle valeur DWORD, que vous nommerez NoClose. Double-cliquez dessus, puis saisissez 1 dans la zone de texte *Données de la valeur*. Validez par OK.
3. Fermez l'Éditeur du Registre, puis redémarrez votre ordinateur pour que la modification soit prise en compte.

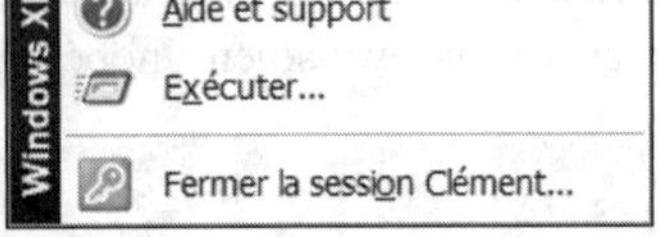

◄ Fig. 3.10 : *La commande Arrêter l'ordinateur a disparu du menu Démarrer*

Pour réactiver la commande **Arrêter l'ordinateur**, supprimez la valeur que vous venez de créer, ou bien affectez-lui la valeur 0.

Empêcher les utilisateurs d'exécuter des applications spécifiques

Votre poste est uniquement dédié à la bureautique, et vous êtes agacé par la présence du lecteur multimédia qui permet d'écouter de la musique et de visionner des vidéos. Vous ne souhaitez pas que les utilisateurs de votre ordinateur aient accès au lecteur Windows Media.

Le Registre de Windows vous permet d'empêcher les utilisateurs d'exécuter des applications spécifiques.

Cette restriction peut s'appliquer à un ou plusieurs utilisateurs spécifiques, ou bien au système en entier.

1. Dans le premier cas, ouvrez une session Windows sous le nom de l'utilisateur concerné, puis éditez le Registre. Ouvrez la clé suivante :

```
HKEY_CURRENT_USER\SOFTWARE\Microsoft\Windows\CurrentVersion
✂ \Policies\Explorer
```

Dans le second cas, ouvrez la clé ci-après :

```
HKEY_LOCAL_MACHINE\Software\Microsoft\Windows\CurrentVersion
✂ \Policies\Explorer
```

2. Créez une nouvelle valeur DWORD, que vous intitulerez DisallowRun, et que vous fixerez à 1 pour activer les restrictions d'applications.
3. Ensuite, créez une sous-clé que vous nommerez également DisallowRun. Pour cela, cliquez sur le menu **Edition**, sur **Nouveau**, puis sur **Clé**. Saisissez DisallowRun, puis validez par OK.
4. Ouvrez alors cette clé, qui contiendra la liste des applications que les utilisateurs ne pourront pas exécuter.
5. Créez une nouvelle valeur chaîne pour chaque application dont vous voulez restreindre l'accès. Nommez-les par un nombre que vous incrémenterez pour chaque nouvelle valeur. Ainsi, la première valeur s'appellera 1, la seconde 2, etc.

6. Modifiez les données de chaque valeur, puis saisissez, dans la zone texte *Données de la valeur*, le nom du fichier exécutable à bloquer.

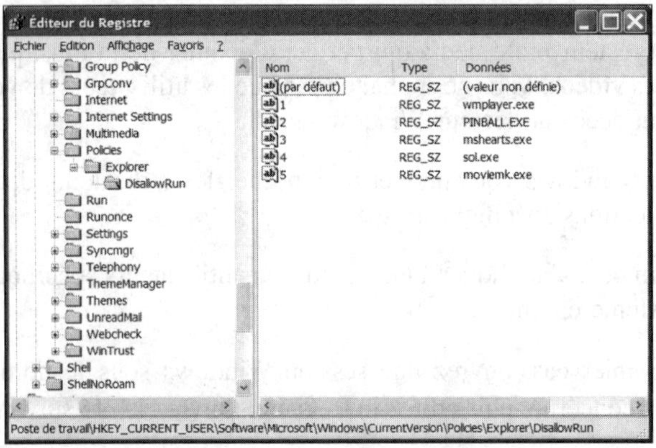

▲ Fig. 3.11 : *Incrémentez le nom de chaîne pour chaque nouvelle application à bloquer*

Pour trouver le nom de l'exécutable de l'application dont vous souhaitez bloquer l'accès, il y a deux façons de procéder.

Tout d'abord, si votre application se trouve dans le menu **Démarrer**, déroulez-le jusqu'à vous retrouver dans le dossier la contenant. Cliquez alors sur l'application choisie avec le bouton droit de la souris, puis choisissez la commande **Propriétés**. Dans la zone de texte *Cible*, notez uniquement le nom de l'exécutable sans le chemin d'accès. Ainsi, par exemple, le chemin complet de Windows Media Player est `C:\Program Files\Windows Media Player\wmplayer.exe`. Son nom d'exécutable est *wmplayer.exe*.

◄ Fig. 3.12 : *Le fichier wmplayer.exe (Windows Media Player) ne pourra plus être exécuté…*

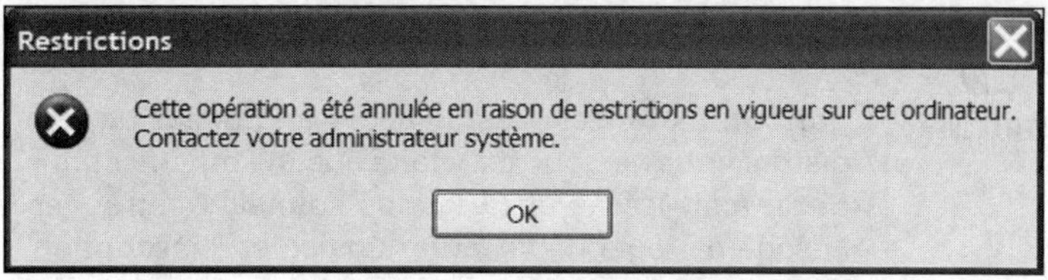

▲ Fig. 3.13 : *...auquel cas, ce message s'affiche*

Si votre application ne se trouve pas dans le menu **Démarrer**, explorez votre disque dur jusqu'à la trouver. Vérifiez que l'exécutable (extension *.exe*) que vous avez trouvé correspond bien au logiciel en question. Pour cela, il suffit de double-cliquer dessus pour voir ce qui se passe. Si l'application démarre, vous avez trouvé le bon exécutable. Le cas échéant, il faudra reprendre vos recherches.

REMARQUE

Extension de fichier

Si dans l'explorateur Windows, vous ne voyez pas les extensions des fichiers, c'est que l'affichage des fichiers masque les extensions dont le type de fichier est connu par le système.

Pour afficher toutes les extensions, ouvrez l'explorateur, cliquez sur le menu **Outils**, puis sur **Options des dossiers**. Dans la rubrique *Paramètres avancés*, décochez la case *Masquer les extensions des fichiers dont le type est connu*. Validez par OK.

Désormais, tous les noms de fichiers seront affichés avec leur extension.

Une fois la modification effectuée dans le Registre, redémarrez votre ordinateur pour que soient appliqués les changements.

REMARQUE

Empêcher l'accès à regedit.exe

Surtout, n'empêchez pas l'accès à l'Éditeur du Registre : vous ne pourriez y faire aucune modification. Si tel était le cas et que vous souhaitez retrouver l'usage de regedit.exe, créez un fichier d'inscription dans le registre pour supprimer la valeur `DisallowRun`.

RENVOI

Pour en savoir plus sur les fichiers d'inscription dans le Registre, consultez le premier chapitre.

Nettoyer le fichier d'échange à l'arrêt

Vous savez certainement que Windows utilise une zone du disque dur comme s'il s'agissait de la mémoire : c'est le fichier d'échange. Windows y stocke donc temporairement des données. En revanche, contrairement à votre mémoire RAM, qui est vidée dès que le système est arrêté, le fichier d'échange contient toujours vos données. Cela constitue une faille de sécurité, puisque n'importe quel utilisateur confirmé et malhonnête, pourra alors avoir accès à ces données stockées dans le fichier. Si vous travaillez sur des données sensibles ou très personnelles, nous vous conseillons de forcer Windows à nettoyer ce fichier d'échange à l'arrêt du système. De plus, Windows aura ainsi un fichier d'échange tout neuf et défragmenté à chaque ouverture. Les accès entre le système et ce fichier seront en conséquence plus rapides.

En revanche, le fait de nettoyer ce fichier d'échange à l'arrêt ralentit le temps de fermeture de Windows de quelques secondes. Au regard de ce qui est apporté, cela n'est pas très important.

1. Éditez le Registre, puis ouvrez la clé suivante :

```
HKEY_LOCAL_MACHINE\SYSTEM\CurrentControlSet\Control\Session
✂ Manager
```

2. Créez une nouvelle valeur `DWORD`, que vous nommerez `ClearPageFileAtShutdown`. Double-cliquez ensuite dessus pour modifier son contenu.

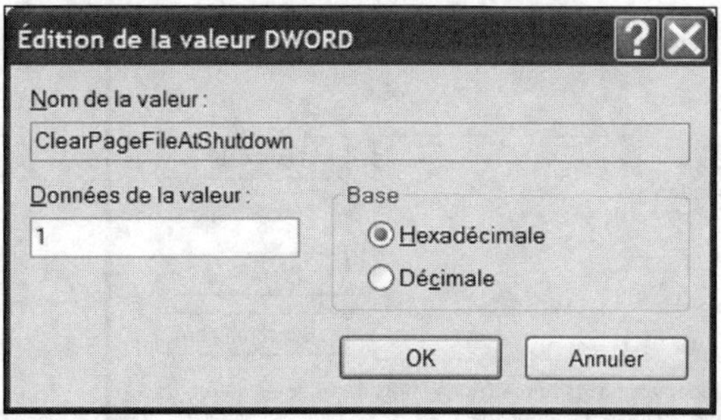

▲ Fig. 3.14 : *Modifiez le contenu de la valeur ClearPageFileAtShutdown*

3. Dans la zone de texte *Données de la valeur*, saisissez 1 pour activer le nettoyage du fichier d'échange à l'arrêt de Windows. Si, par la suite, vous souhaitez revenir en arrière et empêcher le nettoyage du fichier, il suffit de saisir `0`. Validez en cliquant sur le bouton OK.

4. Fermez le Registre, puis redémarrez votre ordinateur pour que soit appliquée la modification.

Désactiver l'Active Desktop

La fonctionnalité Active Desktop permet aux utilisateurs d'utiliser des pages HTML comme fond d'écran. Cette fonctionnalité est matérialisée par l'onglet **Web** de la boîte de dialogue **Eléments du bureau**, qui apparaît après un clic sur le bouton **Personnalisation du Bureau** de l'onglet **Bureau** des **Propriétés de l'Affichage** (voir fig. 3.15).

Quand on sait que des virus peuvent infecter votre matériel lors du simple affichage d'une page web, il y a de quoi hésiter à utiliser cette fonctionnalité. Cela peut être aussi une porte ouverte à des intrusions. Enfin, sachez que cette fonctionnalité ralentit fortement votre système.

1. Pour désactiver l'Active Desktop, éditez le Registre, puis ouvrez la clé suivante :

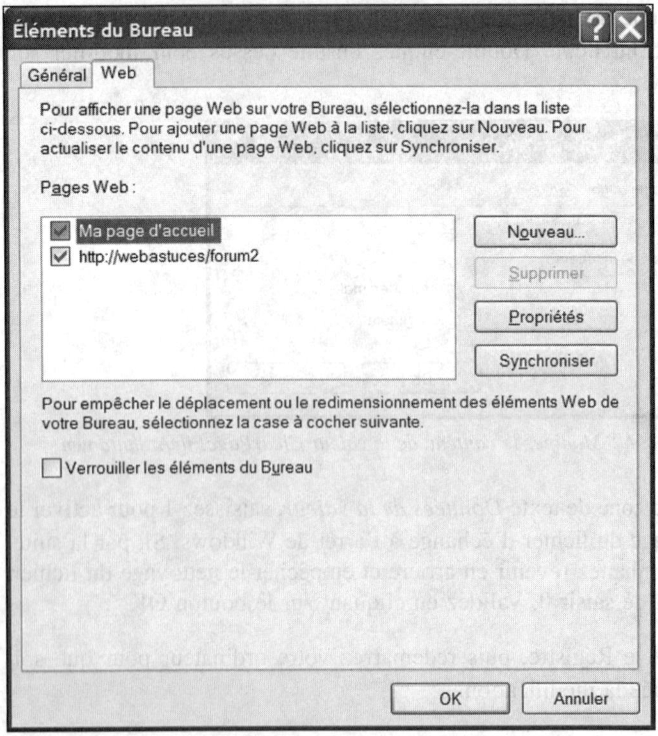

▲ Fig. 3.15 : *La fonctionnalité Active Desktop permet de sélectionner et d'afficher des pages web en fond d'écran*

```
HKEY_LOCAL_MACHINE\SOFTWARE\Microsoft\Windows\CurrentVersion
✂ \Policies\Explorer
```

Pour désactiver l'Active Desktop uniquement sur la session d'un utilisateur, connectez-vous sous sa session, éditez le Registre, puis ouvrez la clé ci-après :

```
HKEY_CURRENT_USER\Software\Microsoft\Windows\CurrentVersion
✂ \Policies\Explorer
```

2. Créez une nouvelle valeur `DWORD`, que vous nommerez `NoActiveDesktop`. Affectez-lui la valeur 1 pour désactiver l'Active Desktop.

3. Fermez le Registre, puis redémarrez l'ordinateur pour que la restriction soit active.

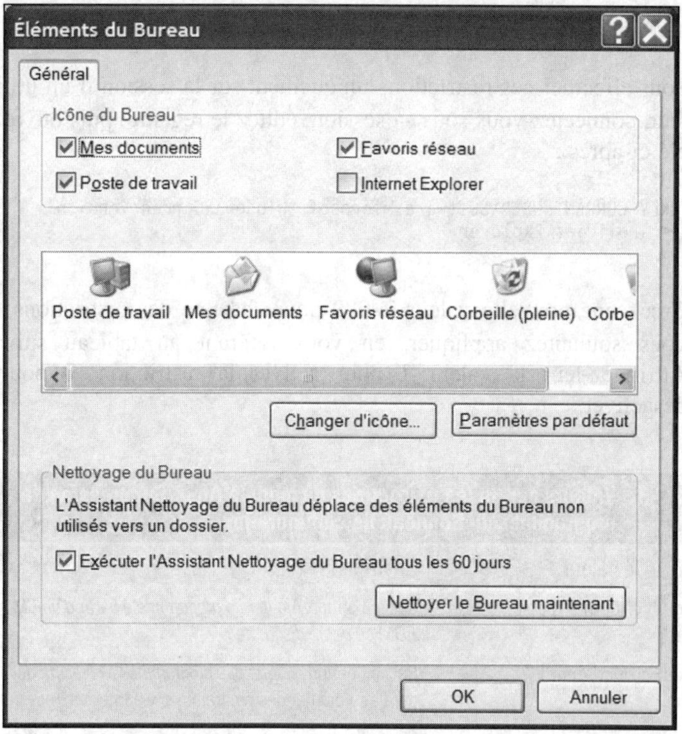

▲ Fig. 3.16 : *L'Active Desktop est désactivé, l'onglet Web contenant ses paramètres a disparu*

Restrictions du module Ajout/Suppression de programmes

Toujours dans une optique de contrôle de votre ordinateur, vous pouvez empêcher l'ajout et la suppression de programmes. Pour cela, le Registre vous permet d'appliquer de nombreuses restrictions aux fonctionnalités du module **Ajout/Suppression de programmes** du **Panneau de configuration**.

1. Éditez le Registre, puis ouvrez la clé suivante :

```
HKEY_LOCAL_MACHINE\SOFTWARE\Microsoft\Windows\CurrentVersion
✂ \Policies\Explorer
```

2. Pour effectuer ces restrictions uniquement sur la session d'un utilisateur, connectez-vous sous sa session, éditez le registre, puis ouvrez la clé ci-après :

```
HKEY_CURRENT_USER\Software\Microsoft\Windows\CurrentVersion
✂ \Policies\Explorer
```

3. Créez une nouvelle valeur DWORD pour chacune des restrictions que vous souhaitez appliquer, en vous référant au tableau suivant. Attribuez-leur la valeur 1 pour activer la restriction, 0 pour la désactiver.

Tab. 3.3 : Valeurs gérant les restrictions du module Ajout/Suppression de programmes du Panneau de configuration

Nom de la valeur	Restriction
NoAddFromCDorFloppy	Cache l'option *Ajouter un programme à partir d'un CD-ROM ou d'une disquette*
NoAddFromInternet	Cache l'option *Ajouter des programmes Microsoft*, qui permet d'ajouter des programmes via Internet
NoAddFromNetwork	Cache l'option *Ajouter un programme à partir d'un réseau*
NoAddPage	Désactive l'ajout de programmes
NoAddRemovePrograms	Désactive l'ajout et la suppression de programmes
NoRemovePage	Désactive la modification et la suppression de programmes
NoWindowsSetupPage	Désactive l'Assistant Composants de Windows.

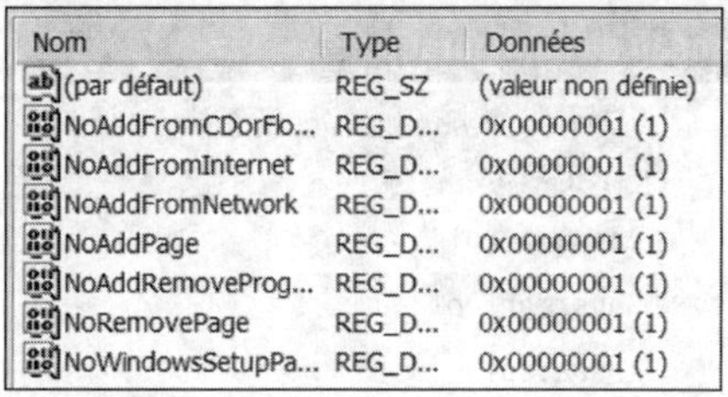

◄ Fig. 3.17 : *Restreignez l'utilisation du module Ajout/Suppression*

4. Une fois ces valeurs ajoutées, fermez le Registre et redémarrez Windows pour que soient appliqués les changements.

Cacher des modules du Panneau de configuration

Le Panneau de configuration, comme son nom l'indique, donne accès au contrôle de votre ordinateur. Il comporte de nombreux modules ayant chacun un rôle précis. Le module **Affichage** permet ainsi de modifier tout ce qui se rapporte à l'affichage sous Windows : thème graphique, fond d'écran, écran de veille, mais aussi résolution de l'écran, nombre de couleurs, etc.

Pour plus de sécurité, vous pouvez cacher des modules auxquels vous ne souhaitez pas que les autres utilisateurs aient accès.

1. Éditez le Registre, puis ouvrez la clé suivante :

```
HKEY_CURRENT_USER\Control Panel\don't load
```

2. Créez une nouvelle valeur chaîne pour chacun des modules que vous souhaitez cacher. Aidez-vous du tableau suivant pour les nommer. Vous leur donnerez la valeur `No` pour les cacher, `Yes` pour les afficher.

Tab. 3.4 : Liste des modules du Panneau de configuration

Nom du module	Valeur chaîne correspondante dans le Registre
Affichage	`desk.cpl`
Ajout de matériel	`hdwwiz.cpl`

Tab. 3.4 : Liste des modules du Panneau de configuration	
Nom du module	Valeur chaîne correspondante dans le Registre
Ajout/Suppression de programmes	`appwiz.cpl`
Comptes d'utilisateurs	`nusrmgr.cpl`
Connexion réseau	`ncpa.cpl`
Contrôleurs de jeu	`joy.cpl`
Courrier	`mlcfg32.cpl`
Date et heure	`timedate.cpl`
Options d'accessibilité	`access.cpl`
Options d'alimentation	`powercfg.cpl`
Options de modems et téléphonie	`telephon.cpl`
Options Internet	`inetcpl.cpl`
Options régionales et linguistiques	`intl.cpl`
Sons et périphériques audio	`mmsys.cpl`
Souris	`main.cpl`
Système	`sysdm.cpl`
Voix	`sapi.cpl`

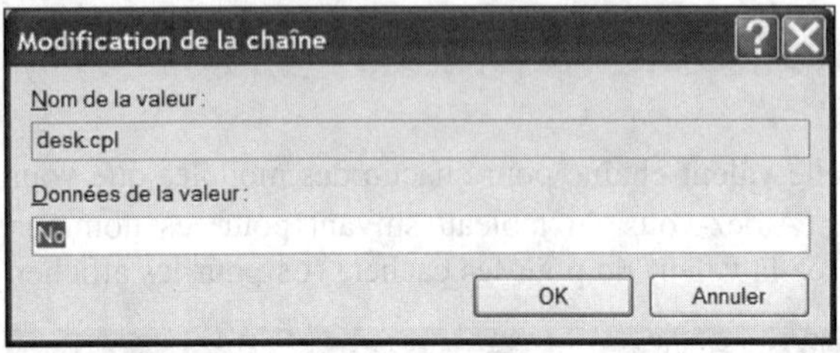

▲ Fig. 3.18 : *Pour cacher le module Affichage, nommez la valeur desk.cpl*

3. Fermez le Registre, puis redémarrez Windows pour que soient appliqués les changements.

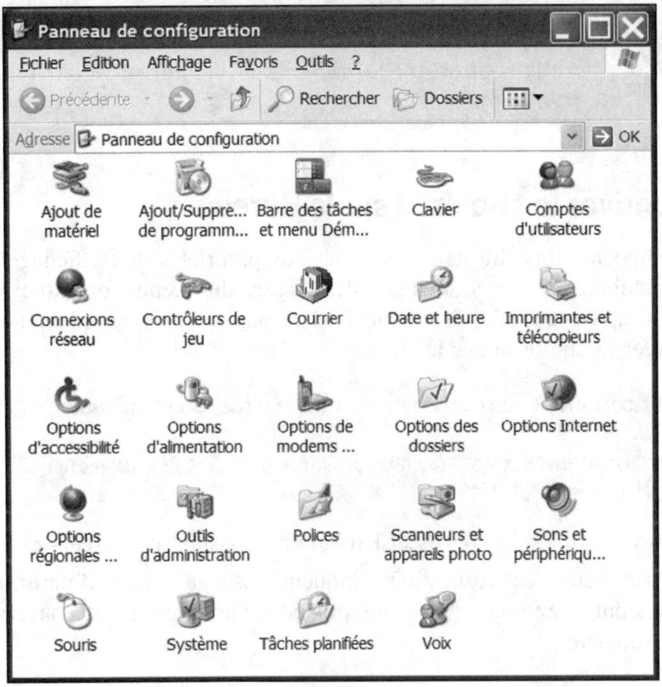

▲ Fig. 3.19 : *Le module Affichage a disparu*

REMARQUE

Cacher les modules ajoutés par les applications

Lorsque vous installez un programme, celui-ci peut ajouter un module dans le Panneau de configuration. Dans ce cas-là, comment le cacher ? Cela est simple, il suffit de rechercher sur votre disque dur les fichiers portant l'extension *.cpl* Un de ces fichiers est le module que vous cherchez. Vous pouvez les essayer tous en double-cliquant dessus. Vous pouvez également essayer de déduire le bon fichier en fonction de son nom et de son emplacement dans le disque dur.

REMARQUE

> Ensuite, il vous suffit de créer une nouvelle valeur chaîne portant le nom de ce fichier et ayant pour valeur No.

Désactiver le clic droit sur le Bureau

Pour empêcher un utilisateur d'accéder aux propriétés de l'affichage par l'intermédiaire de la commande **Propriétés** du menu contextuel qui apparaît après un clic droit sur le Bureau, il suffit simplement de désactiver le clic droit sur le Bureau.

1. Pour ce faire, éditez le Registre, puis ouvrez la clé suivante :

```
HKEY_LOCAL_MACHINE\SOFTWARE\Microsoft\Windows\CurrentVersion
✂ \Policies\Explorer
```

   Si les sous-clés `Policies` et `Explorer` n'existent pas, créez-les.

   Pour effectuer ces restrictions uniquement sur la session d'un utilisateur, connectez-vous sous sa session, éditez le Registre, puis ouvrez la clé suivante :

```
HKEY_CURRENT_USER\Software\Microsoft\Windows\CurrentVersion
✂ \Policies\Explorer
```

2. Créez une nouvelle valeur `DWORD` intitulée `NoViewContextMenu`. Attribuez-lui la valeur 1. Validez par OK.
3. Fermez le Registre, puis redémarrez votre ordinateur pour que soit appliquée la modification.

Pour retrouver le menu contextuel sur le Bureau, supprimez cette nouvelle valeur ou attribuez la valeur `0`.

Retirer les propriétés du Poste de travail

La commande **Propriétés** du Poste de travail accessible par un clic droit sur ce dernier donne accès aux **Propriétés système**. Ces Propriétés systèmes contiennent tous les réglages avancés de Windows : gestion du matériel, utilisation à distance, restauration du système, l'utilisation de la mémoire, etc.

1. Pour cacher l'accès aux **Propriétés système** par le *Poste de travail,* éditez le Registre, puis ouvrez la clé suivante :

```
HKEY_LOCAL_MACHINE\SOFTWARE\Microsoft\Windows\CurrentVersion
✂ \Policies\Explorer
```

   Pour effectuer ces restrictions uniquement sur la session d'un utilisateur, connectez-vous sous sa session, éditez le registre, puis ouvrez la clé ci-après :

```
HKEY_CURRENT_USER\Software\Microsoft\Windows\CurrentVersion
✂ \Policies\Explorer
```

2. Créez une nouvelle valeur `DWORD`, que vous intitulerez `NoProperties-MyComputer`. Attribuez-lui la valeur 1, puis validez par OK.

3. Fermez le Registre, puis redémarrez Windows pour que les changements prennent effet.

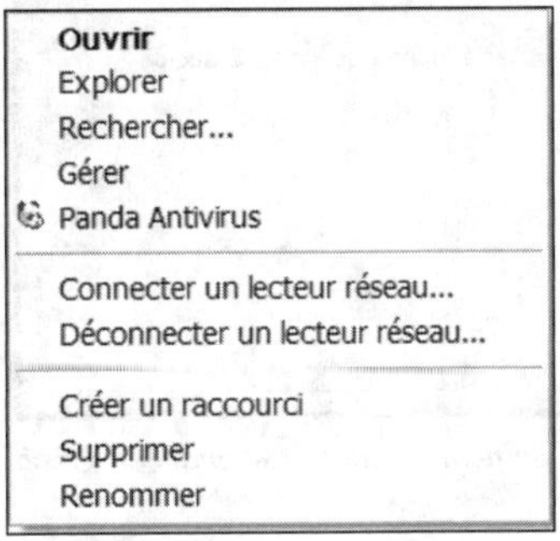

◄ Fig. 3.20 : *La commande Propriété du Poste de travail a disparu*

Notez que le module **Système** du Panneau de configuration est également désactivé.

Empêcher la modification des types de fichiers

Dans l'explorateur, lorsque vous cliquez sur le menu **Affichage**, puis sur la commande **Options des dossiers**, vous avez accès, via l'onglet **Types de fichiers**, à la configuration des types de fichiers enregistrés sur votre ordinateur : programmes qui les ouvrent, actions que l'on peut effectuer par un clic droit sur ces types de fichiers, etc.

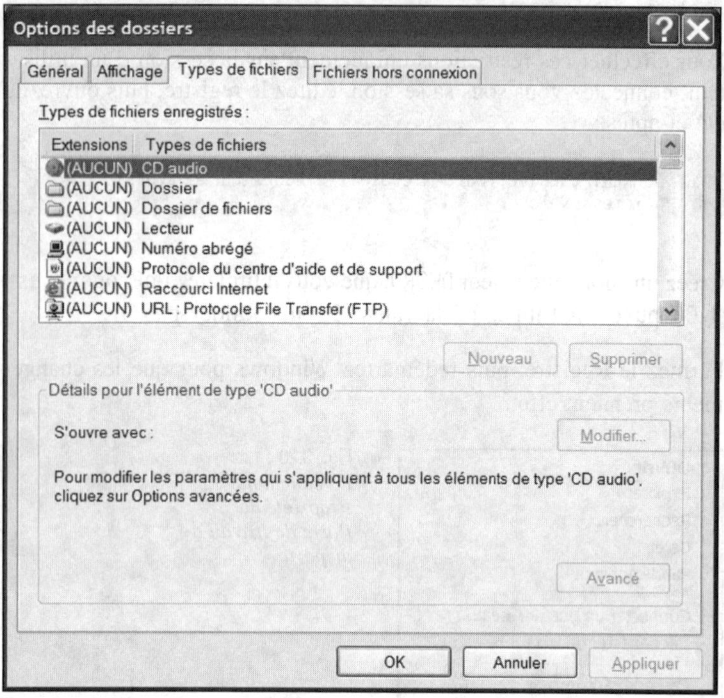

▲ Fig. 3.21 : *Les options de l'onglet Types de fichiers sont désormais en grisé, donc inaccessibles*

1. Pour empêcher les utilisateurs de modifier les types de fichiers, éditez le Registre, puis ouvrez la clé suivante :

```
HKEY_LOCAL_MACHINE\SOFTWARE\Microsoft\Windows\CurrentVersion
✂ \Policies\Explorer
```

Pour effectuer ces restrictions uniquement sur la session d'un utilisateur, connectez-vous sous sa session, éditez le registre, puis ouvrez la clé ci-après :

```
HKEY_CURRENT_USER\Software\Microsoft\Windows\CurrentVersion
✂ \Policies\Explorer
```

2. Créez une nouvelle valeur DWORD, que vous nommerez NoFileAssociate. Double-cliquez dessus, puis attribuez-lui la valeur 1. Validez par OK.

3. Fermez le Registre, puis redémarrez votre ordinateur pour que les changements soient appliqués.

Désactiver le clic droit sur la barre des tâches

Pour empêcher un utilisateur d'accéder aux propriétés de la barre des tâches et du menu **Démarrer** par l'intermédiaire de la commande **Propriétés** du menu contextuel qui apparaît après un clic droit sur la barre des tâches, vous pouvez désactiver le clic droit sur la barre des tâches.

1. Pour ce faire, éditez le Registre, puis ouvrez la clé suivante :

```
HKEY_LOCAL_MACHINE\SOFTWARE\Microsoft\Windows\CurrentVersion
✂ \Policies\Explorer
```

Si les sous-clés Policies et Explorer n'existent pas, créez-les.

Pour que cette restriction soit active uniquement sur la session d'un utilisateur, connectez-vous sous sa session, éditez le Registre, puis ouvrez la clé suivante :

```
HKEY_CURRENT_USER\Software\Microsoft\Windows\CurrentVersion
✂ \Policies\Explorer
```

2. Créez une nouvelle valeur DWORD intitulée NoTrayContextMenu. Attribuez-lui la valeur 1 puis validez par OK.

3. Fermez le Registre, puis redémarrez votre ordinateur pour que soit appliquée la modification.

Pour activer de nouveau le clic droit sur la barre des tâches, supprimez cette nouvelle valeur ou attribuez lui la valeur 0.

Cacher les outils d'administration

Les outils d'administration donnent accès aux outils permettant de gérer votre ordinateur. Vous pouvez cacher l'accès à ce dossier qui se trouve dans le menu **Démarrer** afin d'éviter une utilisation accidentelle.

1. Éditez le Registre, puis ouvrez la clé suivante :

```
HKEY_LOCAL_MACHINE\SOFTWARE\Microsoft\Windows\CurrentVersion
✂ \Policies\Explorer
```

Pour effectuer ces restrictions uniquement sur la session d'un utilisateur, connectez-vous sous sa session, éditez le Registre, puis ouvrez la clé ci-après :

```
HKEY_CURRENT_USER\Software\Microsoft\Windows\CurrentVersion
✂ \Policies\Explorer
```

2. Créez une nouvelle valeur `DWORD`. Nommez-la `StartMenuAminTools`.
3. Double-cliquez dessus, puis saisissez `Yes` dans la zone de texte *Données de la valeur*. Validez par OK.
4. Fermez le Registre, puis redémarrez Windows pour que soient appliqués les changements.

REMARQUE

Accès aux outils d'administration

Seul l'accès aux outils d'administration par le menu Démarrer est caché. Il est toujours possible d'y accéder par le Panneau de configuration. Enfin, sachez que le fait de cacher l'accès aux outils d'administration n'interdit par leur utilisation.

3.2 Gérer les authentifications

Empêcher le lancement de l'économiseur d'écran d'ouverture de session

Windows possède un écran de veille par défaut qui s'appelle *logon.scr*. Cet écran de veille se lance, même si aucun économiseur d'écran n'a été sélectionné. Cela peut présenter une faille de sécurité, dans le sens où un utilisateur local peut remplacer cet économiseur d'écran *logon.scr* par un autre programme, qui sera lancé avec les privilèges système. Il faut également savoir que cet écran de veille s'exécute même lorsque aucune session n'est ouverte.

▲ Fig. 3.22 : *L'écran de veille logon.scr*

Pour pallier cette faille de sécurité, vous pouvez empêcher cet écran de veille d'être exécuté en le désactivant dans le Registre.

1. Pour cela, éditez-le, puis ouvrez la clé suivante :

```
HKEY_USERS\.DEFAULT\Control Panel\Desktop
```

2. Modifiez la valeur `ScreenSaveActive` en saisissant 0 dans la zone de texte *Données de la valeur*. Validez en cliquant sur le bouton OK.

3. Fermez le Registre, puis redémarrez Windows pour que les changements prennent effet.

REMARQUE

Choisissez un économiseur d'écran alternatif

Si vous ne souhaitez pas désactiver l'écran de veille, vous pouvez définir un écran de veille par défaut alternatif. Pour cela, modifiez la valeur `SCRNSAVE.EXE`, qui se trouve dans la même clé, en lui attribuant le chemin complet de l'écran de veille que vous souhaitez utiliser.

Forcer l'utilisation de l'ouverture automatique de session

Si vous avez configuré Windows pour qu'il ouvre automatiquement la session d'un utilisateur au démarrage, sachez que n'importe quel autre utilisateur peut passer outre en pressant la touche [Maj] lors de l'ouverture de Windows. Cet utilisateur aura alors accès à la page d'ouverture de session.

1. Pour empêcher cela, une petite modification dans le Registre s'impose. Éditez-le, puis ouvrez la clé suivante :

```
HKEY_LOCAL_MACHINE\SOFTWARE\Microsoft\Windows
✂ NT\CurrentVersion\Winlogon
```

2. Créez une nouvelle valeur chaîne, que vous nommerez `ForceAutoLogon`. Fixez cette valeur à 1 pour forcer l'ouverture de session automatique ; 0 permet à d'autres utilisateurs d'ouvrir une session au démarrage. Validez par OK.

3. Créez ensuite une autre valeur chaîne, que vous intitulerez `IgnoreShiftOverride`. Double-cliquez sur cette nouvelle valeur, puis saisissez 1 dans la zone de texte *Données de la valeur*. Validez par OK.

4. Fermez l'Éditeur du Registre, puis redémarrez Windows pour que les changements prennent effet.

Forcer les utilisateurs à appuyer sur les touches Ctrl, Alt et Suppr avant d'ouvrir une session.

Utilisée par défaut sur la version Server de Windows 2000, la fonctionnalité qui force les utilisateurs à appuyer sur les touches Ctrl, Alt et Suppr pour ouvrir une session renforce la sécurité du système. En effet, cela prévient les attaques et les prises de contrôle de l'ordinateur à distance.

1. Pour activer cette fonctionnalité sous Windows XP, éditez le Registre, puis ouvrez la clé suivante :

```
HKEY_LOCAL_MACHINE\SOFTWARE\Microsoft\Windows
✂ NT\CurrentVersion\Winlogon
```

2. Créez une nouvelle valeur chaîne nommée `DisableCAD`. Fixez cette valeur à 0 pour forcer les utilisateurs à appuyer simultanément sur les touches Ctrl, Alt et Suppr pour ouvrir une session. Validez par OK.

3. Fermez l'Éditeur du Registre, puis redémarrez Windows.

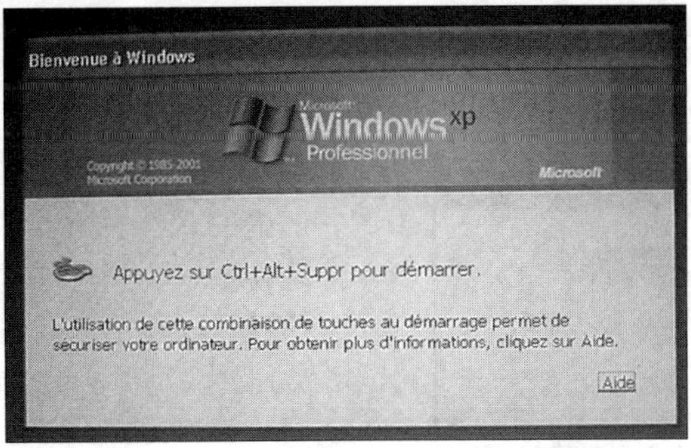

◄ Fig. 3.23 : *Windows vous demande désormais d'appuyer sur les touches Ctrl, Alt et Suppr avant d'ouvrir une session*

REMARQUE

Méthode d'ouverture de session

Pour que cette fonctionnalité remplisse son rôle, Windows XP doit être configuré pour utiliser la méthode classique d'ouverture de session. Si vous avez configuré Windows pour que l'ouverture de session se fasse automatiquement, il est inutile d'appliquer cette astuce.

Limiter le nombre d'ouvertures automatiques de sessions

Il est possible, si vous le souhaitez, de limiter le nombre d'ouvertures automatiques de sessions. Vous pouvez fixer, en effet, un nombre limite, qui, une fois atteint, entraînera la désactivation de l'ouverture automatique de session et le retour de l'écran d'ouverture de session.

1. Exécuter l'Éditeur du Registre, puis ouvrez la clé suivante :

```
HKEY_LOCAL_MACHINE\SOFTWARE\Microsoft\Windows
✂ NT\CurrentVersion\Winlogon
```

2. Créez une nouvelle valeur DWORD, que vous appellerez AutoLogon-Count, puis attribuez-lui comme valeur le nombre d'ouvertures automatiques de sessions autorisées. Veillez à sélectionner la bonne base (décimale ou hexadécimale).

3. Fermez le Registre, puis redémarrez Windows pour que les modifications prennent effet.

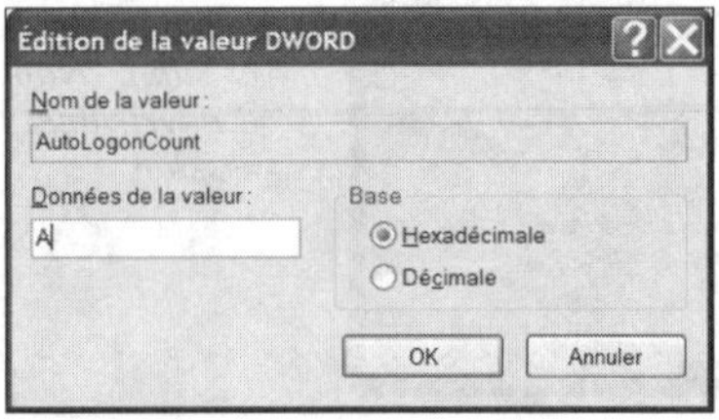

◄ Fig. 3.24 : *10 ouvertures (A en hexadécimal) sont encore autorisées*

REMARQUE

Le nombre d'ouvertures automatiques de sessions et le Registre

À chaque fois que Windows redémarre, la valeur AutoLogonCount est décrémentée de 1 jusqu'à ce qu'elle atteigne zéro. Lorsqu'elle atteint zéro, aucune session ne peut alors être ouverte automatiquement. Cela se traduit dans le Registre par la suppression des valeurs AutoLogonCount et DefaultPassword, qui contiennent respectivement le nom du compte ouvert automatiquement et son mot de passe associé. De plus, la valeur AutoAdminLogon, qui contrôle l'ouverture automatique, est fixée à 0.

Demander un mot de passe à la reprise

Après une mise en veille prolongée ou non, Windows redémarre exactement là où il en était. Or, cela peut être dangereux si la personne qui "sort" l'ordinateur de la veille n'est pas vous ! Vous pouvez configurer Windows pour qu'il verrouille automatiquement la session en cours et qu'il demande le mot de passe de l'utilisateur après être sorti de veille.

1. Pour cela, exécutez l'Éditeur du Registre, puis ouvrez la clé suivante :

```
HKEY_LOCAL_MACHINE\SOFTWARE\Microsoft\Windows\CurrentVersion
✂ \Policies\Explorer
```

   Le mot de passe sera alors demandé à tous les utilisateurs. Pour appliquer cette restriction à un ou à plusieurs utilisateurs, ouvrez Windows sous la session de chacun des utilisateurs concernés, puis ouvrez la clé ci-après :

```
HKEY_CURRENT_USER\Software\Microsoft\Windows\CurrentVersion
✂ \Policies\Explorer
```

2. Créez une nouvelle valeur DWORD, que vous intitulerez PromptPasswordOnResume. Attribuez-lui ensuite la valeur 1.

3. Fermez l'Éditeur du Registre, puis redémarrez Windows pour que la modification prenne effet.

3.3 La sécurité dans votre réseau

Cacher votre ordinateur dans un réseau local

Vous pouvez cacher votre ordinateur, que cela soit un serveur sécurisé ou bien une simple station de travail, pour qu'il n'apparaisse pas sur les autres ordinateurs du réseau local.

1. Pour cela, éditez le Registre, puis ouvrez la clé suivante :

```
HKEY_LOCAL_MACHINE\SYSTEM\CurrentControlSet\Services\LanmanServer
✂ \Parameters
```

2. Créez une nouvelle valeur DWORD, que vous nommerez `Hidden`, et que vous définirez à 1.
3. Fermez l'Éditeur du Registre, puis redémarrez votre ordinateur. Notez que cela peut prendre plusieurs minutes pour que le changement soit effectif.

REMARQUE

Autre méthode

Le même résultat peut être obtenu en saisissant la commande `NET CONFIG SERVER /HIDDEN:YES` dans une fenêtre d'invite de commandes sur l'ordinateur à cacher.

Cacher les ordinateurs proches de moi dans les favoris réseau

Pour éviter que les utilisateurs de votre ordinateur accèdent à des ressources réseau qui ne leur sont pas destinées, vous pouvez cacher les ordinateurs qui apparaissent dans les favoris réseau sous l'appellation "Ordinateurs proches de moi".

1. Éditez le Registre, puis ouvrez la clé suivante :

```
HKEY_LOCAL_MACHINE\SOFTWARE\Microsoft\Windows\CurrentVersion
✂ \Policies\Explorer
```

Pour effectuer ces restrictions uniquement sur la session d'un utilisateur, connectez-vous sous sa session, éditez le Registre, puis ouvrez la clé ci-après :

```
HKEY_CURRENT_USER\Software\Microsoft\Windows\CurrentVersion
✂ \Policies\Explorer
```

2. Créez une nouvelle valeur `DWORD`, que vous nommerez `NoComputer-sNearMe`. Double-cliquez dessus, puis attribuez-lui la valeur 1. Validez par OK.

3. Fermez le Registre, puis redémarrez votre ordinateur pour que les changements soient appliqués.

Enlever les options de lecteur réseau

Vous pouvez empêcher les utilisateurs de créer de nouvelles connexions réseau en supprimant les commandes **Connecter un lecteur réseau** et **Déconnecter un lecteur réseau** qui se trouvent dans le menu **Outils** de n'importe quelle fenêtre de l'explorateur Windows et dans le menu contextuel qui apparaît après un clic droit sur le *Poste de travail*.

1. Éditez le Registre, puis ouvrez la clé suivante :

```
HKEY_LOCAL_MACHINE\SOFTWARE\Microsoft\Windows\CurrentVersion
✂ \Policies\Explorer
```

Pour effectuer ces restrictions uniquement sur la session d'un utilisateur, connectez-vous sous sa session, éditez le registre, puis ouvrez la clé suivante :

```
HKEY_CURRENT_USER\Software\Microsoft\Windows\CurrentVersion
✂ \Policies\Explorer
```

2. Créez une nouvelle valeur DWORD que vous nommerez `NoNetConnectDisconnect`. Double-cliquez dessus, puis attribuez-lui la valeur 1. Validez par OK.

3. Fermez le Registre, puis redémarrez votre ordinateur pour appliquer les changements.

Désactiver l'affichage des favoris réseau récents

Lorsque vous ouvrez un document d'un dossier partagé sur un réseau local, Windows ajoute automatiquement ce dossier dans les favoris réseaux pour pouvoir y accéder rapidement les fois suivantes. Or si vous ne souhaitez pas que les utilisateurs de votre machine aient accès à ce répertoire partagé du réseau, vous pouvez empêcher Windows d'afficher les dossiers partagés ouverts récemment.

1. Éditez le Registre, puis ouvrez la clé suivante :

```
HKEY_LOCAL_MACHINE\SOFTWARE\Microsoft\Windows\CurrentVersion
✂ \Policies\Explorer
```

   Pour effectuer ces restrictions uniquement sur la session d'un utilisateur, connectez-vous sous sa session, éditez le registre, puis ouvrez la clé suivante :

```
HKEY_CURRENT_USER\Software\Microsoft\Windows\CurrentVersion
✂ \Policies\Explorer
```

2. Créez une nouvelle valeur DWORD que vous nommerez `NoRecentDocsNetHood`. Attribuez-lui la valeur 1.

3. Fermez le Registre, puis redémarrez votre ordinateur pour appliquer les changements.

Restrictions des connexions réseau

Vous pouvez contrôler plus précisément l'accès aux fonctionnalités et propriétés des connexions réseau.

1. Pour cela, éditez le Registre, puis ouvrez la clé suivante :

```
HKEY_CURRENT_USER\Software\Policies\Microsoft\Windows\Network
✂ Connections
```

2. Créez une nouvelle valeur DWORD pour chacune des fonctionnalités que vous souhaitez restreindre. Aidez-vous du tableau suivant pour les nommer. Vous leur donnerez la valeur 1 pour les cacher, 0 pour les afficher (par défaut).

Tab. 3.5 : Valeurs gérant les restrictions des connexions réseau

Nom de la valeur	Restriction (si valeur fixée à 1)
NC_AddRemoveComponents	Empêche l'ajout et la suppression de composants réseau
NC_AdvancedSettings	Empêche la modification des paramètres avancés d'une connexion
NC_AllowAdvancedTCPIPConfig	Empêche la modification des paramètres TCP/IP avancés accessibles par le bouton **Avancé** des propriétés de protocole Internet (TCP/IP) d'une connexion réseau
NC_DeleteAllUserConnection	Empêche la suppression des connexions réseau accessibles à tous les utilisateurs
NC_DeleteConnection	Empêche la suppression de toutes les connexions réseau
NC_LanChangeProperties	Empêche l'accès aux propriétés des composants d'un réseau local
NC_LanConnect	Empêche la connexion et la déconnexion d'une connexion réseau local
NC_LanProperties	Empêche l'accès aux propriétés d'un réseau local
NC_NewConnectionWizard	Désactive l'Assistant Nouvelle connexion qui vous aide à établir une connexion Internet, avec un réseau privé et un réseau domestique.

Tab. 3.5 : Valeurs gérant les restrictions des connexions réseau

Nom de la valeur	Restriction (si valeur fixée à 1)
`NC_RasAllUserProperties`	Empêche l'accès aux propriétés des connexions réseau à distance accessibles à tous les utilisateurs
`NC_RasChangeProperties`	Empêche l'accès aux propriétés des connexions réseau à distance
`NC_RasConnect`	Empêche la connexion et la déconnexion d'une connexion à distance
`NC_RasMyProperties`	Empêche l'accès aux propriétés d'un réseau privé virtuel
`NC_RenameAllUserRasConnection`	Empêche de renommer les connexions accessibles à tous les utilisateurs
`NC_RenameConnection`	Empêche de renommer les connexions
`NC_RenameLanConnection`	Empêche de renommer les connexions réseau
`NC_RenameMyRasConnection`	Empêche de renommer les connexions réseau à distance
`NC_Statistics`	Désactive les statistiques dans l'état d'une connexion active qui apparaît après un double clic sur une connexion active.

3. Redémarrez votre ordinateur pour que soient appliquées les modifications.

3.4 Restreindre les fonctionnalités du menu Démarrer et de la barre des tâches

Supprimer l'option Aide et support

L'option *Aide et support*, bien que très pratique, ouvre la porte à des options qui peuvent réduire à néant toutes vos entreprises de sécurité sur votre système. Ainsi, l'option *Aide et support* peut permettre à un utilisateur de laisser le contrôle de sa session à un utilisateur distant. Cela peut être dangereux si l'utilisateur distant n'est pas clairement identifié.

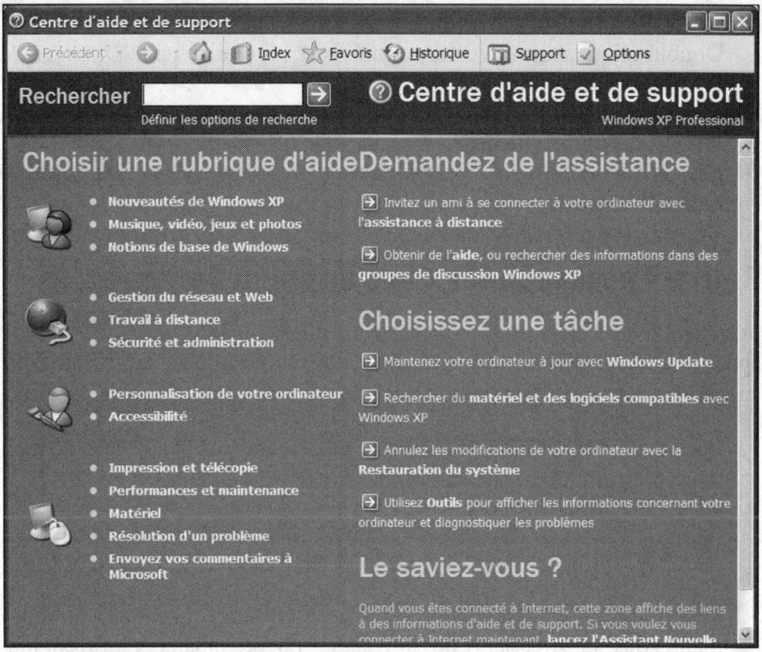

▲ Fig. 3.25 : *L'option Aide et support donne accès à de nombreuses fonctionnalités*

1. Pour supprimer cette option *Aide et support* au niveau de tout le système, éditez le registre, puis ouvrez la clé suivante :

```
HKEY_LOCAL_MACHINE\SOFTWARE\Microsoft\Windows\CurrentVersion
✂ \Policies\Explorer
```

Pour que cette suppression n'affecte qu'un ou plusieurs utilisateurs, démarrez Windows sous la session de l'utilisateur en question, puis ouvrez la clé ci-après :

```
HKEY_CURRENT_USER\Software\Microsoft\Windows\CurrentVersion
✂ \Policies\Explorer
```

2. Créez une nouvelle valeur `DWORD`, que vous intitulerez `NoSMHelp`. Double-cliquez ensuite dessus, puis fixez la zone de texte *Données de la valeur* à 1. Validez par OK.

3. Fermez l'Éditeur du Registre, puis redémarrez Windows pour appliquer la suppression de l'option *Aide et support* qui se trouvait dans le menu **Démarrer**.

Retirer l'option Connexions du menu Démarrer

Vous pouvez retirer l'option *Connexions* du menu **Démarrer**, qui donne accès à toutes vos connexions d'accès à distance et de réseau local. Pour ce faire, éditez le Registre.

1. Pour que cette modification prenne effet au niveau du système entier, donc pour tous les utilisateurs, ouvrez la clé suivante :

```
HKEY_LOCAL_MACHINE\SOFTWARE\Microsoft\Windows\CurrentVersion
✂ \Policies\Explorer
```

   Pour que l'option *Connexions* du menu **Démarrer** disparaisse uniquement sous la session d'un utilisateur ou de plusieurs utilisateurs, ouvrez Windows sous leurs sessions, puis ouvrez la clé ci-après :

```
HKEY_CURRENT_USER\Software\Microsoft\Windows\CurrentVersion
✂ \Policies\Explorer
```

2. Créez une nouvelle valeur DWORD, que vous intitulerez `NoNetworkConnections`. Attribuez-lui ensuite la valeur `1`.

3. Fermez l'Éditeur du Registre, puis redémarrez Windows. L'option *Connexions* a alors disparu.

Désactiver l'historique des documents récents

Lorsque vous ouvrez un document quelconque, un raccourci vers ce dernier est ajouté automatiquement dans la liste *Mes documents récents* (*Documents* si vous utilisez le menu **Démarrer** classique), qui se trouve dans le menu **Démarrer**. Vous pouvez empêcher Windows d'ajouter à cette liste les fichiers que vous ouvrez.

1. Tout d'abord, éditez le Registre. Pour désactiver l'historique des documents récents pour tous les utilisateurs, ouvrez la clé suivante :

```
HKEY_LOCAL_MACHINE\SOFTWARE\Microsoft\Windows\CurrentVersion
✂ \Policies\Explorer
```

Pour restreindre la modification à un ou plusieurs utilisateurs, ouvrez Windows sous la session de chacun des utilisateurs concernés, puis activez la clé ci-après :

```
HKEY_CURRENT_USER\Software\Microsoft\Windows\CurrentVersion
✂ \Policies\Explorer
```

2. Créez une nouvelle valeur `DWORD`, que vous intitulerez `NoRecentDocsHistory`. Attribuez-lui ensuite la valeur 1.

3. Fermez l'Éditeur du Registre, puis redémarrez Windows pour que soient appliqués les changements.

◄ Fig. 3.26 : *Le menu Documents reste vide, même après que vous avez ouvert des fichiers*

Cacher le Panneau de configuration dans le menu Démarrer

Pour cacher le Panneau de configuration dans le menu **Démarrer**, procédez ainsi :

1. Éditez le Registre, puis ouvrez la clé suivante :

```
HKEY_LOCAL_MACHINE\SOFTWARE\Microsoft\Windows\CurrentVersion
✂ \Policies\Explorer
```

Pour effectuer ces restrictions uniquement sur la session d'un utilisateur, connectez-vous sous sa session, éditez le Registre, puis ouvrez la clé ci-après :

```
HKEY_CURRENT_USER\Software\Microsoft\Windows\CurrentVersion
✂ \Policies\Explorer
```

2. Créez une nouvelle valeur DWORD. Nommez-la NoControlPanel.

3. Double-cliquez dessus, puis saisissez 1 dans la zone de texte *Données de la valeur*. Validez par OK.

4. Fermez le Registre, puis redémarrez Windows pour que soient appliqués les changements.

Pour afficher de nouveau le Panneau de configuration dans le menu **Démarrer**, supprimez cette nouvelle valeur NoControlPanel, ou fixez sa valeur à 0.

REMARQUE

Accès aux modules du Panneau de configuration

Vous vous dites certainement que si le Panneau de configuration n'est plus accessible dans le menu **Démarrer**, il suffit d'ouvrir le Poste de travail pour retrouver un accès. Or, ce n'est pas le cas, puisque le fait de créer cette clé NoControlPanel empêche tous les accès au Panneau de configuration et aux modules qui le composent.

Masquer les éléments de la zone de notification

La zone de notification, qui se trouve juste à gauche de l'horloge, contient des programmes exécutés au démarrage de Windows qui sont chargés en mémoire : gestionnaire de téléchargement, antivirus, réglage du volume sonore, gestion des connexions réseau, etc.

Pour empêcher les utilisateurs de supprimer des éléments de cette zone de notification ou d'accéder à leur paramétrage, vous devez modifier le Registre.

1. Ouvrez la clé suivante pour masquer les éléments de la zone de notification au niveau du système, c'est-à-dire tous les utilisateurs :

```
HKEY_LOCAL_MACHINE\SOFTWARE\Microsoft\Windows\CurrentVersion
✂ \Policies\Explorer
```

Pour masquer les éléments de la zone de notification pour les sessions d'un ou de plusieurs utilisateurs, ouvrez Windows sous la session de chacun des utilisateurs concernés, puis activez la clé ci-après :

```
HKEY_CURRENT_USER\Software\Microsoft\Windows\CurrentVersion
✂ \Policies\Explorer
```

2. Créez une nouvelle valeur `DWORD`, que vous nommerez `NoTrayItems-Display`. Attribuez-lui ensuite la valeur 1.

3. Fermez l'Éditeur du Registre, puis redémarrez Windows pour que soient appliqués les changements.

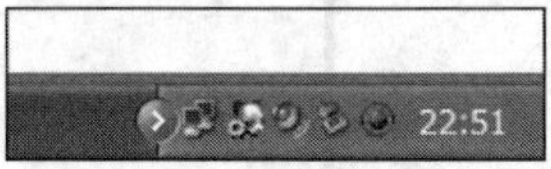

◄ Fig. 3.27 :
La zone de notification avant…

◄ Fig. 3.28 :
… et après la modification dans le Registre

Supprimer les barres d'outils de la barre des tâches

Il est possible d'empêcher l'utilisation des barres d'outils, y compris la barre de lancement rapide, qui se trouvent dans la barre des tâches Cela peut ainsi permettre à un administrateur de proposer un système simple, fiable et sécurisé, qui, certes, ne laisse pas beaucoup de liberté aux utilisateurs, mais a le mérite d'être bien encadré. Le rêve pour un administrateur donc…

1. Pour supprimer toutes les barres d'outils de la barre des tâches pour tous les utilisateurs du système, ouvrez la clé suivante :

```
HKEY_LOCAL_MACHINE\SOFTWARE\Microsoft\Windows\CurrentVersion
✂ \Policies\Explorer
```

Pour appliquer cette restriction à un ou à plusieurs utilisateurs, ouvrez Windows sous la session de chacun des utilisateurs concernés, puis la clé suivante :

```
HKEY_CURRENT_USER\Software\Microsoft\Windows\CurrentVersion
✂ \Policies\Explorer
```

2. Créez une nouvelle valeur DWORD, que vous intitulerez NoToolbarsOnTaskbar. Attribuez-lui ensuite la valeur 1.

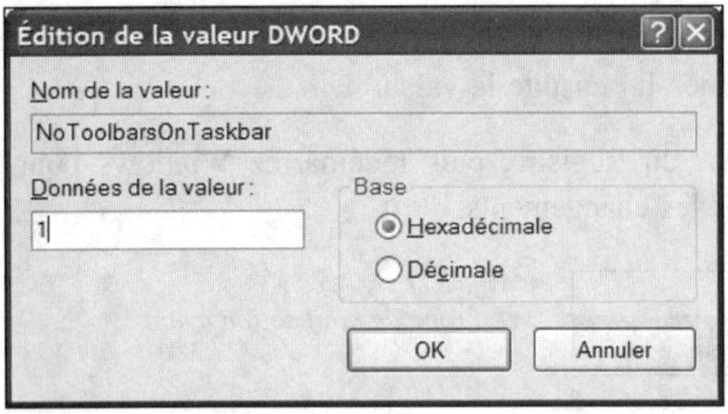

▲ Fig. 3.29 : *Attribuez 1 à la valeur NoToolbarsOnTaskbar*

3. Fermez l'Éditeur du Registre, puis redémarrez Windows pour que soient appliqués les changements.

3.5 Internet Explorer et la sécurité

Désactiver le téléchargement de fichiers

Lorsque vous surfez sur Internet avec Internet Explorer et que vous souhaitez télécharger un fichier, il suffit de cliquer dessus pour que votre navigateur prenne en charge le téléchargement. Si vous voulez empêcher tous les utilisateurs de télécharger des fichiers avec Internet Explorer, procéder ainsi :

1. Éditez le Registre, puis ouvrez la clé suivante :

```
HKEY_LOCAL_MACHINE\SOFTWARE\Microsoft\Windows\CurrentVersion
✂ \Internet Settings\Zones\3
```

Pour désactiver le téléchargement de fichiers avec Internet Explorer pour un ou plusieurs utilisateurs spécifiques, la modification doit se faire dans la clé ci-après :

```
HKEY_CURRENT_USER\Software\Microsoft\Windows\CurrentVersion
✂ \Internet Settings\Zones\3
```

2. Modifiez la valeur DWORD existante, appelée 1803. Dans la zone de texte *Données de la valeur*, saisissez 3. Validez par OK.

   Si par la suite, vous souhaitez autoriser de nouveau les téléchargements, fixez cette valeur à 0.

3. Redémarrez votre session pour que soit appliquée la modification.

Désactiver l'accès aux fichiers de l'explorateur

Normalement, la barre d'adresses d'Internet Explorer peut, en plus de vous permettre d'accéder à des sites et à des fichiers sur Internet, vous donner accès à des fichiers et à des dossiers qui se trouvent sur votre disque dur. Pour limiter le rôle de la barre d'adresses uniquement à Internet, ouvrez l'Éditeur du Registre.

1. Pour limiter le rôle de la barre d'adresses pour tout le système, ouvrez la clé suivante :

```
HKEY_LOCAL_MACHINE\SOFTWARE\Microsoft\Windows\CurrentVersion
✂ \Policies\Explorer
```

Pour que cette fonctionnalité soit désactivée uniquement pour un ou plusieurs utilisateurs, éditez le Registre sous la session de ces utilisateurs, puis ouvrez la clé ci-après :

```
HKEY_CURRENT_USER\Software\Microsoft\Windows\CurrentVersion
✂ \Policies\Explorer
```

2. Créez une nouvelle valeur DWORD, que vous appellerez NoFileUrl. Attribuez-lui la valeur 1 pour désactiver l'accès aux fichiers de l'explorateur.

3. Fermez l'Éditeur du Registre, puis redémarrez votre ordinateur pour que soient appliqués les changements.

Désactiver les rapports d'erreurs

Depuis peu, on trouve une nouvelle fonctionnalité dans les logiciels de Microsoft qui permet d'avertir ce dernier lors d'un plantage. Microsoft justifie cette fonctionnalité comme offrant la possibilité d'accélérer le cycle de correction des problèmes. Or le rapport d'erreurs transmis à Microsoft contient également des informations sur vous et sur votre système, les logiciels installés, etc.

Il peut également transmettre tout ou partie des documents et des pages web consultées qui se trouvaient en mémoire au moment du plantage.

Pour empêcher la divulgation de données personnelles et confidentielles, il faut effectuer la manipulation suivante :

1. Lancez l'Éditeur du Registre, puis rendez-vous à la clé suivante :

```
HKEY_LOCAL_MACHINE\SOFTWARE\Microsoft\Internet Explorer\Main
```

2. Créez une nouvelle valeur DWORD, que vous appellerez IEWatsonDisabled, puis fixez sa valeur à 1.

3. Ensuite, créez une seconde valeur DWORD, que vous nommerez IEWatsonEnabled. Attribuez-lui la valeur 0.

IEWatsonDisabled	REG_D...	0x00000001 (1)
IEWatsonEnabled	REG_D...	0x00000000 (0)

◄ Fig. 3.30 : *Voici les deux valeurs à créer*

4. Fermez l'Éditeur du Registre, puis redémarrez Internet Explorer pour que les modifications soient prises en compte.

Empêcher les sites web d'installer des logiciels

Certains sites web n'hésitent pas à essayer d'installer automatiquementdes logiciels sur votre ordinateur en les faisant passer pour un contrôle ActiveX. Ainsi, vous risquez de vous retrouver avec des programmes installés sur votre ordinateur à votre insu, qui, en plus de ça, peuvent être de véritables espions publicitaires. Citons, par exemple, le programme Comet Cursor. À la recherche de curseurs pour égayer Windows, vous vous retrouvez sur des sites proposant des milliers de curseurs. Génial ! Cependant, quelques secondes après, une boîte de dialogue d'Internet Explorer, **Avertissement de sécurité**, s'ouvre, vous indiquant qu'un programme essaie de s'installer. Vous pouvez ou non autoriser l'installation du programme.

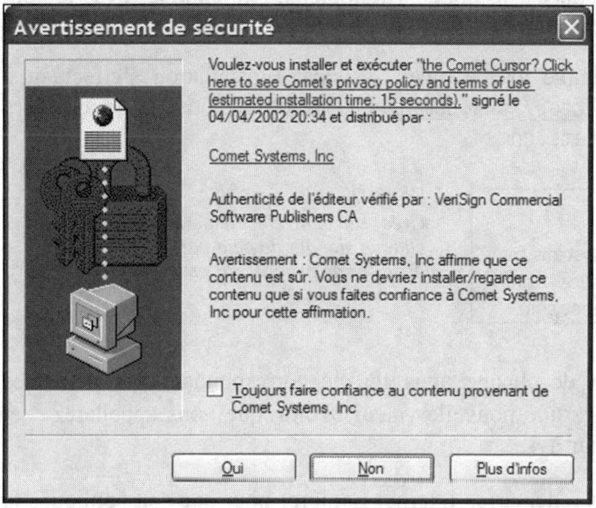

▲ Fig. 3.31 : *La boîte de dialogue Avertissement de sécurité*

Dans cette boîte de dialogue **Avertissement de sécurité**, Internet Explorer vous informe que "Comet Systems Inc affirme que ce contenu est sûr". Le contraire aurait été étonnant. Mais êtes-vous vraiment certain que le contenu du programme que vous allez installer est sûr ? Non, c'est pour cela que nous vous recommandons de ne pas l'installer.

En bas de la boîte de dialogue, se trouve une case à cocher : *Toujours faire confiance au contenu provenant de Comet Systems, Inc.* Mais il n'y a aucune trace d'une case à cocher *Ne jamais faire confiance au contenu provenant de Comet Systems, Inc.* Il va donc vous falloir spécifier manuellement dans le Registre les sites qu'il convient d'empêcher d'installer des logiciels sur votre ordinateur.

1. Éditez le Registre, puis ouvrez la clé suivante :

```
HKEY_LOCAL_MACHINE\SOFTWARE\Microsoft\Windows\CurrentVersion
✂ \Internet Settings\ZoneMap\Domains
```

2. Créez une nouvelle clé pour tous les sites à partir desquels vous souhaitez bloquer l'installation de logiciel. Nommez-les avec le nom de domaine primaire du site, sans `http://` ni `www`.

Dans notre exemple avec Comet Systems, l'installation s'effectuait à partir du site http://www.cometsystems.com. Notre clé s'appellera alors `cometsystems.com`.

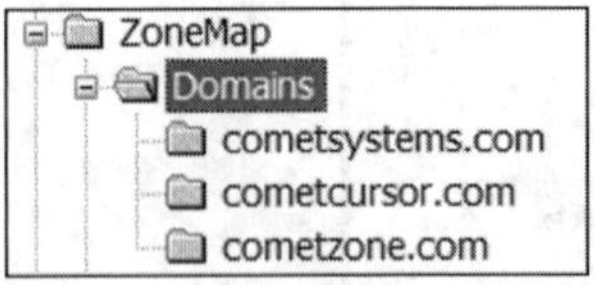

Fig. 3.32 : *Créez une nouvelle clé pour chaque site qui ne peut pas installer de programmes sur votre ordinateur*

3. À l'intérieur de chaque nouvelle clé correspondant aux domaines bloqués, créez une nouvelle valeur `DWORD`, que vous appellerez * et fixez sa valeur à 4.

4. Validez, puis redémarrez Internet Explorer pour que soit appliquée la restriction.

Des logiciels n'essaieront alors plus de s'installer automatiquement sur votre ordinateur à partir des sites que vous venez de bloquer.

REMARQUE

Nom de domaine primaire

Le nom de domaine primaire est le nom de domaine de base débarrassé du suffixe `http://www`. Si le nom du site est `http://www.cometsystems.com/download/cometcursor` ou `http://cometzone.cometsystems.com`, le nom de domaine primaire de chacun est identique : `cometsystems.com`.

Effacer des adresses de la barre d'adresses

Dans la barre d'adresses d'Internet Explorer, il est possible de connaître en un seul clic les sites web consultés récemment. En effet, les adresses de ceux-ci apparaissent dans la barre d'adresses de ce navigateur. Cette fonction permet de gagner du temps pour visiter un site web déjà consulté en cliquant sur le lien, ce qui évite de saisir de nouveau l'adresse du site. Mais cette fonction peut également trahir votre vie privée.

Pour vider entièrement cette liste il vous suffit d'effacer l'historique d'Internet Explorer. Pour cela, cliquez sur le menu **Outils**, puis sur **Options Internet**. Un bouton **Effacer l'Historique** se trouve dans la rubrique *Historique*.

Cependant, il existe une autre solution permettant de supprimer seulement l'adresse ou les adresses que vous souhaitez effacer de la barre d'adresses. Ainsi vous supprimez les adresses souhaitées et non la totalité de la liste.

1. Éditez le Registre, puis ouvrez la clé suivante :

   ```
   HKEY_CURRENT_USER\Software\Microsoft\Internet Explorer\TypedURLs
   ```

   Apparaît alors dans la partie droite de la fenêtre de l'Éditeur du Registre les URL, c'est-à-dire les adresses des sites Internet contenues dans la barre d'adresses d'Internet Explorer.

2. Sélectionnez celle que vous souhaitez effacer et cliquez à l'aide du bouton droit de la souris dessus, et choisissez la commande **Supprimer**.

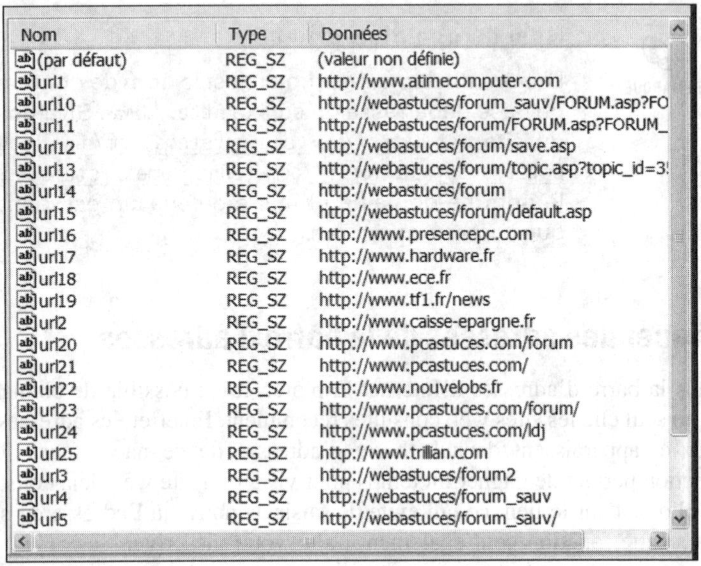

Nom	Type	Données
(par défaut)	REG_SZ	(valeur non définie)
url1	REG_SZ	http://www.atimecomputer.com
url10	REG_SZ	http://webastuces/forum_sauv/FORUM.asp?FO
url11	REG_SZ	http://webastuces/forum/FORUM.asp?FORUM_
url12	REG_SZ	http://webastuces/forum/save.asp
url13	REG_SZ	http://webastuces/forum/topic.asp?topic_id=3!
url14	REG_SZ	http://webastuces/forum
url15	REG_SZ	http://webastuces/forum/default.asp
url16	REG_SZ	http://www.presencepc.com
url17	REG_SZ	http://www.hardware.fr
url18	REG_SZ	http://www.ece.fr
url19	REG_SZ	http://www.tf1.fr/news
url2	REG_SZ	http://www.caisse-epargne.fr
url20	REG_SZ	http://www.pcastuces.com/forum
url21	REG_SZ	http://www.pcastuces.com/
url22	REG_SZ	http://www.nouvelobs.fr
url23	REG_SZ	http://www.pcastuces.com/forum/
url24	REG_SZ	http://www.pcastuces.com/ldj
url25	REG_SZ	http://www.trillian.com
url3	REG_SZ	http://webastuces/forum2
url4	REG_SZ	http://webastuces/forum_sauv
url5	REG_SZ	http://webastuces/forum_sauv/

▲ Fig. 3.33 : *Toutes les adresses contenues dans la barre d'adresses d'Internet Explorer sont ici*

3. Confirmez votre souhait de suppression de la valeur et quittez l'Éditeur du Registre. Redémarrez votre ordinateur pour que la mise à jour s'effectue.

REMARQUE

Classement des URL

Si vous effacez par exemple la dixième URL, les autres URL plus récentes seront elles aussi effacées (la onzième, la douzième...). Pour empêcher cela, vous pouvez renommer les URL suivantes afin de ne laisser aucun trou entre deux adresses. Ainsi, si vous effacez la dixième adresse, dont le nom de la valeur est `url10`, vous devrez renommer la valeur `url11` en `url10`, la valeur `url12` en `url11`, etc. Le classement des adresses est en effet chronologique.

Plus simplement, vous pouvez également modifier la valeur que vous souhaitez supprimer pour la faire pointer vers une autre adresse.

Restrictions d'Internet Explorer

Internet Explorer 6, fourni avec Windows XP, comporte de nombreuses fonctionnalités, qui peuvent être contrôlées individuellement et manuellement dans le Registre.

1. Éditez ce dernier, puis ouvrez la clé suivante :

```
HKEY_LOCAL_MACHINE\SOFTWARE\Policies\Microsoft\
```

2. Créez une nouvelle clé, que vous appellerez `Internet Explorer`, puis une sous-clé, que vous nommerez `Restrictions`.

Le chemin complet devient donc :

```
HKEY_LOCAL_MACHINE\Software\Policies\Microsoft\Internet
✂ Explorer\Restrictions
```

3. Créez une nouvelle valeur `DWORD` pour chacune des restrictions souhaitées, en vous basant sur le tableau suivant, et en lui attribuant la valeur 1 pour activer la restriction, ou 0 pour la désactiver.

Tab. 3.6 : Les valeurs contrôlant les fonctionnalités d'Internet Explorer

Nom de la valeur DWORD	Restriction
`NoBrowserClose`	Désactive l'option de fermeture du navigateur, à la fois dans le menu **Fichier**, dans la barre de titre et dans la barre des tâches
`NoBrowserContextMenu`	Désactive le menu contextuel qui apparaît après un clic droit sur les pages ouvertes avec Internet Explorer
`NoBrowserOptions`	Désactiver les options Internet du menu **Outils**
`NoBrowserSaveAs`	Désactive l'option *Enregistrer sous* qui se trouve dans le menu **Fichier**. Il est ainsi impossible de d'enregistrer une page web sur son ordinateur
`NoFavorites`	Désactiver l'utilisation des favoris

Tab. 3.6 : Les valeurs contrôlant les fonctionnalités d'Internet Explorer

Nom de la valeur DWORD	Restriction
`NoFileNew`	Désactive la commande **Nouveau** du menu **Fichier**
`NoFileOpen`	Désactive la commande **Ouvrir** du menu **Fichier**
`NoSelectDownloadDir`	Désactive la sélection d'un dossier de téléchargement pour les fichiers à télécharger. Ainsi, les téléchargements de fichiers par l'intermédiaire de la commande **Enregistrer sous** du menu contextuel sont bloqués.
`NoTheaterMode`	Désactive le mode d'affichage en plein écran accessible via le menu **Affichage** ou par la touche [F11]
`NoAddressBar`	Désactive la barre d'adresses
`NoLinksBar`	Désactive la barre de liens
`NoViewSource`	Supprime la possibilité d'afficher le code source d'une page web par la commande **Source** du menu **Affichage**
`NoNavButtons`	Désactive les boutons **Page suivante** et **Page précédente**
`NoPrinting`	Enlève les options *Imprimer* et *Aperçu avant impression* du menu **Fichier**. Désactive également l'option *Mise en page*
`AlwaysPromptWhenDownload`	Prévient toujours l'utilisateur avant de télécharger un fichier

4. Redémarrez Internet Explorer pour que les modifications prennent effet.

REMARQUE

Restriction appliquée à un utilisateur

Ces restrictions sont appliquées au niveau de l'intégralité du système. Pour limiter la restriction à un ou à plusieurs utilisateurs, ouvrez une session sous leur nom, puis déroulez la clé `HKEY_CURRENT_USER\` et non plus `HKEY_LOCAL_MACHINE`. Le reste de la branche est identique, à savoir `Software\Policies\Microsoft\Internet Explorer\Restrictions`.

Restrictions des options d'Internet Explorer

Les fonctionnalités que l'on trouve dans les **Options Internet** du menu **Outils** peuvent être gérées et désactivées dans le Registre.

1. Éditez ce dernier, puis ouvrez la clé suivante :

```
HKEY_CURRENT_USER\Software\Policies\Microsoft\Internet
✂ Explorer\Control Panel
```

   Si les sous-clés `Internet Explorer` et `Restrictions` n'existent pas, créez-les.

2. Créez une nouvelle valeur `DWORD` pour chacune des restrictions souhaitées, en vous basant sur le tableau suivant et en leur attribuant la valeur `1` pour activer la restriction, ou `0` pour la désactiver.

Tab. 3.7 : Nom des valeurs correspondant aux restrictions des options d'Internet Explorer

Nom de la valeur	Restriction
`Accessibility`	Désactive toutes les options accessibles par le bouton **Accessibilité** de l'onglet **Général**
`Advanced`	Empêche les modifications des paramètres dans l'onglet **Avancé**
`AdvancedTab`	Supprime l'onglet **Avancé**
`Cache`	Empêche les changements dans les paramètres des fichiers Internet temporaires
`CalendarContact`	Empêche la modification des programmes utilisés pour les contacts et le calendrier
`Certificates`	Désactive la modification des éditeurs et des paramètres des certificats de l'onglet **Contenu**
`CertifPers`	Empêche la modification des certificats personnels
`CertifSite`	Empêche la modification des certificats dans l'onglet **Contenu**
`Check_If_Default`	Empêche de modifier le comportement du navigateur au démarrage. Internet Explorer peut en effet vérifier s'il est bien le navigateur par défaut

Tab. 3.7 : Nom des valeurs correspondant aux restrictions des options d'Internet Explorer

Nom de la valeur	Restriction
`Colors`	Empêche les changements de couleurs par le bouton **Couleurs** de l'onglet **Général**
`Connections Settings`	Empêche les modifications des paramètres des connexions de l'onglet du même nom
`Connection Wizard`	Désactive l'Assistant Nouvelle connexion, qui apparaît lorsque vous cliquez sur l'onglet **Nouveau** de l'onglet **Connexions**
`ConnectionsTab`	Supprime l'onglet **Connexions**
`Connwiz Admin Lock`	Désactive l'Assistant de Connexion à Internet
`ContentTab`	Supprime l'onglet **Contenu**
`Fonts`	Empêche les changements de polices par l'intermédiaire du bouton **Polices** de l'onglet **Général**
`FormSuggest`	Désactive la fonction de remplissage automatique des formulaires
`FormSuggest Passwords`	Empêche le navigateur de sauvegarder les mots de passe des formulaires
`GeneralTab`	Supprime l'onglet **Général**
`History`	Désactive les fonctions de l'historique, à savoir le bouton **Effacer** de l'onglet **Général** et la configuration du nombre de jours pendant lesquels l'historique est conservé
`HomePage`	Empêche la modification de la page de démarrage
`Languages`	Empêche les changements de langues par le bouton **Langues** de l'onglet **Général**
`Messaging`	Empêche la modification des programmes utilisés pour la messagerie, les groupes de discussion et les appels Internet
`Privacy Settings`	Empêche les modifications dans l'onglet **Confidentialité**
`PrivacyTab`	Supprime l'onglet **Confidentialité**
`Profiles`	Désactive l'Assistant Profil Microsoft chargé de stocker vos informations personnelles. Cette fonctionnalité se trouve dans l'onglet **Contenu**
`ProgramsTab`	Supprime l'onglet **Programmes**

Tab. 3.7 : Nom des valeurs correspondant aux restrictions des options d'Internet Explorer

Nom de la valeur	Restriction
`Proxy`	Empêche les modifications des paramètres du serveur proxy accessibles par le bouton **Paramètres réseau** de l'onglet **Connexions**
`Ratings`	Empêche les modifications des paramètres du Gestionnaire d'accès qui se trouve dans l'onglet **Contenu**
`ResetWebSettings`	Désactive le bouton **Rétablir les paramètres Web** de l'onglet **Programmes**. Cela empêche le rétablissement des pages de démarrage et de recherche des origines
`SecAddSites`	Empêche d'ajouter des sites à n'importe quelle zone de contenu web
`SecChangeSettings`	Empêche de modifier les niveaux de sécurité pour Internet
`SecurityTab`	Supprime l'onglet **Sécurité**
`Settings`	Empêche de modifier les paramètres des fichiers Internet temporaires. Empêche également de supprimer les cookies et de supprimer les fichiers

3. Fermez l'Éditeur du Registre, puis redémarrez Internet Explorer pour que les changements soient actifs.

Chapitre > 4

Personnaliser Windows

Icônes, Bureau, fenêtres, menus, arrière-plans, boutons… Des centaines d'éléments de Windows XP peuvent être personnalisés pour que le dernier système d'exploitation de Microsoft vous ressemble vraiment. Suivez le guide !

4.1 Modifier l'apparence et l'affichage de Windows

Accélérer l'affichage des menus

Lorsque vous déroulez un menu de Windows ou d'une application quelconque, Windows XP attend quelques dixièmes de secondes avant de l'afficher. Cela est vrai pour les menus de votre traitement de texte favori, pour l'Explorateur Windows et pour le menu **Démarrer**, comme vous l'avez découvert au premier chapitre.

Par défaut, Windows attend 400 millisecondes avant d'afficher un menu. Vous pouvez réduire ce délai à 100 millisecondes pour qu'il s'affiche plus rapidement.

1. Éditez le Registre, puis ouvrez la clé suivante :

```
HKEY_CURRENT_USER\Control Panel\Desktop
```

2. Modifiez la valeur chaîne appelée `MenuShowDelay`. Saisissez, pour cela, dans la zone de texte *Données de la valeur* la durée du délai que vous souhaitez pour vos menus. Ainsi, saisissez la valeur 100 pour obtenir une pause de 100 millisecondes (soit 0,1 seconde) avant l'affichage des menus.

◄ Fig. 4.1 : *Indiquez la durée de la pause en millisecondes avant d'afficher un menu*

3. Validez par OK, puis redémarrez votre session ou l'ordinateur pour que soit appliquée la modification.

La durée du délai doit être comprise entre 1 et 999 (presque une seconde). Si vous aimez bien attendre, rien ne vous empêche également d'augmenter la durée d'affichage des menus ! Le Registre permet toutes les fantaisies.

Modifier la position de l'arrière-plan

Windows n'offre que très peu de solution de placement pour vos fonds d'écran. Cliquez sur l'onglet **Bureau** de la boîte de dialogue **Affichage** du Panneau de configuration. Cette dernière est également accessible via la commande **Propriétés** du menu contextuel qui apparaît après un clic droit sur le Bureau, si vous ne l'avez pas désactivée pour des raisons de sécurité, en suivant l'explication du chapitre précédent.

La liste déroulante *Position* vous offre uniquement trois options, à savoir : *Centrer*, *Étirer* et *Mosaïque*.

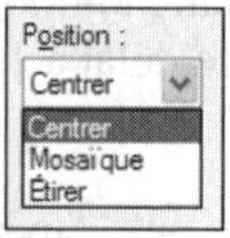

◄ Fig. 4.2 : *Vous n'avez le choix qu'entre trois options*

Comment faire pour décaler votre fond d'écran de 100 pixels vers la droite et de 50 pixels vers le haut pour que vos icônes présentes sur le Bureau ressortent parfaitement ? Il ne vous est pas possible, en effet, de positionner comme vous le souhaitez vos fonds d'écran… À moins que vous ne passiez par le Registre.

◄ Fig. 4.3 : *Positionnement d'origine du fond d'écran*

1. Exécutez l'Éditeur du Registre, puis ouvrez la clé suivante :

```
HKEY_CURRENT_USER\Control Panel\Desktop
```

2. Créez ensuite une nouvelle valeur chaîne, que vous intitulerez `Wallpaperoriginx`. Cette chaîne doit contenir la distance en pixels que vous souhaitez comme décalage pour votre image à partir du centre de l'écran sur l'axe horizontal.

Votre image sera ainsi décalée du nombre de pixels que vous venez de définir vers la gauche ou vers la droite en partant du centre. Vous comprenez donc que vous pouvez utiliser des valeurs positives et négatives. Ainsi, pour décaler votre image de 100 pixels vers la droite, saisissez la valeur `100`.

◄ Fig. 4.4 : *Fond d'écran décalé de 100 pixels vers la droite*

3. Créez une seconde valeur chaîne, que vous appellerez `Wallpaperoriginy`. Cette chaîne doit contenir le décalage en pixels que vous souhaitez pour votre image à partir du centre de l'écran sur l'axe vertical. Là encore, vous pouvez utiliser des valeurs positives ou négatives. Pour décaler votre image de 100 pixels vers le bas, saisissez la valeur `-100`.

◄ Fig. 4.5 : *Fond d'écran décalé de 100 pixels vers le bas*

4. Fermez le Registre, puis redémarrez votre ordinateur pour que soit appliquée la modification, ou changez tout simplement de fond d'écran.

◄ Fig. 4.6 : *Fond d'écran décalé de 100 pixels vers le haut et de 100 pixels vers le bas*

REMARQUE

Qu'est-ce qu'un pixel ?

Un pixel (mot provenant de l'anglais *picture element*) est l'unité de base lumineuse affichée par votre écran. Si votre résolution d'écran est de 1 024 x 768 par exemple, 1 024 pixels sont affichés en largeur et 768 pixels sont affichés en hauteur. La résolution d'écran est modifiable dans l'onglet **Paramètres** de la boîte de dialogue **Affichage**.

Afficher les noms des icônes sur une ligne

Par défaut, Windows affiche sur plusieurs lignes les noms longs des icônes. Si votre place est restreinte en haute, vous pouvez préférer afficher l'intégralité des noms des icônes sur une ligne.

1. Ouvrez l'Éditeur du Registre, puis rendez-vous à la clé suivante :

```
HKEY_CURRENT_USER\Control Panel\Desktop\WindowMetrics
```

2. Créez une nouvelle valeur chaîne, que vous intitulerez `IconTitleWrap` ou modifiez-la si elle existe déjà. Assignez-lui la valeur 0, puis validez en cliquant sur le bouton OK.

3. Fermez l'Éditeur du Registre, puis redémarrez votre ordinateur ou votre session pour que soit appliquée cette modification.

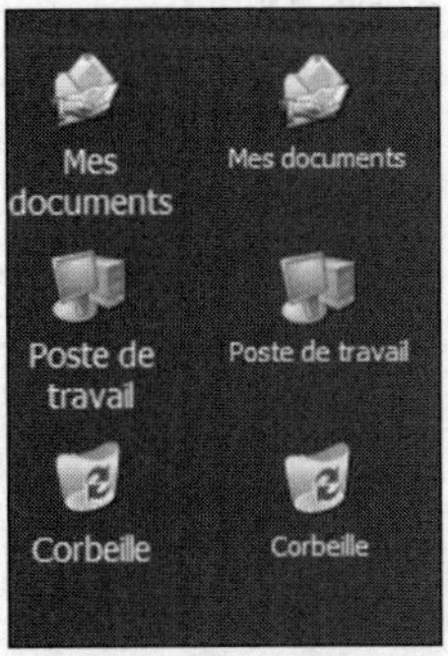

◄ Fig. 4.7 :
Les icônes du Bureau avant et après la modification

Changer d'effet de transition pour les menus et les info-bulles

Lorsque vous cliquez sur un menu sous Windows XP, en plus du délai dont nous avons parlé page MenuShowDelay , un effet de transition est appliqué. Vous avez le choix entre un effet de déroulement et un effet de fondu. Pour vous faire une idée du résultat, l'effet de fondu est l'effet par défaut sous Windows XP, tandis que l'effet de déroulement est celui qui est utilisé par défaut par les versions précédentes de Windows. De toute façon, rien ne vous empêche d'essayer les deux pour trouver celui qui vous convient le mieux.

1. Éditez le Registre, puis ouvrez la clé suivante :

```
HKEY_CURRENT_USER\Control Panel\Desktop
```

2. Double-cliquez sur la valeur binaire `UserPreferencesMask` pour la modifier. Placez-vous sur la deuxième paire de données en appuyant sur la touche [Flèche droite].

3. Appuyez alors sur la touche [Suppr] pour supprimer cette paire de données.

4. Saisissez alors la valeur 28 pour activer l'effet de déroulement ou 3e pour activer l'effet de fondu. Validez par OK.

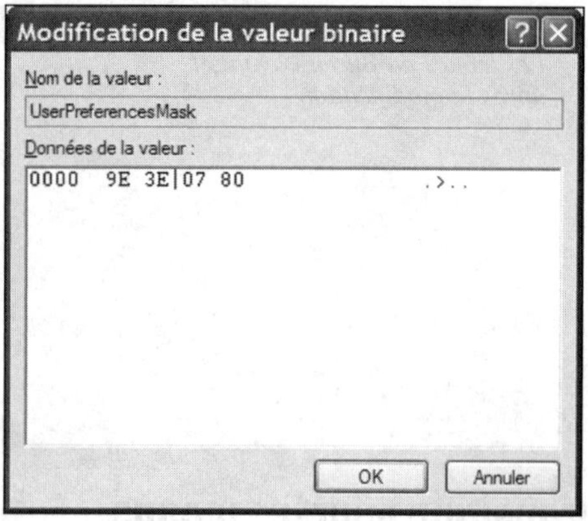

Fig. 4.8 : *La seconde paire contient 3e, ce qui signifie que l'effet de fondu est activé*

5. Fermez l'Éditeur du Registre, puis redémarrez votre ordinateur pour que soit appliqué le changement.

Afficher vos menus en sens inverse

Par défaut, les menus des applications et des fenêtres sous Windows s'affichent de gauche à droite. Que ce soit dans l'Explorateur, dans le Bloc-notes ou dans Word, les menus s'affichent toujours de gauche à droite. Pour sortir de cette routine, il est possible de les faire s'afficher en sens inverse, c'est-à-dire de droite à gauche.

1. Pour cela, ouvrez l'Éditeur du Registre, puis rendez-vous à la clé suivante :

```
HKEY_CURRENT_USER\Control Panel\Desktop
```

2. Créez alors une nouvelle valeur chaîne, que vous appellerez `MenuDropAlignment`, si elle n'existe pas déjà.

3. Double-cliquez dessus, puis saisissez 1 dans la zone de texte *Données de la valeur*. Validez par OK.

4. Fermez l'Éditeur de la base des registres, puis redémarrez votre ordinateur ou votre session pour que soient appliqués les changements.

Pour retrouver le sens d'ouverture des menus d'origine, supprimez cette chaîne ou donnez-lui la valeur 0.

Nettoyer le menu Nouveau

Lorsque vous cliquez avec le bouton droit de la souris sur un espace vide dans l'Explorateur, vous avez accès à une commande **Nouveau**. Par son intermédiaire, vous pouvez créer directement un document. Les types de documents que vous pouvez créer dépendent des applications que vous avez installées sur votre ordinateur. Malheureusement, celles-ci ont un peu tendance à mettre le bazar dans ce menu contextuel. Vous pouvez donc supprimer les types de documents que vous n'utilisez pas avec cette commande **Nouveau**.

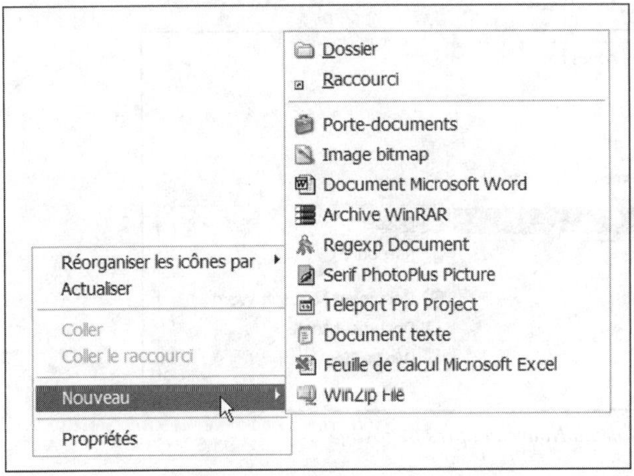

▲ Fig. 4.9 : *Le menu Nouveau se remplit assez vite d'éléments inutiles*

Chaque élément du menu contextuel **Nouveau** a une référence dans la clé `HKEY_CLASSES_ROOT` associée à une extension de fichier. Ce type de fichier sera présent dans le menu **Nouveau** s'il possède une sous-clé appelée `ShellNew`.

Ainsi, pour supprimer l'élément *Document texte* du menu **Nouveau** :

1. Ouvrez la clé :

```
HKEY_CLASSES_ROOT\.txt
```

   Vous constatez que cette clé comporte une sous-clé `ShellNew` ce qui confirme sa présence dans le menu **Nouveau**.

2. Supprimez cette sous-clé ou renommez-la en `ShellNewNon` par exemple pour faire disparaître l'élément *Document texte* du menu **Nouveau**.

3. Recommencez alors pour les autres éléments que vous souhaitez enlever. Vous irez certainement plus vite en recherchant dans le Registre les clés intitulées `ShellNew`.

Les changements sont effectifs immédiatement.

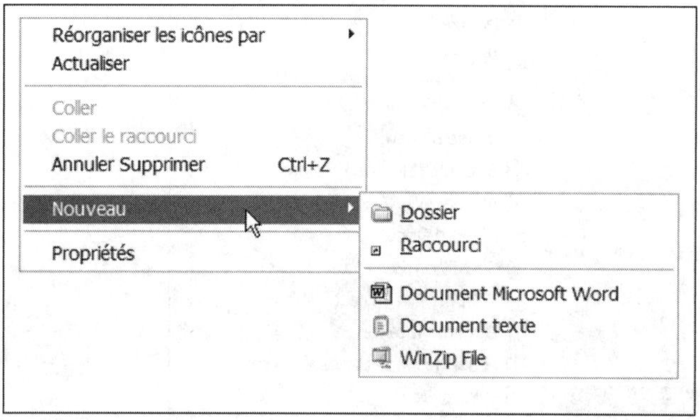

▲ Fig. 4.10 : *Le menu Nouveau après nettoyage*

Afficher la version de Windows sur le Bureau

Les versions bêta de Windows XP affichaient sur le Bureau le numéro de version de Windows. Vous pouvez toujours faire de même en ajoutant une valeur dans le Registre.

1. Exécutez Regedit, puis ouvrez la clé suivante :

```
HKEY_CURRENT_USER\Control Panel\Desktop
```

2. Créez une nouvelle valeur DWORD, que vous appellerez `PaintDesktopVersion`.

3. Double-cliquez dessus, puis saisissez 1 dans la zone de texte *Données de la valeur*. Validez par OK.

4. Fermez Regedit, puis redémarrez votre ordinateur ou votre session pour qu'apparaisse votre numéro de version de Windows sur le Bureau.

◄ Fig. 4.11 : *Le numéro de version s'affiche en bas à droit de l'écran*

Si, plus tard, vous souhaitez masquer ce numéro, il vous suffit de fixer la valeur `PaintDesktopVersion` à 0.

Supprimer toutes les icônes du Bureau

Si vous aimez avoir de la place sur le Bureau, il est possible de masquer toutes les icônes qui se trouvent dessus, y compris celles du système comme *Poste de travail*, *Favoris réseau*, *Mes documents*, etc. Les autres raccourcis ne seront également pas épargnés.

1. Éditez le Registre, puis ouvrez la clé suivante :

```
HKEY_CURRENT_USER\Software\Microsoft\Windows\CurrentVersion
✂ \Policies\Explorer
```

2. Créez une nouvelle valeur DWORD, que vous appellerez `NoDesktop`.

3. Double-cliquez dessus, puis saisissez 1 dans la zone de texte *Données de la valeur*.

4. Validez par OK, puis fermez l'Éditeur du Registre. Redémarrez Windows ou votre session pour que soient appliqués les changements.

Pour retrouver les éléments de votre Bureau, il suffit de supprimer cette valeur DWORD.

Personnaliser l'icône d´une disquette

Nous avons vu à la page Lecteur qu'il était possible de modifier le nom et l'icône d'un lecteur. Cela est aussi valable pour le lecteur de disquettes. Cependant, peu importe les disquettes que vous insérerez dans votre lecteur, l'icône restera toujours la même… sauf si vous suivez les étapes suivantes.

Pour personnaliser l'icône d'une disquette dans l'Explorateur ou le Poste de travail, créez un fichier, que vous intitulerez `Autorun.inf` dans le dossier racine de la disquette.

1. Pour cela, ouvrez le Bloc-notes en cliquant sur le menu **Démarrer**, sur **Programmes**, sur **Accessoires**, puis sur **Bloc-notes**.

2. Saisissez les lignes suivantes :

```
[autorun]
icon = a:\fichier.ico
```

Remplacez `a:\fichier.ico` par le nom et le chemin du fichier icône à utiliser.

3. Enregistrez votre fichier en cliquant sur le menu **Fichier**, puis sur la commande **Enregistrez sous**. Placez-vous à la racine de votre disquette. Dans la zone de texte *Nom du fichier*, saisissez `Autorun.inf`. Déroulez la liste *Type*, puis choisissez l'option *Tous les fichiers*. Cliquez ensuite sur le bouton **Enregistrer**.

4. Éditez la base de registres, puis recherchez la clé suivante :

```
HKEY_USERS\.DEFAULT\Software\Microsoft\Windows\CurrentVersion
✂ \Policies\Explorer
```

5. Modifiez la valeur `DWORD NoDriveTypeAutoRun` pour qu'elle contienne 91en hexadécimal.

6. Fermez l'Éditeur du Registre, puis redémarrez votre ordinateur.

Quand la disquette est introduite dans le lecteur, il n'est plus nécessaire de la sélectionner dans le Poste de travail ou l'Explorateur : on l'identifie immédiatement par son icône. Pour appliquer cette astuce à d'autres disquettes, il suffit de leur ajouter le fichier *autorun.inf* en suivant les explications précédentes.

Définir l'espacement vertical entre deux icônes du Bureau

Suivant votre résolution, le style que vous utilisez et la taille de la police de caractères des icônes, Windows choisi automatiquement l'espacement vertical entre les icônes du Bureau. Vous pouvez vous-même définir cet espace dans le Registre.

1. Exécutez l'Éditeur du Registre, puis ouvrez la clé suivante :

```
HKEY_CURRENT_USER\Control Panel\Desktop
```

2. Créez une nouvelle valeur chaîne, que vous appellerez `IconVerticalSpacing`.
3. Double-cliquez dessus pour modifier son contenu.
4. Saisissez l'espacement vertical en pixels que vous souhaitez entre les icônes du Bureau dans la zone de texte *Données de la valeur*.

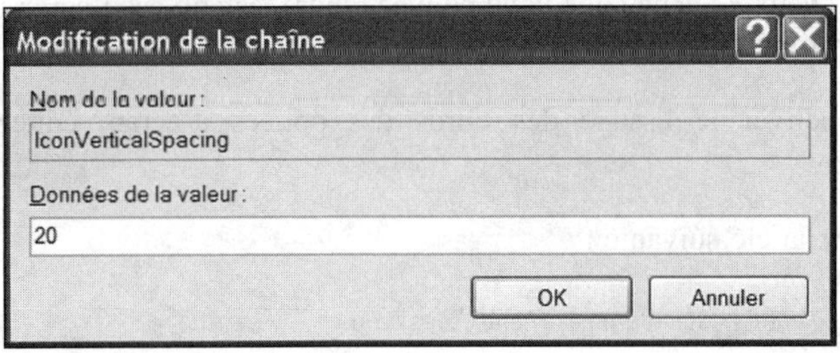

▲ Fig. 4.12 : *Saisissez 20 pour que 20 pixels séparent verticalement chaque icône*

5. Validez par OK, puis redémarrez votre ordinateur ou votre session pour que soit appliquée la modification.

Modifier la taille de vos icônes

Vous trouvez vos icônes trop petites ? Ou bien trop grandes ? Qu'à cela ne tienne, vous pouvez corriger cela dans le Registre.

1. Éditez le Registre, puis rendez-vous à la clé suivante :

```
HKEY_CURRENT_USER\Control Panel\Desktop
```

2. Créez une nouvelle valeur chaîne, que vous appellerez `Shell Icon Size`.
3. Assignez-lui la taille en pixels que vos icônes doivent avoir. Par défaut, la taille des icônes est de 32 pixels. Une valeur plus faible réduira la taille de vos icônes, tandis qu'une valeur plus grande l'augmentera. Ainsi, pour afficher des icônes deux fois plus grandes qu'à l'origine, il suffit de fixer la valeur `Shell Icon Size` à `64`.
4. Fermez Regedit, puis redémarrez votre ordinateur ou votre session pour que la modification de la taille de vos icônes soit prise en compte.

Lisser les bords des polices d'écran

Vous trouvez que les polices à l'écran ne sont pas très lisibles et cela vous fatigue les yeux ? Sachez que vous pouvez rendre les polices d'écran plus lisibles en lissant leurs contours.

1. Pour activer le lissage des bords des polices d'écran, éditez le Registre.
2. Ouvrez la clé suivante :

```
HKEY_CURRENT_USER\Control Panel\Desktop
```

3. Créez une nouvelle valeur DWORD, que vous intitulerez SmoothScroll ou modifiez-la si elle existe déjà.

4. Fixez sa valeur à 1 pour activer le lissage, ou à 0 au cas où vous souhaiteriez le désactiver.

5. Validez, puis fermez l'Éditeur du Registre. Redémarrez votre ordinateur pour que soit appliquée la modification.

REMARQUE

Le lissage des polices et les performances

La fonctionnalité de lissage des contours des polices d'écran requiert des ressources système supplémentaires. Ainsi, sur les configurations peu puissantes, l'affichage sera ralenti.

Choisir le type de lissage des polices d'écran

L'astuce précédente vous expliquait comment activer le lissage des polices d'écran. Or, il existe deux types de lissage : Standard et ClearType. La première méthode est recommandée pour les possesseurs de moniteurs standards. La méthode ClearType est plus adaptée aux ordinateurs portables et aux écrans plats LCD.

Pour choisir le type de lissage des polices d'écran, activez d'abord cette fonctionnalité en suivant l'astuce précédente.

1. Retournez dans le Registre à la clé suivante :

```
HKEY_CURRENT_USER\Control Panel\Desktop
```

2. Créez une nouvelle valeur DWORD, que vous nommerez FontSmoothingType. Modifiez cette valeur.

3. Pour utiliser la méthode de lissage Standard, saisissez 1 dans la zone de texte *Données de la valeur*. Saisissez 2 pour utiliser la méthode ClearType. Enfin, si vous souhaitez désactiver la fonction de lissage des bordures des polices d'écran, saisissez 0.

4. Fermez Regedit, puis redémarrez votre ordinateur pour que la méthode de lissage soit prise en compte.

REMARQUE

Un accès plus rapide au lissage des polices d'écran

L'activation ou non du lissage des polices d'écran, ainsi que le choix du type de lissage est également réalisable par l'intermédiaire du module **Affichage** du Panneau de configuration. Dans ce dernier, cliquez sur l'onglet **Apparence**, puis sur le bouton **Effets**. Une case à cocher et une liste déroulante vous permettent d'activer et de choisir le type de lissage des polices.

L'intérêt de passer par le Registre est que, si vous avez défini des restrictions de sécurité, vous aurez toujours accès à ces réglages.

Modifier les noms et les icônes des lecteurs

Vous pouvez modifier les noms et les icônes des lecteurs de disques, de disquettes, de CD-Rom, de réseaux, etc., qui apparaissent dans l'Explorateur.

1. Éditez le Registre, puis ouvrez la clé suivante :

```
HKEY_LOCAL_MACHINE\SOFTWARE\Microsoft\Windows\CurrentVersion
✂ \Explorer
```

2. Créez une clé, que vous appellerez `DriveIcons`.

3. Placez-vous dedans. Le chemin devient :

```
HKEY_LOCAL_MACHINE\SOFTWARE\Microsoft\Windows\CurrentVersion
✂ \Explorer\DriveIcons
```

4. Créez une nouvelle sous-clé pour chaque disque à renommer et/ou dont vous souhaitez modifier l'icône. Vous leur donnerez pour nom leur lettre de lecteur.

Ainsi, pour faire les modifications sur le lecteur D:, créez une nouvelle clé, que vous appellerez `D`.

5. Dans chacune des clés ayant pour nom les lettres des lecteurs, créez deux sous-clés, que vous intitulerez `DefaultLabel` et `DefaultIcon`.

À cette étape, vous devriez avoir la structure suivante :

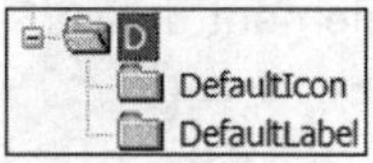

◄ Fig. 4.13 :
La clé DriveIcons comporte deux sous-clés

6. Ouvrez la clé `DefaultLabel`, puis modifiez la valeur chaîne `(Par défaut)` en lui attribuant le nom que vous souhaitez donner à votre lecteur, par exemple `Graveur`.

7. Ouvrez ensuite la clé `DefaultIcon` pour spécifier l'icône à utiliser pour représenter ce lecteur. Pour cela, double-cliquez sur la valeur chaîne `(Par défaut)`.

8. Saisissez le chemin complet vers le fichier icône dans le champ *Données de la valeur*. Si le fichier contient plusieurs icônes, il faut indiquer le numéro d'icône en partant de 0 après une virgule, 0 étant la première icône. Ainsi, pour utiliser la cinquième icône du fichier *shell32.dll*, qui se trouve dans le dossier *C:\Windows\System32*, vous saisirez : `"C:\Windows\System32\shell32.dll,6"`.

9. Validez par OK. Fermez l'Éditeur du Registre, puis ouvrez le Poste de travail pour constater le résultat. Vous pouvez avoir besoin de rafraîchir la fenêtre en appuyant sur la touche F5.

REMARQUE

Où trouver des icônes ?

Windows comporte beaucoup plus d'icônes pour illustrer vos disques qu'il ne le laisse paraître. Pour les découvrir, cliquez avec le bouton droit sur n'importe quel raccourci du menu **Démarrer**, puis choisissez la commande **Propriétés**. Cliquez sur l'onglet **Raccourci**, puis sur le bouton **Changer d'icônes**. Dans la zone de texte *Nom de fichier*, saisissez le chemin complet du fichier contenant les icônes. Par défaut, le fichier utilisé est *C:\Windows\System\shell32.dll*. Vous pouvez également utiliser les fichiers suivants :
C:\Windows\System32\explorer.exe,
C:\Windows\System32\cool.dll,
C:\Program Files\Internet Explorer\IEXPLORE.EXE et
C:\Windows/System32/pifmgr.dll.

Choisissez l'icône qui vous plaît, puis comptez sa position dans la liste pour obtenir son numéro. Cliquez alors sur le bouton **Annuler** pour sortir de l'édition du raccourci. Vous avez alors le nom du fichier contenant l'icône qui vous plaît ainsi que son numéro.

Désactiver l'animation de la réduction des fenêtres

Lorsque vous réduisez une fenêtre, une petite animation est jouée, montrant la fenêtre se réduire pour se loger dans la barre des tâches. Pour désactiver cet effet, éditez le Registre.

1. Ouvrez la clé suivante :

```
HKEY_CURRENT_USER\Control Panel\Desktop\WindowMetrics
```

2. Créez une nouvelle valeur chaîne, que vous appellerez `MinAnimate`, ou modifiez-la si elle existe déjà.

3. Double-cliquez dessus, puis saisissez 0 dans la zone de texte *Données de la valeur*. Validez par OK.

4. Fermez l'Éditeur du Registre, puis redémarrez votre ordinateur ou votre session pour que soit appliquée la modification.

Masquer le nom du dernier utilisateur de Windows dans la fenêtre d'authentification

Le nom du dernier utilisateur qui a ouvert une session sous Windows est affiché dans la boîte de dialogue d'ouverture de session. Pour le masquer, éditez le Registre.

1. Ouvrez la clé suivante :

```
HKEY_LOCAL_MACHINE\SOFTWARE\Microsoft\Windows
✂ NT\CurrentVersion\Winlogon
```

2. Créez une nouvelle valeur `DWORD`, que vous appellerez `Dont showLastUser`.

3. Fixez sa valeur à 1, puis validez par OK

4. Fermez l'Éditeur du Registre, puis redémarrez votre ordinateur pour que soit appliquée la modification.

Augmenter le nombre de couleurs des icônes

Par défaut, Windows utilise 16 bits par pixel pour afficher les icônes du Bureau. Cela signifie qu'une palette de 65 000 couleurs est disponible. Vous pouvez configurer Windows pour afficher les icônes en utilisant 24 bits, soit 16,7 millions de couleurs.

1. Éditez le Registre, puis ouvrez la clé suivante :

```
HKEY_CURRENT_USER\Control Panel\Desktop\WindowMetrics
```

Modifiez la valeur `Shell Icon BPP` en lui attribuant la valeur `24`.

2. Fermez l'Éditeur du Registre, puis redémarrez Windows pour que soit appliquée la modification.

Bien entendu, il est évident que le nombre de couleurs affichées par votre carte graphique doit être supérieur à 24 bits. Cliquez avec le bouton droit de la souris sur le Bureau, puis choisissez la commande **Propriétés**. Cliquez ensuite sur l'onglet **Paramètres**. Déroulez la liste *Qualité couleur*, puis choisissez l'option *Optimale* (32 bits). Validez par OK, puis redémarrez votre ordinateur pour que soit appliquée la modification.

Modifier les couleurs de l'interface

Vous pouvez personnaliser intégralement l'interface de Windows en choisissant vos couleurs favorites pour les menus, les fenêtres, les textes de ces éléments, et bien plus encore.

1. Éditez le Registre, puis ouvrez la clé suivante :

```
HKEY_CURRENT_USER\Control Panel\Colors
```

2. Modifiez les valeurs chaînes correspondant aux éléments que vous souhaitez colorer selon vos goûts en leur attribuant la valeur RGB de la couleur que vous désirez utiliser.

3. Utilisez le tableau suivant pour obtenir la description des chaînes de la clé `Colors`.

Tab. 4.1 : Valeurs qui définissent les couleurs de l'interface de Windows XP

Nom de la valeur	Couleur appliquée à
`ActiveBorder`	Bordure des fenêtres actives
`ActiveTitle`	Texte des fenêtres actives
`AppWorkSpace`	Espace de travail des applications

Tab. 4.1 : Valeurs qui définissent les couleurs de l'interface de Windows XP

Nom de la valeur	Couleur appliquée à
Background	Arrière-plan du Bureau
ButtonAlternateFace	Arrière-plan des boutons sélectionnés
ButtonDkShadow	Bordure sombre des boutons (à droite et en bas)
ButtonFace	Arrière-plan des boutons
ButtonHilight	Contour des boutons sélectionnés (en haut et à gauche)
ButtonLight	Bordure claire des boutons (en haut et à gauche)
ButtonShadow	Relief des boutons
ButtonText	Texte des boutons
GradientActiveTitle	Début du dégradé de la barre de titre
GradientInactiveTitle	Fin du dégradé de la barre de titre
GrayText	Options grisées des menus
Hilight	Menus sélectionnés
HilightText	Texte des menus sélectionnés
HotTrackingColor	Lien des fichiers et des dossiers actifs lorsque la sélection par pointage est activée (dans **Outils/Options des dossiers**)
InactiveBorder	Bordure inactive
InactiveTitle	Titre inactif
InactiveTitleText	Texte du titre inactif
InfoText	Texte des info-bulles
InfoWindow	Arrière-plan des infos-bulles
Menu	Arrière-plan des menus
MenuHilight	Menus sélectionnés
MenuText	Texte des menus
Scrollbar	Barre de défilement
TitleText	Texte des titres
Window	Fenêtres
WindowFrame	Bordure des fenêtres
WindowText	Texte des fenêtres

4. Fermez l'Éditeur du Registre, la modification est immédiate.

Modifier les paramètres du message sur les e-mails non lus de l'écran d'accueil

Lorsque vous démarrez Windows XP, l'écran de bienvenue s'affiche si vous n'avez pas modifié la méthode d'authentification de Windows.

RENVOI

Voir à ce sujet le chapitre 3 sur la sécurité.

En dessous de votre nom d'utilisateur, Windows XP indique le nombre de messages électroniques que vous n'avez pas lus. Par défaut, Windows indique le nombre de messages non lus depuis les trois derniers jours.

1. Pour modifier cette durée et pour faire disparaître cette indication, éditez le Registre, puis ouvrez la clé suivante :

HKEY_CURRENT_USER\Software\Microsoft\Windows\CurrentVersion\UnreadMail

2. Créez une nouvelle valeur `DWORD`, que vous nommerez `MessageExpiryDays`. Modifiez cette valeur en lui attribuant la valeur `0` pour désactiver la notification de message, ou bien attribuez-lui le nombre de jours à prendre en compte pour les messages non lus. Pour indiquer, par exemple, les messages non lus depuis une semaine, saisissez le chiffre `7`.

3. Fermez le Registre, puis redémarrez votre ordinateur ou votre session pour que soit appliquée la modification.

Modifier la couleur de l'écran de bienvenue

Le thème Windows XP comporte trois styles de couleurs : gris clair, bleu et vert olive. Par défaut, Windows utilise la couleur bleue pour l'écran d'ouverture de session. Vous pouvez appliquer un autre de ces styles de couleur.

1. Pour cela, éditez le Registre, puis ouvrez la clé suivante :

```
HKEY_USERS\.DEFAULT\Software\Microsoft\Windows\CurrentVersion
✂ \ThemeManager
```

2. Modifiez le contenu de la valeur DWORD `ColorName` en vous référant au tableau suivant.

Tab. 4.2 : Les différentes possibilités pour la valeur ColorName

Couleur	Données de la valeur
Bleu	`NormalColor`
Gris clair	`Metallic`
Vert olive	`Homestead`

3. Fermez l'Éditeur du Registre, puis redémarrez votre ordinateur ou votre session pour que soit appliquée la modification.

Personnaliser l'authentification

Vous pouvez personnaliser l'authentification de Windows si vous utilisez l'authentification classique (voir à ce sujet le chapitre 3 sur la sécurité). Ainsi, vous pouvez indiquer le titre que vous voulez à la fenêtre d'authentification de Windows, qui apparaît au démarrage de ce dernier. Vous pouvez également personnaliser le message affiché au-dessus des zones de texte *Nom d'utilisateur* et *Mot de passe*.

1. Éditez le Registre, puis ouvrez la clé suivante :

```
HKEY_LOCAL_MACHINE\SOFTWARE\Microsoft\Windows
✂ NT\CurrentVersion\Winlogon
```

2. Créez une nouvelle valeur chaîne, que vous appellerez `Welcome`.

3. Attribuez-lui pour valeur le texte que vous souhaitez afficher dans la barre de titre de la fenêtre d'authentification, par exemple `Bienvenue sur cet ordinateur`. Validez par OK.

4. Pour personnaliser le message affiché au-dessus des zones de texte *Nom d'utilisateur* et *Mot de passe*, créez une nouvelle valeur chaîne, que vous nommerez `LogonPrompt`.

5. Double-cliquez dessus, puis saisissez dans la zone de texte *Données de la valeur* le message à faire apparaître.

6. Validez par OK, puis fermez l'Éditeur du Registre. Redémarrez votre ordinateur pour que soit appliquée la modification.

Modifier la couleur d'arrière-plan de l'écran d'authentification

Après avoir personnalisé la couleur de la fenêtre d'authentification, vous pouvez également modifier la couleur d'arrière-plan de l'écran.

1. Éditez le Registre, puis ouvrez la clé suivante :

```
HKEY_USERS\.DEFAULT\Control Panel\Desktop
```

2. Créez une nouvelle valeur chaîne, que vous appellerez `Background`.

3. Double-cliquez dessus, puis saisissez dans la zone de texte *Données de la valeur* le code RGB de la couleur que vous souhaitez utiliser.

Pour trouver le code RGB de votre couleur, un simple logiciel de dessin comme Paint suffit.

1. Dans le menu **Démarrer**, cliquez sur **Programmes**, sur **Accessoires**, puis sur **Paint**.

2. Cliquez sur le menu **Couleurs**, puis sur la commande **Modifier les couleurs**. Une boîte de dialogue **Modification des couleurs** s'ouvre alors.

3. Cliquez sur le bouton **Définir les couleurs personnalisées**. Un volet supplémentaire apparaît.

4. Dans le diagramme chromatique, sélectionnez la couleur que vous souhaitez utiliser.

5. Notez alors les chiffres qui apparaissent dans les zones de texte *Rouge*, *Vert* et *Bleu*. Nous choisissons un vert foncé, et trouvons les valeurs 48, 109 et 18. Vous avez votre valeur RGB. Celle-ci est, dans notre cas, 48 109 18.

6. Validez par OK. Vous pouvez fermer Paint.

7. Saisissez votre valeur RGB dans le Registre, puis validez.

8. Fermez l'Éditeur du Registre, puis redémarrez votre ordinateur ou votre session pour que soit appliquée la modification.

REMARQUE

Qu'est-ce que la valeur RGB ?

La valeur RGB, pour Red (rouge), Green (vert), Blue (bleu), sert à désigner le mode de représentation des couleurs sur les écrans d'ordinateur. L'intensité de chacune des couleurs de base, le rouge, le vert et le bleu, varie selon un chiffre situé entre 0 et 255. Chaque couleur peut donc être décrite pas une suite de trois chiffres, c'est la valeur RGB.

Modifier les paramètres de l'affichage Miniatures

Si vous avez des images dans un dossier, vous pouvez les afficher en miniatures en cliquant sur le menu **Affichage** puis sur **Miniatures**.

Le Registre contient les paramètres de l'affichage des miniatures. Ainsi, pourquoi ne pas agrandir la taille des miniatures ou encore améliorer leur qualité ?

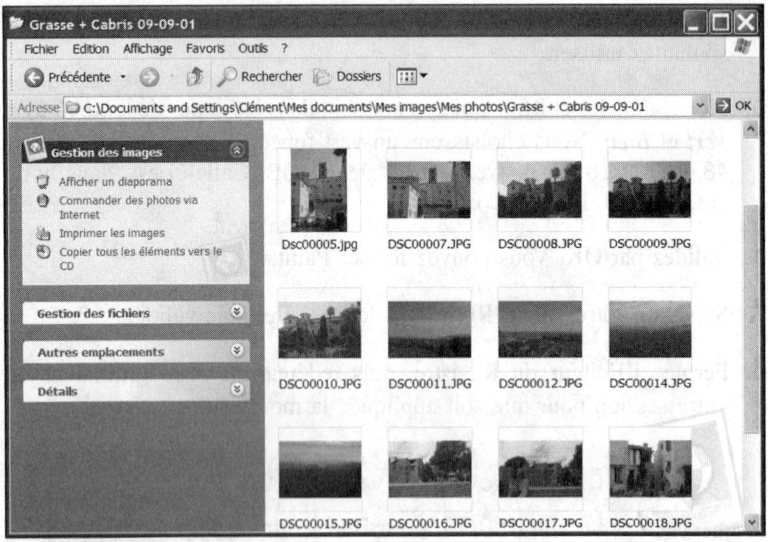

▲ Fig. 4.14 : *Consultez vos images d'un coup d'œil*

1. Exécutez Regedit puis ouvrez la clé :

```
HKEY_CURRENT_USER\Software\Microsoft\Windows\CurrentVersion
✂ \Explorer
```

2. Créez une nouvelle valeur DWORD appelée `ThumbnailSize`.

3. Double-cliquez dessus puis saisissez la taille de la miniature en pixels. Par défaut, elle est de 96 pixels. Pour des miniatures deux fois plus grandes, saisissez donc 192 en ayant auparavant sélectionné la base *Décimale*.

4. Créez ensuite une nouvelle valeur DWORD intitulée `ThumbnailQuality`.

5. Double cliquez dessus puis saisissez un nombre entre 50 et 100 qui représente la qualité en pourcentage de l'image. 100 correspond à la qualité la plus élevée. Par défaut, la qualité est de 90. Vous pouvez donc la passer à 100.

6. Fermez l'éditeur du Registre puis redémarrez Windows pour appliquer les modifications

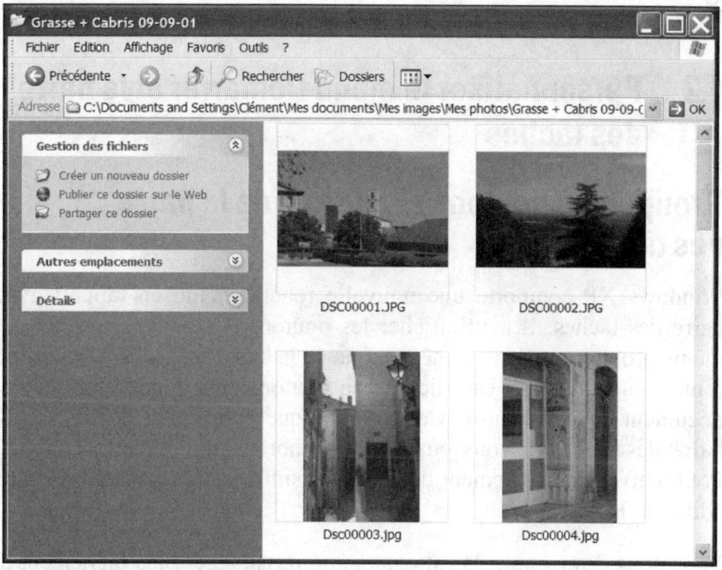

▲ Fig. 4.15 : *Les miniatures sont désormais deux fois plus grandes*

Désactiver le cache des miniatures

Par défaut, l'Explorateur de Windows garde en mémoire cache les miniatures des images au lieu de les rafraîchir à chaque fois. Si cela permet de les afficher plus vite, cela vous force à appuyez sur la touche F5 pour mettre à jour l'affichage.

Pour désactiver le cache des miniatures, éditez le Registre

1. Exécutez Regedit puis ouvrez la clé :

```
HKEY_CURRENT_USER\Software\Microsoft\Windows\CurrentVersion
\Explorer\Advanced
```

2. Double cliquez sur la valeur DWORD `DisableThumbnailCache` puis saisissez 1 dans la zone de texte *Données de la valeur*.

3. Validez par OK, fermez Regedit puis redémarrez votre ordinateur.

4.2 Personnaliser le menu Démarrer et la barre des tâches

Grouper les boutons similaires de la barre des tâches

Windows XP comporte une nouvelle fonctionnalité en rapport avec la barre des tâches. Il peut afficher les boutons des fichiers ouverts par le même programme dans la même zone de la barre des tâches sous la forme d'un bouton unique. Un clic sur ce bouton vous donne alors accès au document de votre choix. Cela est pratique pour éviter de surcharger la barre des tâches si vous ouvrez de nombreux programmes et fenêtres. Pour activer le groupement des boutons similaires de la barre des tâches, éditez le Registre.

Vous nous direz que cela est également possible, et plus facilement dans les propriétés de la barre des tâches et du menu **Démarrer**. Cette boîte de dialogue apparaît après un clic droit sur la barre des tâches, puis après un clic sur la commande **Propriétés**. Vous constatez qu'il existe une case à cocher *Grouper les boutons similaires de la Barre des tâches*.

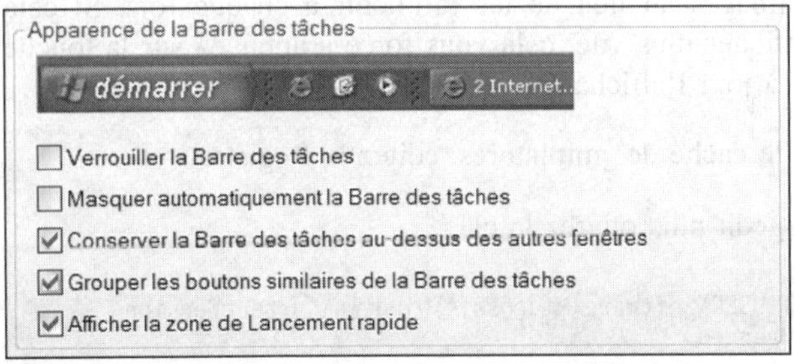

▲ Fig. 4.16 : *Les propriétés de la barre des tâches permettent de grouper ou non les boutons similaires*

Pourquoi alors passer par le Registre ? Tout simplement parce qu'il permet de définir en plus le nombre de fenêtres similaires ouvertes avant qu'elles ne soient regroupées dans la barre des tâches. Par défaut, les boutons similaires sont groupés lorsque trois fenêtres identiques sont ouvertes. Peut-être souhaitez-vous réduire ce chiffre.

1. Éditez le Registre, puis ouvrez la clé suivante :

```
HKEY_CURRENT_USER\Software\Microsoft\Windows\CurrentVersion
✂ \Explorer\Advanced
```

2. Créez une nouvelle valeur `DWORD`, que vous nommerez `TaskbarGlomming`. Si elle existe déjà, il vous suffit de la modifier.
3. Assignez-lui la valeur 1 pour activer la fonctionnalité *Grouper les boutons similaires de la barre des tâches*.
4. Créez ensuite une autre valeur `DWORD`, que vous appellerez `TaskbarGroupSize`.
5. Double-cliquez dessus pour la modifier.
6. Saisissez alors le nombre de fenêtres similaires ouvertes avant qu'elles ne soient regroupées dans la barre des tâches, par exemple 5. N'oubliez pas de sélectionner la bonne base suivant le nombre saisi. Validez par OK.
7. Fermez l'Éditeur du Registre, puis redémarrez votre ordinateur ou votre session pour que soient appliquées les modifications.

Verrouiller la barre des tâches

La barre des tâches de Windows XP peut être déplacée vers n'importe quel bord de l'écran. Elle peut également être agrandie. Or, en voulant redimensionner une fenêtre par exemple, vous pouvez, involontairement, modifier la taille ou la position de la barre des tâches. Pour verrouiller la barre des tâches et empêcher ainsi les utilisateurs de modifier sa position et sa taille, il faut modifier une valeur dans le Registre.

1. Ouvrez le Registre, puis rendez-vous à la clé suivante :

```
HKEY_CURRENT_USER\Software\Microsoft\Windows\CurrentVersion
✂ \Policies\Explorer
```

2. Créez alors une nouvelle valeur `DWORD`, que vous appellerez `LockTaskbar`. Double-cliquez ensuite sur cette valeur, puis saisissez 1 dans la zone de texte *Données de la valeur*. Validez par OK.

3. Fermez Regedit, puis redémarrez votre ordinateur ou votre session pour que soient appliqués les changements.

Si par la suite, vous souhaitez déverrouiller la barre des tâches, remplacez la valeur 1 par 0, ou supprimez la valeur `LockTaskbar`.

Supprimer la liste des programmes fréquemment utilisés du menu Démarrer

Si vous utilisez le menu **Démarrer** de style Windows XP livré en standard avec ce dernier, la liste des programmes fréquemment utilisés est affichée dans le menu **Démarrer**. Pour supprimer cette liste et faire ainsi de la place dans le menu **Démarrer**, suivez les étapes ci-dessous.

1. Éditez le Registre, puis ouvrez la clé suivante :

HKEY_CURRENT_USER\Software\Microsoft\Windows\CurrentVersion \Explorer\Advanced

2. Créez une nouvelle valeur `DWORD`, que vous intitulerez `NoStartMenuMFUprogramsList`. Double-cliquez dessus, puis saisissez 1 dans la zone de texte *Données de la valeur* pour supprimer la liste du menu **Démarrer**.

3. Fermez Regedit, puis redémarrez votre ordinateur ou votre session pour que soit appliquée la suppression.

Retirer votre nom d'utilisateur du menu Démarrer

Votre nom d'utilisateur est affiché en haut du menu **Démarrer** si ce dernier utilise le style Windows XP (par défaut).

Vous pouvez le retirer en modifiant le Registre.

1. Exécutez Regedit, puis ouvrez la clé suivante :

```
HKEY_CURRENT_USER\Software\Microsoft\Windows\CurrentVersion
✂ \Explorer\Advanced
```

2. Créez une nouvelle valeur `DWORD`, que vous appellerez `NoUserNameInStartMenu`. Assignez-lui la valeur 1 pour que votre nom soit caché.
3. Fermez l'Éditeur du Registre, puis redémarrez votre ordinateur ou votre session pour que soit appliquée la modification.

Supprimer le bouton Tous les programmes du menu Démarrer

Le menu **Démarrer** de style standard comporte un bouton **Tous les programmes**, qui affiche la liste des applications installées sur votre ordinateur. Si vous ne vous en servez pas, vous pouvez le supprimer.

1. Pour cela, éditez le Registre, puis ouvrez la clé suivante :

```
HKEY_CURRENT_USER\Software\Microsoft\Windows\CurrentVersion
\Explorer\RunMRU
```

2. Créez une nouvelle valeur `DWORD`, que vous appellerez `NoStartMenuMorePrograms`, puis assignez-lui la valeur 1.
3. Fermez Regedit, puis redémarrez votre ordinateur ou votre session pour que soit appliquée la modification.

REMARQUE

Style du menu Démarrer

Le menu **Démarrer** peut être affiché de deux façons. Vous pouvez utiliser le style standard de Windows XP ou bien le style classique, qui est le style des versions précédentes de Windows. Pour modifier le style du menu **Démarrer**, cliquez avec le bouton droit de la souris sur la barre des tâches, puis choisissez la commande **Propriétés**. Dans l'onglet **Menu Démarrer**, sélectionnez le style qui vous convient, puis validez par OK.

Trier le menu Démarrer et les favoris par ordre alphabétique

Lorsque vous ouvrez le menu **Démarrer**, vous constatez qu'il arrive que les programmes et les dossiers soient classés n'importe comment. Il en va de même pour le menu **Favoris**. Vous pouvez les trier par ordre alphabétique en intervenant dans le Registre.

1. Exécutez Regedit, puis rendez-vous à la clé suivante :

```
HKEY_CURRENT_USER\Software\Microsoft\Windows\CurrentVersion
✂ \Explorer\MenuOrder
```

2. Supprimez alors la sous-clé `Start Menu`, qui indique le classement des éléments du menu **Démarrer**.
3. Faites de même pour la sous-clé `Favorites`.
4. Fermez l'Éditeur du Registre. La modification est effective immédiatement.

Nettoyer l'historique de la commande Exécuter

La zone de texte *Ouvrir* de la boîte de dialogue **Exécuter**, qui apparaît après que vous avez cliqué sur le menu **Démarrer**, puis sur la commande

Exécuter, garde l'historique de tous les programmes exécutés. La zone de texte *Ouvrir* est, en effet, également une liste déroulante qui comporte les commandes exécutées.

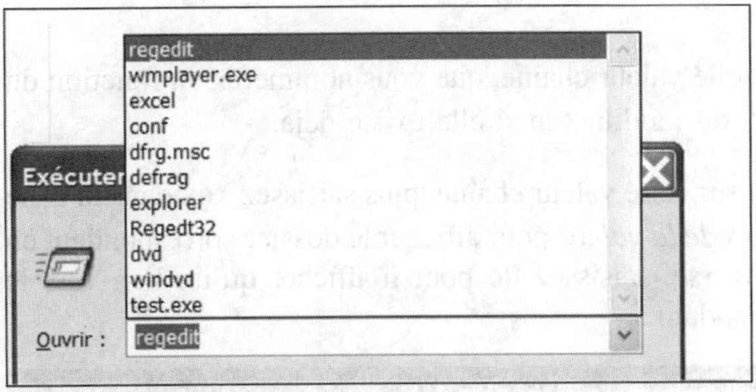

▲ Fig. 4.17 : *Les commandes récemment exécutées*

Pour vider cet historique ou supprimer uniquement une ou plusieurs commandes spécifiques, éditez le Registre.

1. Ouvrez la clé suivante :

```
HKEY_CURRENT_USER\Software\Microsoft\Windows\CurrentVersion
✂ \Explorer\RunMRU
```

2. Supprimez alors toutes les valeurs chaînes contenant les commandes que vous souhaitez faire disparaître de l'historique de la commande **Exécuter**. Pour vider entièrement l'historique, il vous suffit de supprimer toutes les valeurs chaînes à l'exception de la valeur `(par défaut)`.

3. Fermez l'Éditeur du Registre, puis redémarrez votre ordinateur ou votre session pour que le nettoyage soit effectué.

Afficher les menus du système en cascade

À la manière de l'élément **Connexions** du menu **Démarrer**, vous pouvez afficher les menus du système en cascade. Cela signifie qu'un clic dessus n'ouvrira pas le dossier correspondant, mais déroulera la liste des éléments contenus dans ce dossier dans le menu **Démarrer**.

1. Éditez le Registre, puis ouvrez la clé suivante :

```
HKEY_CURRENT_USER\Software\Microsoft\Windows\CurrentVersion
✂ \Explorer\Advanced
```

2. Créez une nouvelle valeur chaîne, que vous nommerez en fonction du tableau suivant, ou modifiez-la si elle existe déjà.

3. Double-cliquez sur cette valeur chaîne, puis saisissez `Yes` dans la zone de texte *Données de la valeur* pour afficher le dossier correspondant en cascade. À l'inverse, saisissez `No` pour n'afficher qu'un lien vers le dossier correspondant.

Tab. 4.3 : Valeurs permettant d'afficher les dossiers du système en cascade

Dossier système	Valeur correspondante
Panneau de configuration	`CascadeControlPanel`
Connexions	`CascadeNetworkConnections`
Mes documents	`CascadeMyDocuments`
Mes images	`CascadeMyPictures`
Imprimantes et télécopieurs	`CascadePrinters`

4. Validez par OK, puis fermez Regedit. Redémarrez votre ordinateur ou votre session pour que soit appliquée la modification (voir fig. 4.18).

ASTUCE

Ouvrir les dossiers système en mode cascade

Vous pouvez toujours accéder aux dossiers du système lorsque l'affichage en cascade est activé. Pour cela double-cliquez sur l'icône d'un dossier système, *Panneau de configuration* par exemple. Ce dernier s'ouvre alors dans une fenêtre.

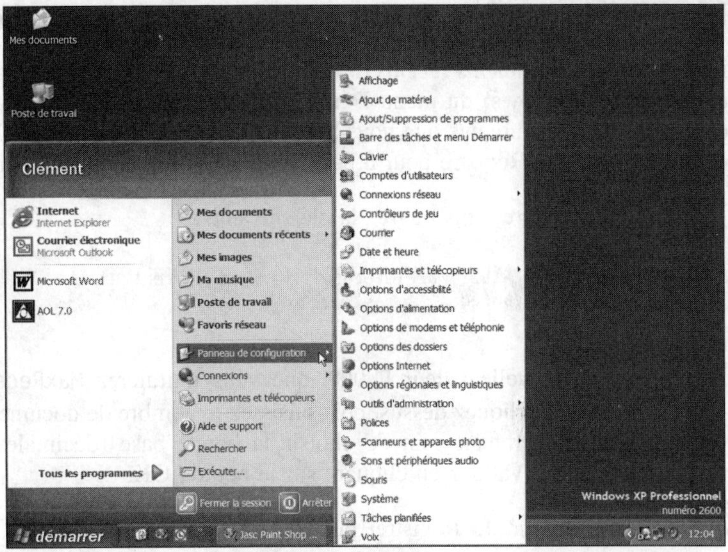

▲ Fig. 4.18 : *Le dossier Panneau de configuration est affiché en cascade*

Activer le déroulement du menu Démarrer

Lorsque le menu **Démarrer** comporte trop d'éléments, il peut alors s'afficher sur deux colonnes ou bien ajouter une option de déroulement. Cela est géré par la valeur `StartMenuScrollPrograms` dans le Registre.

1. Éditez le Registre, puis ouvrez la clé suivante :

```
HKEY_CURRENT_USER\Software\Microsoft\Windows\CurrentVersion
✂ \Explorer\Advanced
```

2. Créez une nouvelle valeur chaîne, que vous intitulerez `StartMenuScrollPrograms`. Fixez sa valeur à `Yes` pour activer le déroulement du menu **Démarrer**, et à `No` pour afficher le menu sur deux colonnes lorsqu'il y a trop d'éléments.

3. Fermez l'Éditeur du Registre, puis redémarrez votre ordinateur ou votre session pour que soit appliquée la modification.

Modifier le nombre de documents récents à afficher

Le dossier *Mes documents récents* (*Mes documents* si vous utilisez le style classique de Windows) du menu **Démarrer** comporte les liens vers les quinze derniers documents que vous avez ouverts. Vous pouvez modifier ce nombre dans le Registre pour afficher plus ou moins de documents.

1. Éditez le Registre, puis ouvrez la clé suivante :

```
HKEY_CURRENT_USER\Software\Microsoft\Windows\CurrentVersion
✂ \Explorer\Advanced
```

2. Créez une nouvelle valeur `DWORD`, que vous intitulerez `MaxRecentDocs`. Double-cliquez dessus, puis saisissez le nombre de documents à afficher, en prenant soin de choisir la bonne base (décimale ou hexadécimale). Validez en cliquant sur le bouton OK.
3. Fermez l'Éditeur du Registre, puis redémarrez votre ordinateur ou votre session pour que soit appliquée la modification.

La modification n'est pas rétroactive, c'est-à-dire que si vous augmentez le nombre de documents à afficher, seuls les nouveaux documents ouverts combleront l'espace supplémentaire. Bien entendu, la liste existante est conservée.

Nettoyer les documents récents à la fermeture

A chaque fois que vous ouvrez un document, un raccourci vers celui-ci est placé dans le menu **Démarrer/Documents**. Vous pouvez forcer Windows à purger la liste des documents récents. Pour cela, il faut modifier le Registre.

1. Editez le Registre, puis ouvrez la clé suivante :

```
HKEY_LOCAL_MACHINE\SOFTWARE\Microsoft\Windows\CurrentVersion
✂ \Policies\Explorer
```

Si les sous-clés `Policies` et `Explorer` n'existent pas, créez-les.

Pour que cette modification soit active uniquement sur la session d'un utilisateur, connectez-vous sous sa session, éditez le Registre, puis ouvrez la clé suivante :

```
HKEY_CURRENT_USER\Software\Microsoft\Windows\CurrentVersion
✂ \Policies\Explorer
```

2. Créez une nouvelle valeur `DWORD` intitulée `ClearRecentDocsOnExit`. Attribuez-lui la valeur 1 puis validez par OK.

3. Fermez le Registre, puis redémarrez votre ordinateur pour appliquer la modification.

Modifier le texte du bouton Démarrer

Vous souhaitez modifier le texte du bouton **Démarrer** par quelque chose de plus personnel, comme votre nom, le nom de votre entreprise, etc., cela est tout à fait possible. Néanmoins, les étapes suivantes réclament d'extrêmes précautions, puisqu'elles vous conduiront à modifier un fichier système de Windows. Nous recommandons donc cette manipulation aux utilisateurs avancés.

Tout d'abord, il vous faut récupérer un éditeur d'exécutable. Resource Hacker 3.4 fera l'affaire, puisqu'il est léger (541 ko) et gratuit.

1. Saisissez l'adresse suivante dans votre navigateur pour le télécharger : `http://recesja.icm.edu.pl/ftp/tools/ResHack.zip`.

2. Décompressez alors l'archive dans le dossier de votre choix.

RENVOI — À ce sujet, vous pouvez vous aider des indications données dans le premier chapitre pour décompresser votre sauvegarde du Registre.

Vous allez modifier le fichier système *explorer.exe*. Ce dernier se trouve dans le dossier *C:\Windows*.

Faites-en une copie de sauvegarde, que vous appellerez `explorer.bak`.

1. Pour cela, ouvrez une fenêtre **Invite de commandes**, accessible par le menu **Démarrer**, **Programmes** et enfin **Accessoires**.

2. Saisissez alors la commande suivante : `Copy C:\Windows\explorer .exe C:\Windows\explorer.bak`.

3. Faites-en ensuite une seconde copie, que vous nommerez `explorer1.exe`, et que nous utiliserons pour la manipulation. Saisissez pour cela la commande : `Copy C:\Windows\explorer.exe C:\Windows\explorer1.exe`.

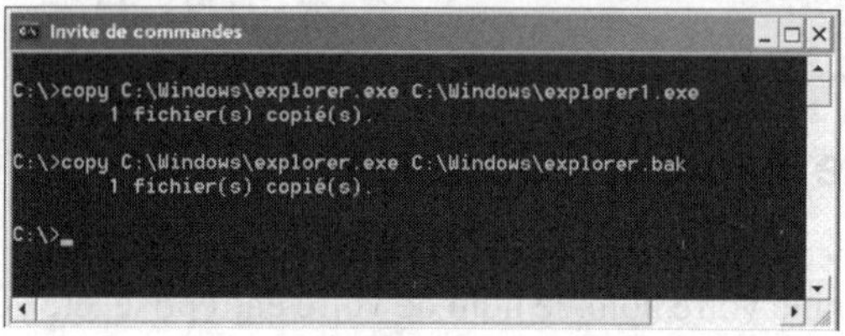

◄ Fig. 4.19 : *Faites une sauvegarde des fichiers en mode d'Invite de commandes*

Vous êtes alors prêt à modifier ce fichier système. Pour cela, exécutez l'éditeur Resource Hacker que vous avez téléchargé.

1. Cliquez sur le menu **File**, puis sur **Open**.

2. Naviguez sur votre disque dur à la recherche du fichier *C:\Windows\explorer1.exe*, puis validez en cliquant sur le bouton **Ouvrir**.

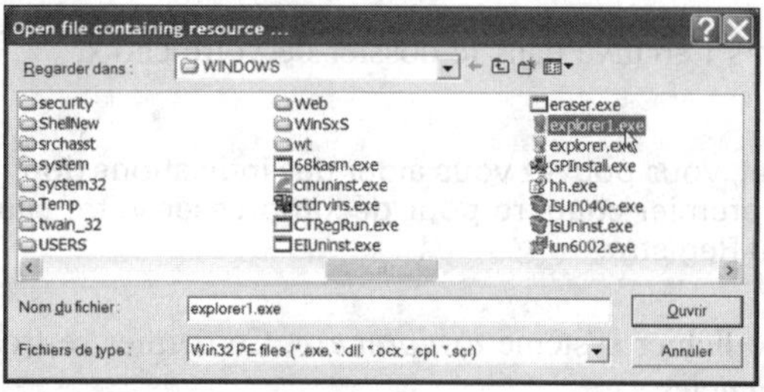

◄ Fig. 4.20 : *Ouvrez le fichier explorer1.exe*

La présentation est assez similaire à l'Éditeur du Registre.

3. Ouvrez la clé `String Table/37/1036`.

4. Remplacez alors le texte `démarrer`, qui se trouve à la ligne 578, par le vôtre, par exemple `bonjour`.

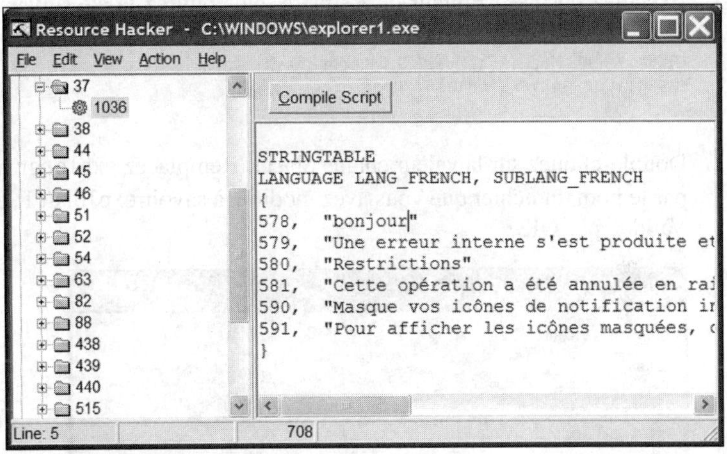

▲ Fig. 4.21 : *Le bouton Démarrer s'appellera bonjour*

ATTENTION

Taille de votre texte

Votre texte ne doit pas dépasser 8 caractères. S'il fait moins de 8 caractères, complétez-le jusqu'à 8 par des espaces. Cela est extrêmement important. Si vous ne respectez pas la taille du texte du bouton, toutes les instructions du fichier *explorer1.exe* seront décalées, rendant le fichier inutilisable. Ce fichier étant un fichier système de Windows, nous vous laissons imaginer ce qui pourrait ce passer...

5. Cliquez ensuite sur le bouton **Compile Script**, puis validez.

6. Enregistrez le fichier *explorer1.exe* en cliquant sur le menu **File**, puis sur la commande **Save**.

7. Vous pouvez alors fermer Resource Hacker.

Enfin, il faut déclarer à Windows d'utiliser *explorer1.exe* au lieu de *explorer.exe*.

1. Exécutez ensuite l'Éditeur du Registre, puis ouvrez la clé suivante :

```
HKEY_LOCAL_MACHINE\SOFTWARE\Microsoft\Windows
✂ NT\CurrentVersion\Winlogon
```

2. Double-cliquez sur la valeur chaîne `Shell`. Remplacez `explorer.exe` par le nom du fichier que vous avez modifié, à savoir `explorer1.exe`. Validez par OK.

▲ Fig. 4.22 : *Indiquez à Windows d'utiliser le fichier que vous venez de modifier*

3. Fermez l'Éditeur du Registre, puis redémarrez votre ordinateur. Votre bouton **Démarrer** est personnalisé.

◄ Fig. 4.23 : *Ce n'est plus le bouton Démarrer, mais le bouton bonjour*

REMARQUE

Le texte modifié n'apparaît pas

Pour que le texte modifié du bouton **Démarrer** apparaisse, il faut que le thème du Bureau de Windows XP soit sélectionné. Pour cela, cliquez avec le bouton droit de la souris sur le Bureau, puis choisissez la commande **Propriétés**. Dans l'onglet **Thèmes**, sélectionnez le thème **Windows XP**, puis validez par OK.

REMARQUE

Retrouver le bouton d'origine

Si par la suite, vous souhaitez retrouver le bouton **Démarrer** d'origine, il vous suffit d'éditer le Registre en ouvrant la clé `HKEY_LOCAL_MACHINE\SOFTWARE\Microsoft\Windows NT\CurrentVersion\Winlogon`, puis de remettre la valeur chaîne Shell à sa valeur d'origine, à savoir explorer.exe. Redémarrez ensuite votre ordinateur.

Si vous avez fait une mauvaise manipulation dans le fichier *explorer1.exe* et que Windows ne démarre plus ou fonctionne mal, vous pouvez restaurer la sauvegarde que vous avez faite. Pour cela, démarrez votre ordinateur avec une disquette de démarrage, puis à l'invite de commande, saisissez `Copy C:\windows\explorer.bak c:\windows\explorer1.exe`. Redémarrez votre ordinateur, puis effectuez la manipulation précédente dans le Registre.

4.3 Améliorer la gestion des fichiers et des dossiers

Utiliser facilement le Bloc-notes pour ouvrir un fichier

Lorsque vous souhaitez visionner un document quelconque avec le Bloc-notes, vous disposez de plusieurs solutions. Vous pouvez passer par la commande **Ouvrir avec**, qui apparaît en appuyant avec le bouton droit de la souris sur le fichier. Il vous faut ensuite cliquer sur le bouton **Choisir le programme**, puis sélectionner le programme dans la liste. Cela n'est pas pratique si vous utilisez souvent cette méthode. Pour aller plus vite, vous pouvez simplement ajouter une commande **Ouvrir avec le bloc-notes** dans le menu contextuel qui apparaît après un clic droit sur un fichier.

1. Pour cela, éditez le Registre, puis ouvrez la clé suivante :

```
HKEY_CLASSES_ROOT\*
```

2. Créez une nouvelle clé, que vous nommerez `shell`, puis ouvrez-la.
3. À l'intérieur, créez une autre clé, que vous appellerez `open`.
4. Cliquez dessus, puis double-cliquez sur la valeur chaîne `(défaut)`.
5. Saisissez le texte qui apparaîtra dans le menu contextuel, par exemple `Ouvrir avec le bloc-notes`.
6. Créez ensuite une sous-clé `command`.

Le chemin complet devient donc :

```
HKEY_CLASSES_ROOT\*\shell\open\command
```

7. Modifiez la valeur chaîne `(par défaut)` en double-cliquant dessus. Attribuez-lui la valeur `notepad.exe %1`.
8. Fermez l'Éditeur du Registre, puis redémarrez votre ordinateur pour que soit appliquée la modification.

Désormais, en cliquant avec le bouton droit sur un fichier, une commande **Ouvrir avec le bloc-notes** est disponible dans le menu contextuel.

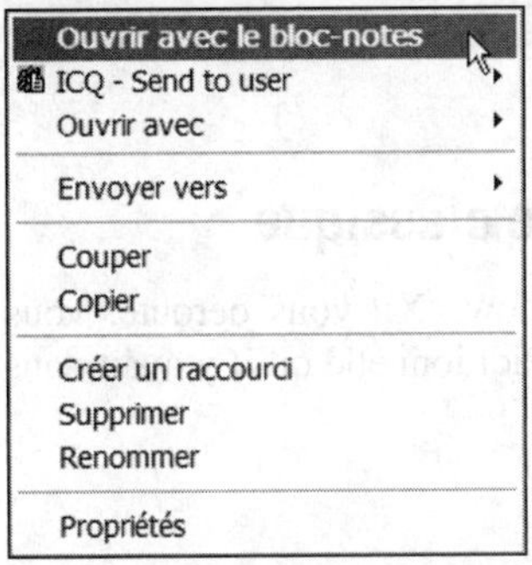

Fig. 4.24 : *Choisissez la commande Ouvrir avec le bloc-notes pour éditer le fichier sélectionné dans le Bloc-notes*

Modifier les options de recherche par défaut

Les options de recherche utilisées par défaut par Windows XP pour chercher les fichiers et les dossiers peuvent être modifiées dans le Registre.

1. Pour cela, exécutez Regedit, puis ouvrez la clé suivante :

```
HKEY_CURRENT_USER\Software\Microsoft\Windows\CurrentVersion\Explorer
```

2. Créez une valeur DWORD selon le tableau suivant pour chaque modification que vous souhaitez effectuer.

3. Fixez ensuite ces valeurs à 1 pour activer l'option de recherche, ou à 0 pour la désactiver.

Tab. 4.4 : Valeurs décrivant les options de recherche par défaut

Nom de la valeur	Description
CaseSensitive	Respecte la casse (majuscules/minuscules)
IncludeSubFolders	Recherche dans les sous-dossiers
SearchHidden	Prend en compte les fichiers cachés
SearchSlowFiles	Recherche dans les sauvegardes sur bandes
SearchSystemDirs	Cherche dans les dossiers système de Windows XP

4. Fermez Regedit, puis redémarrez votre ordinateur ou votre session pour que soit appliquée la modification.

Utiliser l'interface de recherche classique

Si l'assistant de recherche intégré à Windows XP vous déroute, vous pouvez retrouver l'interface de recherche traditionnelle qu'il y avait dans les versions précédentes de Windows.

1. Exécutez Regedit puis ouvrez la clé :

```
HKEY_CURRENT_USER\Software\Microsoft\Windows\CurrentVersion
✂ \Explorer\CabinetState
```

2. Créez une nouvelle valeur chaîne appelée `Use Search Asst`.
3. Double cliquez dessus puis saisissez `No` dans la zone de texte *Données de la valeur*. Validez par OK.
4. Fermez l'éditeur du Registre puis redémarrez votre session pour appliquer la modification.

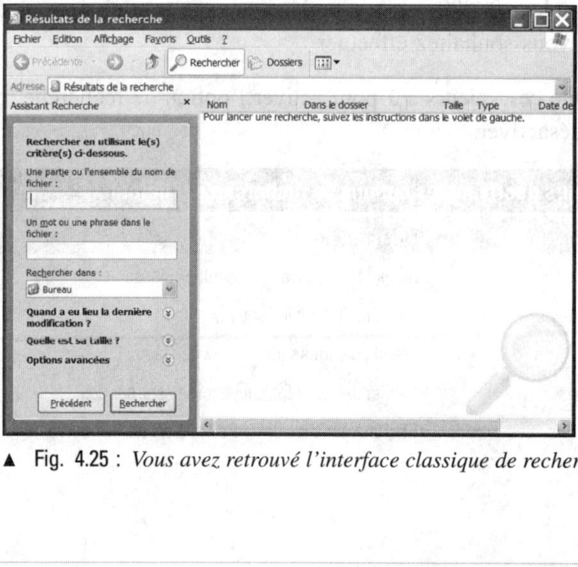

▲ Fig. 4.25 : *Vous avez retrouvé l'interface classique de recherche*

Ajouter une option pour copier ou déplacer rapidement un dossier

Pour copier ou déplacer un dossier, vous disposez de plusieurs solutions. Vous pouvez utiliser un glisser-déposer avec le bouton droit de la souris. Vous pouvez également utiliser les commandes **Copier**, **Couper** et **Coller** du menu **Edition**. Vous pouvez encore ajouter une commande **Copier dans un dossier** et **Déplacer dans un dossier** au menu contextuel qui apparaît après un clic droit sur un dossier. Un clic sur une de ces commandes ouvre alors une boîte de dialogue qui vous permet de choisir le dossier de destination. Validez et le tour est joué.

1. Pour ajouter ces options, éditez le Registre. Ouvrez la clé suivante :

```
HKEY_CLASSES_ROOT\Directory\shellex\ContextMenuHandlers
```

2. Pour ajouter l'option *Copier vers un dossier*, créez une nouvelle clé, que vous appellerez `Copier vers`.
3. Dans cette clé, modifiez la valeur `(par défaut)` en lui attribuant la chaîne suivante :

```
{C2FBB630-2971-11d1-A18C-00C04FD75D13}
```

4. Validez par OK.
5. Pour ajouter l'option *Déplacer vers un dossier*, créez une nouvelle clé, que vous appellerez `Déplacer vers`. Dans cette clé, modifiez la valeur `(par défaut)` en lui attribuant la chaîne suivante :

```
{C2FBB631-2971-11d1-A18C-00C04FD75D13}
```

6. Validez par OK.
7. Fermez l'Éditeur du Registre. La modification est immédiate. Pour vous en rendre compte, cliquez sur un dossier avec le bouton droit de la souris. Les nouvelles options sont présentes.

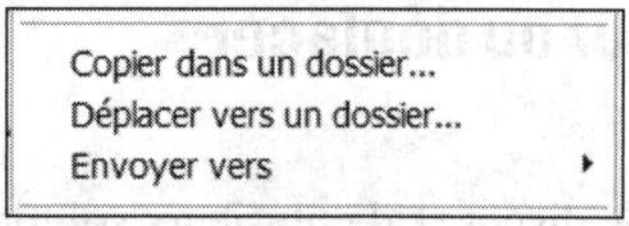

Fig. 4.26 : *Deux nouvelles options sont disponibles. Cliquez sur Copier dans un dossier...*

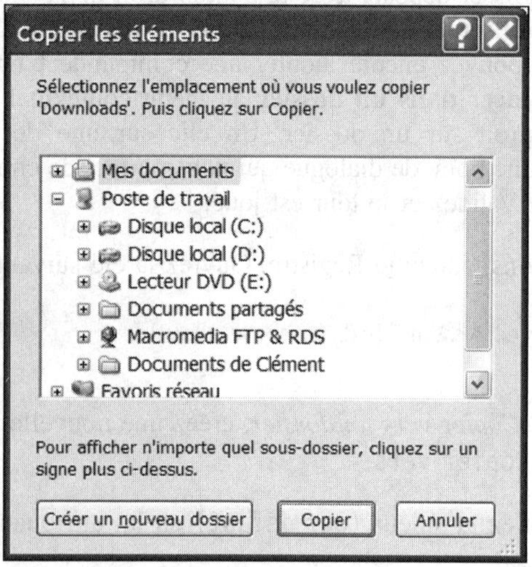

Fig. 4.27 : *... choisissez alors la destination*

Ajouter une option pour copier ou déplacer rapidement un fichier

Comme pour les dossiers, il est possible d'ajouter deux nouvelles fonctions au menu contextuel qui apparaît après un clic droit sur un fichier. Ces fonctions **Copier dans un dossier** et **Déplacer vers un dossier** vous feront gagner du temps.

1. Pour les faire apparaître, éditez le Registre, puis ouvrez la clé suivante :

```
HKEY_CLASSES_ROOT\*\shellex\ContextMenuHandlers
```

2. Pour ajouter l'option *Copier dans un dossier*, créez une nouvelle clé, que vous appellerez `Copier dans`.

3. Dans cette clé, modifiez la valeur `(par défaut)` en lui attribuant la chaîne suivante :

```
{C2FBB630-2971-11d1-A18C-00C04FD75D13}
```

4. Validez par OK.

5. Pour ajouter l'option *Déplacer vers un dossier*, créez une nouvelle clé, que vous appellerez `Déplacer vers`. Dans cette clé, modifiez la valeur `(par défaut)` en lui attribuant la chaîne suivante :

```
{C2FBB631-2971-11d1-A18C-00C04FD75D13}
```

6. Validez par OK.

7. Fermez l'Éditeur du Registre. La modification est immédiate.

Désormais, pour copier rapidement un fichier, cliquez dessus avec le bouton droit de la souris, choisissez la commande **Copier dans un dossier**, sélectionnez le dossier de destination, puis validez.

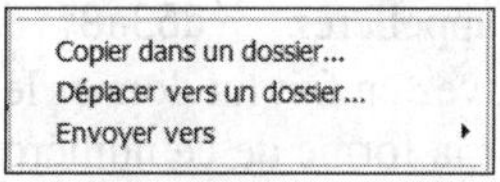

◄ Fig. 4.28 : *Deux nouvelles options sont disponibles. Cliquez sur Déplacer vers un dossier…*

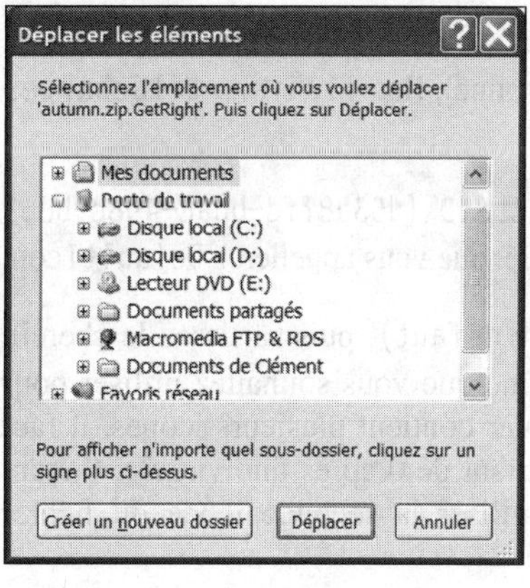

◄ Fig. 4.29 : *… choisissez alors la destination*

Ajouter vos dossiers personnalisés au Poste de travail ou au Bureau

Comme pour le dossier *Mes documents*, vous pouvez créer dans le Poste de travail et le Bureau vos propres dossiers système, qui ne pourront pas être renommés ou déplacés. Pour cela, suivez les étapes suivantes. Attention, c'est un peu long et compliqué.

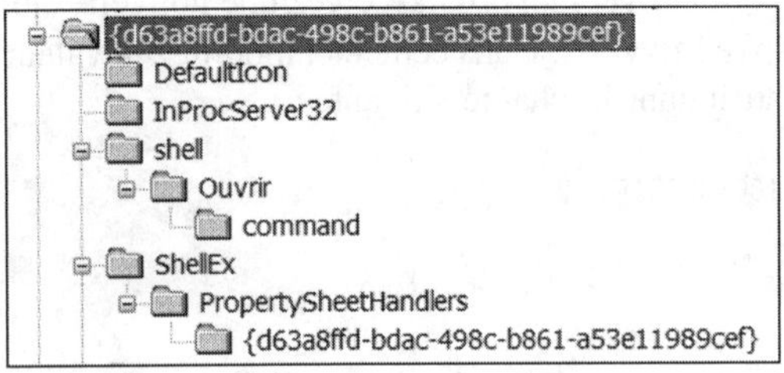

Fig. 4.30 : *Pour vous aider, voici les clés et sous-clés que vous allez être amené à créer*

1. Éditez le Registre, puis ouvrez la clé suivante :

```
HKEY_CLASSES_ROOT\CLSID
```

2. Créez une nouvelle clé, que vous appellerez `{d63a8ffd-bdac-498c-b861-a53e11989cef}`. Vous pouvez en fait lui donner le nom que vous voulez, à condition de respecter la forme de ce numéro d'identification et qu'il n'existe pas déjà.

3. Dans cette clé, double-cliquez sur la valeur `(Par défaut)`. Saisissez alors le nom de votre dossier personnel, `Mes fichiers téléchargés` par exemple. Validez par OK.

4. Dans `HKEY_CLASSES_ROOT\CLSID\{d63a8ffd-bdac-498c-b861-a53e11989cef}`, créez une sous-clé, que vous appellerez `DefaultIcon`.

5. Double-cliquez sur la chaîne `(Par défaut)`, puis saisissez le chemin complet du fichier contenant l'icône que vous souhaitez utiliser pour votre dossier personnel. Si le fichier contient plusieurs icônes, il faut indiquer le numéro d'icône en partant de 0 après une virgule, 0 étant la première icône. Ainsi, pour utiliser la seconde icône du fichier

shell32.dll, qui se trouve dans le dossier *C:\Windows\System32*, vous saisirez : `C:\Windows\System32\shell32.dll,3`.

6. Dans `HKEY_CLASSES_ROOT\CLSID\{d63a8ffd-bdac-498c-b861-a53e11989cef}`, créez une sous-clé, que vous appellerez `InProcServer32`. Fixez la valeur `(Par défaut)` à `shell32.dll`.

7. Toujours dans cette sous-clé `InProcServer32`, créez une nouvelle valeur chaîne, que vous appellerez `ThreadingModel`. Double-cliquez dessus, puis saisissez `Apartment` dans la zone de texte *Données de la valeur*. Validez par OK.

8. Créez ensuite une série de sous-clés en partant de la clé suivante :

```
HKEY_CLASSES_ROOT\CLSID\{d63a8ffd-bdac-498c-b861-a53e11989cef}
```

9. Dans cette clé, créez une sous-clé `Shell`. Dans cette dernière, créez une sous-clé `Ouvrir`. Dans cette dernière, créez une clé `Command`.

10. Ouvrez alors la clé ci-après :

```
HKEY_CLASSES_ROOT\CLSID\{d63a8ffd-bdac-498c-b861-a53e11989cef}
✂ \shell\Ouvrir\command
```

11. Double-cliquez sur la valeur `(Par défaut)`, puis saisissez le chemin de la commande à exécuter lorsque vous double-cliquerez sur votre dossier personnel, à savoir : *explorer /root,c:\dossier*. Remplacez `c:\dossier` par le chemin complet du dossier vers lequel vous serez redirigé après un double clic sur votre dossier personnel.

Ainsi, si votre dossier personnel doit vous rediriger vers le dossier *C:\Mes fichiers\téléchargés*, saisissez `C:\Mes fichiers\téléchargés` dans la zone de texte *Données de la valeur*. Validez par OK.

▲ Fig. 4.31 : *Le dossier personnel redirigera vers le dossier C:\Mes fichiers\téléchargés*

12. Créez une autre série de sous-clés en partant toujours de la clé suivante :

```
HKEY_CLASSES_ROOT\CLSID\{d63a8ffd-bdac-498c-b861-a53e11989cef}
```

13. Créez une sous-clé `ShellEx`. Dans cette sous-clé, créez une autre sous-clé, que vous appellerez `PropertySheetHandlers`. Dans cette dernière, créez une clé portant le nom que vous avez choisi au début, `{d63a8ffd-bdac-498c-b861-a53e11989cef}` dans notre cas.

14. Placez-vous alors de nouveau dans la clé suivante :

```
HKEY_CLASSES_ROOT\CLSID\{d63a8ffd-bdac-498c-b861-a53e11989cef}
```

15. Créez une nouvelle sous-clé, que vous appellerez `ShellFolder`.

16. À l'intérieur, créez une valeur binaire, que vous nommerez `Attributes`.

17. Double-cliquez dessus, puis attribuez-lui la valeur 00 00 00 00. Il suffit, pour cela, d'appuyer quatre fois sur la touche [0]. Validez par OK.

Votre dossier personnel est alors créé. Vous pouvez maintenant choisir de l'afficher sur le Bureau et/ou dans le Poste de travail.

1. Dans le premier cas, ouvrez la clé suivante :

```
HKEY_LOCAL_MACHINE\SOFTWARE\Microsoft\Windows\CurrentVersion
✂ \Explorer\Desktop\NameSpace
```

2. Créez une sous-clé portant le nom que vous avez choisi au début, `{d63a8ffd-bdac-498c-b861-a53e11989cef}` dans notre cas.

3. Dans le second cas, ouvrez la clé ci-après :

```
HKEY_LOCAL_MACHINE\SOFTWARE\Microsoft\Windows\CurrentVersion
✂ \Explorer\MyComputer\NameSpace
```

4. Comme pour le Bureau, créez une sous-clé portant le nom que vous avez choisi au début, `{d63a8ffd-bdac-498c-b861-a53e11989cef}` dans notre cas.

5. La création de votre dossier personnel est alors totalement finie. Fermez l'Éditeur du Registre. La modification est immédiate. Appuyez sur la touche F5 pour rafraîchir l'affichage du Bureau ou du Poste de travail.

◄ Fig. 4.32 : *Votre nouveau dossier est sur le Bureau*

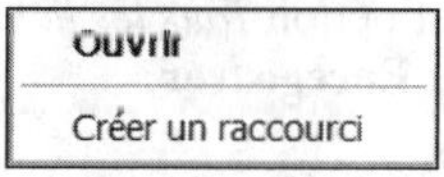

◄ Fig. 4.33 : *Un clic droit dessus confirme qu'il est impossible de le supprimer ou de le modifier*

Ajouter une option Défragmenter sur vos disques durs

Avec le temps, les fichiers sont éparpillés aux quatre coins de votre disque dur. Cela signifie que l'accès à ces fichiers sera de plus en plus long. En effet, si les fichiers sont éparpillés sur le disque dur, l'ordinateur mettra plus de temps à les localiser et aussi à les copier Le défragmenteur de disque rassemble les données au même endroit, et l'espace libre à un autre. Il contient également un optimisateur d'application, qui place les exécutables en tête de disque dur afin d'obtenir les meilleurs temps d'accès. Vous auriez donc tort de ne pas l'utiliser, car il permet d'optimiser votre machine.

Pour lancer le défragmenteur de disque, vous disposez, à l'origine, de deux solutions.

1. Un raccourci vers le défragmenteur de disque se trouve dans le menu **Démarrer**, dans le dossier **Programmes**, **Accessoires**, **Outils système**. Il vous faut ensuite sélectionner le disque à défragmenter.
2. Vous pouvez également cliquer avec le bouton droit de la souris sur le disque à défragmenter, puis choisir la commande **Propriétés**. Dans l'onglet **Outils**, cliquez sur le bouton **Défragmenter maintenant**.

Encore plus rapide, vous pouvez rajouter une commande **Défragmenter** dans le menu contextuel qui apparaît après un clic droit sur vos disques durs.

Tout d'abord, créez un fichier batch qui lancera le défragmenteur de disque, car le Registre ne considère pas le défragmenteur comme une application.

1. Ouvrez le Bloc-notes, puis saisissez la ligne : `Start %SystemRoot%\System32\dfrg.msc`.
2. Cliquez sur le menu **Enregistrer sous**. Sélectionnez un dossier où enregistrer le fichier, disons à la racine du disque dur C:. Donnez le nom `defrag.bat` à votre fichier, sélectionnez l'option *Tous les fichiers* dans la liste *Type*, puis validez par le bouton **Enregistrer**.
3. Fermez le Bloc-notes, puis placez-vous à la racine de votre disque dur. Double-cliquez sur le fichier *defrag.bat* pour vérifier qu'il fonctionne bien et lance le défragmenteur.

Vous pouvez alors modifier le Registre.

1. Éditez-le, puis ouvrez la clé suivante :

```
HKEY_CLASSES_ROOT\Drive\shell
```

2. Créez une première sous-clé, que vous appellerez `Défragmenter`. Modifiez sa valeur `(Par défaut)` par le nom de la commande qui apparaîtra dans le menu contextuel des disques durs, disons `Défragmenter`.

3. Créez une sous-clé dans cette clé `Défragmenter`, que vous nommerez `command`.

4. Double-cliquez sur la valeur `(Par défaut)`, puis saisissez le chemin complet vers votre fichier batch, à savoir : `C:\defrag.bat`.

5. Validez par OK, puis fermez l'Éditeur du Registre. La modification est immédiate.

Pour défragmenter un disque, il vous suffit alors de cliquer dessus avec le bouton droit de la souris, puis de choisir la commande **Défragmenter** (voir fig. 4.35).

Fig. 4.34 :
Une nouvelle option Défragmenter est disponible après un clic droit sur un lecteur

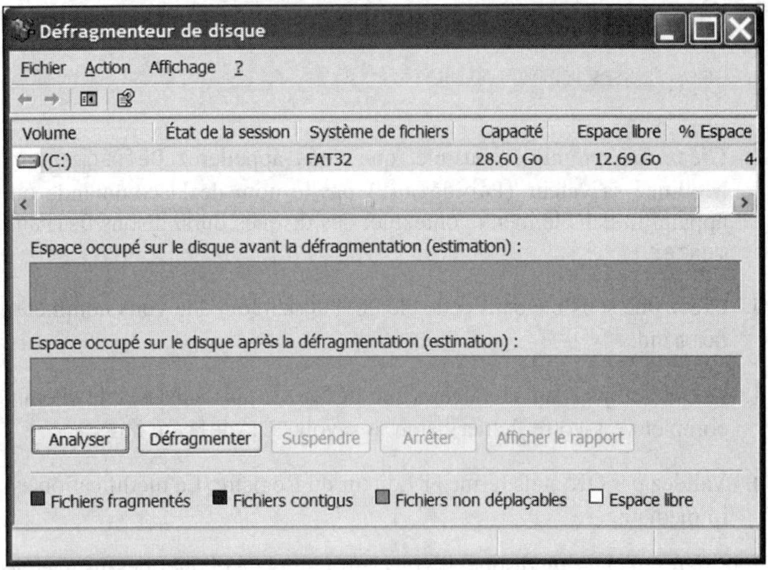

▲ Fig. 4.35 : *Cliquez dessus, le défragmenteur de disque se lance*

Modifier le dossier d'installation des programmes

Par défaut, la majorité des programmes que vous installez veulent mettre leurs dossiers et leurs fichiers dans le dossier *C:\Program Files*. Pour modifier ce dossier pour que les prochaines applications soient installées sur un autre disque dur ou un autre répertoire, une petite modification dans la base des registres est à effectuer.

1. Éditez le Registre, puis ouvrez la clé suivante :

```
HKEY_LOCAL_MACHINE\SOFTWARE\Microsoft\Windows\CurrentVersion
```

2. Double-cliquez alors sur la valeur chaîne `ProgramFilesDir`.
3. Saisissez le chemin du nouveau dossier dans lequel seront installées, par défaut, vos applications : `D:\logiciels` par exemple.
4. Faites de même pour la valeur chaîne `ProgramFilesPath`.

5. Fermez alors la base des registres, puis redémarrez votre ordinateur pour que soient appliquées les modifications.

Modifier le dossier Mes images

Si vous stockez toutes vos images dans un dossier spécial, et non dans le dossier *Mes Images*, contenu dans le dossier *Mes Documents*, vous pouvez le rediriger vers votre dossier.

1. Pour cela, éditez le Registre, puis rendez-vous à la clé suivante :

```
KEY_CURRENT_USER\Software\Microsoft\Windows\CurrentVersion
✂ \Explorer\Shell Folders
```

2. Double-cliquez alors sur la chaîne `My Pictures`, puis saisissez le nouveau chemin complet dans le champ *Données de la valeur*. Ainsi, si l'emplacement de votre dossier est *d:\images*, saisissez `d:\images`.

3. Fermez l'Éditeur de la base des registres, puis redémarrez votre ordinateur pour que soient appliquées les modifications.

Afficher les attributs des fichiers

Dans l'Explorateur, en mode d'affichage Détails (menu **Affichage/Détails**), les informations des fichiers sont réparties en colonnes. *Nom*, *Taille*, *Type*, *Date de modification*… sont des exemples de renseignements affichés. Il est possible d'ajouter une colonne *Attributs*, qui, comme son nom l'indique, affichera les attributs des fichiers, c'est-à-dire s'ils sont en lecture seule, cachés ou archivés.

1. Pour cela, éditez le Registre, puis ouvrez la clé suivante :

```
HKEY_CURRENT_USER\Software\Microsoft\Windows\CurrentVersion
✂ \Explorer\Advanced
```

2. Créez une nouvelle valeur `DWORD`, que vous intitulerez. `ShowAttribCol`. Double-cliquez dessus, puis saisissez `1` dans la zone de texte *Données de la valeur*. Validez ensuite par OK.

3. Fermez l'Éditeur de Registre, puis redémarrez votre ordinateur ou votre session pour que soient appliqués les changements.

Désormais, une colonne *Attributs* sera affichée en mode Détails.

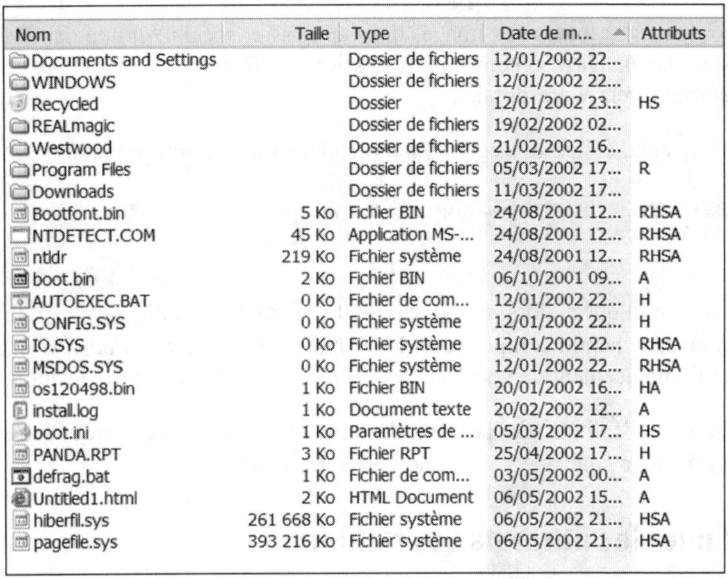

Nom	Taille	Type	Date de m...	Attributs
Documents and Settings		Dossier de fichiers	12/01/2002 22...	
WINDOWS		Dossier de fichiers	12/01/2002 22...	
Recycled		Dossier	12/01/2002 23...	HS
REALmagic		Dossier de fichiers	19/02/2002 02...	
Westwood		Dossier de fichiers	21/02/2002 16...	
Program Files		Dossier de fichiers	05/03/2002 17...	R
Downloads		Dossier de fichiers	11/03/2002 17...	
Bootfont.bin	5 Ko	Fichier BIN	24/08/2001 12...	RHSA
NTDETECT.COM	45 Ko	Application MS-...	24/08/2001 12...	RHSA
ntldr	219 Ko	Fichier système	24/08/2001 12...	RHSA
boot.bin	2 Ko	Fichier BIN	06/10/2001 09...	A
AUTOEXEC.BAT	0 Ko	Fichier de com...	12/01/2002 22...	H
CONFIG.SYS	0 Ko	Fichier système	12/01/2002 22...	H
IO.SYS	0 Ko	Fichier système	12/01/2002 22...	RHSA
MSDOS.SYS	0 Ko	Fichier système	12/01/2002 22...	RHSA
os120498.bin	1 Ko	Fichier BIN	20/01/2002 16...	HA
install.log	1 Ko	Document texte	20/02/2002 12...	A
boot.ini	1 Ko	Paramètres de ...	05/03/2002 17...	HS
PANDA.RPT	3 Ko	Fichier RPT	25/04/2002 17...	H
defrag.bat	1 Ko	Fichier de com...	03/05/2002 00...	A
Untitled1.html	2 Ko	HTML Document	06/05/2002 15...	A
hiberfil.sys	261 668 Ko	Fichier système	06/05/2002 21...	HSA
pagefile.sys	393 216 Ko	Fichier système	06/05/2002 21...	HSA

▲ Fig. 4.36 : *Remarquez la colonne Attributs, qui sera affichée dans chaque dossier que vous afficherez en mode Détails*

REMARQUE

Que sont les attributs ?

Les attributs sont représentés par des lettres. Ainsi, la lettre A signifie que le fichier est archivé. Cela sert à certains programmes pour vérifier si le fichier a déjà été sauvegardé. Une lettre H dans la colonne signifie que le fichier est masqué. Cela veut dire que vous ne pouvez pas le voir ni l'utiliser si vous ne connaissez pas son nom, à moins que n'ayez spécifié d'afficher les fichiers masqués dans l'Explorateur.

REMARQUE

La lettre R symbolise les fichiers en lecture seule, c'est-à-dire accessibles uniquement en lecture. Ces fichiers ne peuvent donc pas être modifiés ni supprimés.

Enfin le dernier type d'attributs représenté par la lettre Ss est utilisé par les fichiers système de Windows.

Personnaliser vos noms de fichiers

Vous avez certainement remarqué que si vous prenez la liberté de personnaliser vos noms de fichiers en jouant sur la casse des caractères (majuscules et minuscules), il arrive que Windows repasse derrière vous et uniformise vos noms de fichiers. Pour forcer Windows à utiliser la casse que vous désirez, éditez le Registre.

1. Exécutez Regedit, puis ouvrez la clé suivante :

```
HKEY_CURRENT_USER\Software\Microsoft\Windows\CurrentVersion
✂ \Explorer\Advanced
```

2. Modifiez la valeur DWORD, que vous intitulerez `DontPrettyPath`. Si elle n'existe pas, créez-la. Attribuez-lui ensuite la valeur 1.

3. Fermez l'Éditeur du Registre, puis redémarrez votre ordinateur ou votre session pour que soit appliquée la modification.

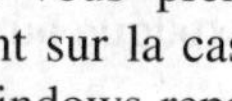

◄ Fig. 4.37 : *Permettez-vous toutes les fantaisies dans les noms de fichiers*

Modifier la couleur du nom des dossiers compressés

Si vous n'avez aucun logiciel de compression/décompression du même type que Winzip ou PowerArchiver, Windows affiche les dossiers compressés en bleu. Vous pouvez modifier cette couleur par celle que vous voulez.

1. Éditez le Registre, puis ouvrez la clé suivante :

```
HKEY_CURRENT_USER\Software\Microsoft\Windows\CurrentVersion
✂ \Explorer
```

2. Créez une nouvelle valeur binaire, que vous appellerez `AltColor`.

3. Double-cliquez dessus, puis saisissez le code RGB en hexadécimal de la couleur que vous souhaitez utiliser pour représenter les dossiers compressés.

RENVOI

Pour cela, utilisez la calculatrice de Windows, comme cela est expliqué au chapitre 1.

4. Faites suivre ce code RGB en hexadécimal de `00`. Ainsi, si vous voulez que les dossiers compressés soient affichés avec la couleur RGB `255 92 64`, la valeur hexadécimale sera `FF 5C 40`. À cette valeur, vous ajoutez `00`. La valeur à saisir dans la zone *Données de la valeur* est donc `FF 5C 40 00`. Validez par OK.

5. Fermez l'Éditeur du Registre, puis redémarrez votre ordinateur ou votre session pour que soit appliqué le changement de couleur.

Supprimer le texte "Raccourci vers" des raccourcis

Si vous n'aimez pas que Windows ajoute le texte `Raccourci vers` dans la description de tous les raccourcis que vous créez, vous pouvez le supprimer par défaut.

1. Pour cela, éditez le Registre, puis rendez-vous à la clé suivante :

```
HKEY_CURRENT_USER\Software\Microsoft\Windows\CurrentVersion
✂ \Explorer
```

2. Créez alors une nouvelle valeur binaire, que vous nommerez `link`.

3. Double-cliquez dessus, puis saisissez 00 00 00 00 dans la zone de texte *Données de la valeur*.

4. Fermez l'Éditeur du Registre, puis redémarrez votre ordinateur avant de créer un nouveau raccourci.

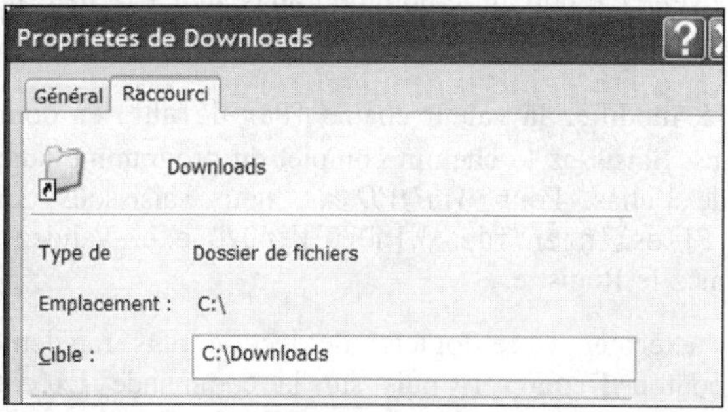

▲ Fig. 4.38 : *Le texte "Raccourci vers" avant le nom du raccourci a disparu*

ASTUCE

Créer rapidement un raccourci

Pour créer rapidement un raccourci vers un programme ou un dossier quelconque, cliquez dessus avec le bouton droit de la souris, puis déplacez-le à l'emplacement désiré. Relâchez le bouton de la souris : un menu contextuel s'ouvre. Choisissez l'option *Créer les raccourcis ici*. Le raccourci est alors immédiatement créé.

4.4 Personnaliser l'Explorateur et le système

Créer des alias de programmes

Une fonctionnalité cachée de Windows vous permet de créer des alias de programmes. Vous pouvez, par exemple, créer un alias appelé `dvd.exe`, qui, lorsqu'il sera exécuté, ouvrira votre logiciel de lecture DVD, matérialisé par le fichier *WinDVD.exe*.

1. Éditez le Registre, puis ouvrez la clé suivante :

```
HKEY_LOCAL_MACHINE\SOFTWARE\Microsoft\Windows\CurrentVersion\App
✂ Paths
```

2. Créez une nouvelle clé portant le nom de l'alias, `dvd.exe` dans notre cas. Il est obligatoire de spécifier l'extension `.exe`.

3. Dans cette clé, modifiez la valeur chaîne `(Par défaut)` en double-cliquant dessus. Saisissez le chemin complet du programme lancé à l'exécution de l'alias. Pour *WinDVD.exe*, nous saisissons donc : `C:\Program Files\InterVideo\WinDVD\WinDVD.exe`. Validez par OK, puis fermez le Registre.

Désormais, pour exécuter votre logiciel de lecture plus rapidement, cliquez sur le bouton **Démarrer**, puis sur la commande **Exécuter**. Saisissez `dvd`, puis validez par la touche [Entrée]. WinDVD se lance alors.

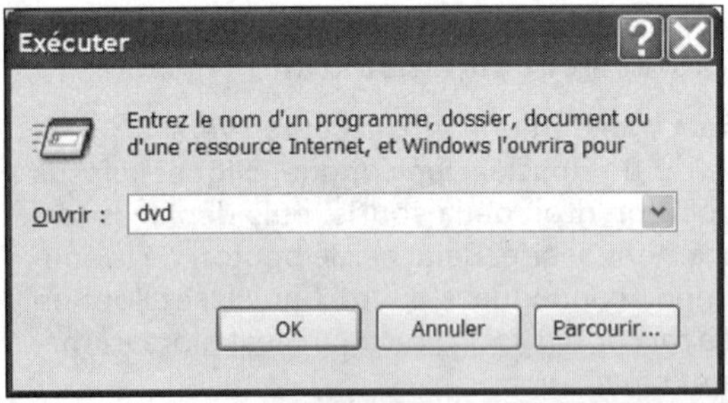

◄ Fig. 4.39 : *Exécutez votre logiciel de lecteur de DVD en saisissant simplement dvd*

REMARQUE

Intérêt des alias

Les alias vous permettent de gagner du temps. Leur puissance se révèle vraiment si vous avez de longues commandes à exécuter. Car rien ne vous empêche de spécifier des paramètres aux programmes lorsque vous leur créez des alias.

Contrôler le mode d'autoremplissage

Dans l'Explorateur, lorsque vous saisissez un nom de dossier par exemple, Windows peut compléter automatiquement le mot, ou bien il peut afficher une liste de propositions, dans laquelle il suffit de choisir ce que vous cherchez. Pour choisir le mode que vous souhaitez utiliser, éditez le Registre

1. Dans l'Éditeur du Registre, ouvrez la clé suivante :

```
HKEY_CURRENT_USER\Software\Microsoft\Windows\CurrentVersion
✂ \Explorer\AutoComplete.
```

2. Créez une nouvelle valeur chaîne, que vous appellerez `Append Completion`.
3. Double-cliquez dessus, puis dans la zone de texte *Données de la valeur*, saisissez `Yes` si vous souhaitez que l'Explorateur complète automatiquement le texte pendant que vous le saisissez, ou saisissez `No` pour qu'il n'affiche qu'une liste de propositions (par défaut). Validez par OK.
4. Fermez l'Éditeur, puis redémarrez Windows pour que soient validés les changements.

REMARQUE

> **L'autoremplissage et Internet Explorer**
>
> En activant l'autoremplissage dans l'Explorateur, vous l'activerez également pour Internet Explorer. Ce dernier complétera alors automatiquement les adresses que vous saisirez dans la barre d'outils *Adresses*.

Empêcher Regedit de se souvenir de la clé précédente

Lorsque vous exécutez Regedit, il ouvre automatiquement le dernier emplacement où vous vous trouviez.

Ainsi, si vous étiez dans la clé

```
HKEY_LOCAL_MACHINE\SOFTWARE\Microsoft\Windows\CurrentVersion
```

et que vous éditez le Registre de nouveau, pour modifier, cette fois-ci, la clé

```
HKEY_USERS\.DEFAULT\Control Panel\Desktop
```

vous perdez du temps.

Il est possible de démarrer Regedit sans qu'il se souvienne de la dernière clé ouverte en effectuant une modification… dans le Registre.

1. Exécutez Regedit, puis ouvrez la clé suivante :

```
HKEY_CURRENT_USER\Software\Microsoft\Windows\CurrentVersion
✂ \Applets\Regedit
```

2. Modifiez la valeur `LastKey` pour qu'elle contienne la chaîne `Poste de travail`.
3. Sélectionnez cette valeur `LastKey`, puis cliquez sur le menu **Edition** et choisissez la commande **Autorisations**.
4. Sélectionnez l'utilisateur courant, c'est-à-dire vous, puis cochez la case *Refuser le Contrôle total.*

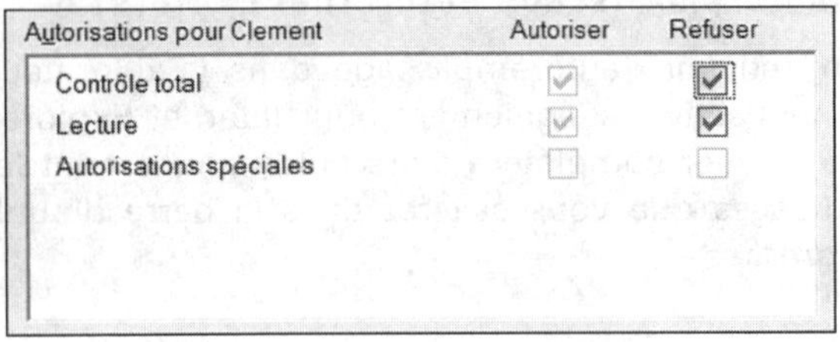

▲ Fig. 4.40 : *En cochant la case Refuser le contrôle total, la valeur LastKey ne pourra plus être mise à jour*

5. Cliquez sur le bouton **Appliquer**. Cliquez ensuite sur le bouton OK.

6. Fermez ensuite l'Éditeur du Registre. Exécutez-le de nouveau : il démarre à la racine des branches.

Empêcher Windows d'afficher les documents partagés dans le Poste de travail

Par défaut, Windows affiche dans le Poste de travail la liste des documents partagés. Si vous n'êtes pas en réseau ou si vous êtes l'unique utilisateur de votre ordinateur, cette liste est inutile.

1. Pour la masquer, éditez le Registre, puis ouvrez la clé suivante :

```
HKEY_LOCAL_MACHINE\SOFTWARE\Microsoft\Windows\CurrentVersion
✂ \Explorer\MyComputer\NameSpace\DelegateFolders
```

2. Supprimez alors la sous-clé `{59031a47-3f72-44a7-89c5-5595fe6b30ee}`.

3. Fermez l'Éditeur du Registre.

Pensez à faire une sauvegarde de la clé avant de la supprimer. Vous pouvez, par exemple, l'exporter dans un fichier du Registre, comme cela a été expliqué dans le premier chapitre.

Renommer la Corbeille

Microsoft vous laisse modifier les noms des icônes *Poste de travail*, *Mes documents* et *Favoris réseau*. En revanche, il est impossible de renommer la Corbeille. Il faut donc modifier le Registre afin de supprimer cette restriction.

1. Exécutez Regedit, puis ouvrez la clé suivante :

```
HKEY_CLASSES_ROOT\CLSID\{645FF040-5081-101B-9F08-00AA002F954E}
✂ \ShellFolder
```

2. Double-cliquez sur la valeur binaire `Attributes`. Remplacez alors la valeur `40 01 00 20` par `50 01 00 20`. Il vous suffit pour cela de supprimer le chiffre `40` et de le remplacer par `50`. Validez par OK.

3. Double-cliquez ensuite sur la valeur `DWORD CallForAttributes`. Ici encore, modifiez le chiffre `40` par `50` en sélectionnant la base hexadécimale. Validez par OK.

4. Fermez le Registre, puis redémarrez votre ordinateur ou votre session.

Vous pouvez alors renommer la Corbeille. Pour cela, cliquez dessus, puis appuyez sur la touche [F2].

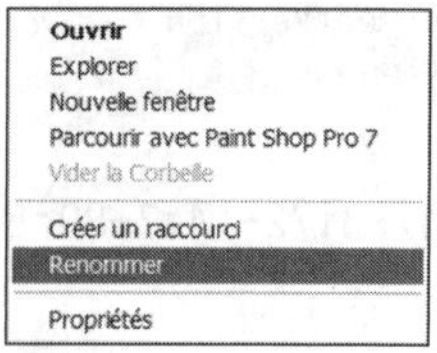

◄ Fig. 4.41 : *L'option Renommer est désormais affichée dans le menu contextuel*

Saisissez son nouveau nom, `Poubelle` par exemple, puis validez par la touche `Entrée`. Vous avez alors la Poubelle au lieu de la Corbeille.

ASTUCE

Modifier l'icône de la Corbeille

Pour compléter le relookage de la Corbeille, vous pouvez modifier ses icônes. La Corbeille possède en effet plusieurs icônes représentant chacune un état : Corbeille vide ou pleine. Cliquez avec le bouton droit de la souris sur le Bureau, puis choisissez la commande **Propriétés**. Dans l'onglet **Bureau**, cliquez sur le bouton **Personnalisation du Bureau**. Sélectionnez alors une icône de la Corbeille, puis cliquez sur le bouton **Changer d'icône**. Sélectionnez l'icône qui vous plaît, puis cliquez sur le bouton OK. Recommencez pour la seconde icône de la Corbeille. Validez par OK, la modification est immédiate.

Ajouter des sons

Windows comporte de nombreux évènements sonores, qui jouent un fichier WAV lorsqu'une action est effectuée. Ainsi, lorsque vous videz la Corbeille, Windows joue le fichier *Windows XP Corbeille.wav* qui est un bruit de froissement de feuille de papier. Vous pouvez modifier ces sons en ouvrant le module **Sons et périphériques audio**, qui se trouve dans le Panneau de configuration. Dans l'onglet **Sons**, la liste des évènements de Windows apparaît. Vous pouvez alors choisir un son pour chacun de ces évènements.

Mais comment faire si l'événement que vous souhaitez mettre en musique n'apparaît pas dans la liste ? Vous voulez, par exemple, jouer un fichier sonore chaque fois que Word est exécuté. Pour cela, il vous faut éditer le Registre.

1. Lancez Regedit, puis ouvrez la clé suivante :

```
HKEY_CURRENT_USER\AppEvents\Schemes\Apps
```

2. Créez une nouvelle clé. Donnez-lui le nom du programme que vous souhaitez ajouter dans les évènements sonores. Appelez cette clé `Word`, puisque c'est Word que vous voulez sonoriser.
3. Cliquez, à présent, sur cette nouvelle clé `Word` avec le bouton droit de la souris, puis créez deux nouvelles clés, que vous appellerez respectivement `Open` et `Close`. Cela va vous permettre d'affecter un son à l'ouverture et à la fermeture de Word.
4. Dans chacune de ces deux nouvelles clés, créez deux sous-clés, que vous appellerez `.default` et `Current`. Pour vous repérer, suivez la capture suivante.

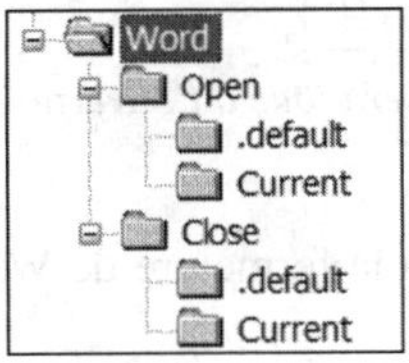

◄ Fig. 4.42 : *La clé Word comporte deux sous-clés qui comportent elles-mêmes deux autres sous-clés*

Pour spécifier les fichiers sonores joués à l'ouverture ou à la fermeture de Word, vous avez alors deux solutions. Vous pouvez les définir avec Regedit ou alors retourner dans le module **Sons et périphériques audio** du Panneau de configuration.

Pour définir les fichiers à jouer dans le Registre,

1. Ouvrez les sous-clés `.default` et `Current` des clés `Open` et `Close`
2. Attribuez ensuite à la valeur `(Par défaut)` de chacune d'elles le chemin complet des fichiers sonores à jouer.
3. Fermez alors le Registre.

Vous pouvez effectuer la modification dans le module **Sons et périphériques audio** du Panneau de configuration.

1. Ouvrez ce dernier, puis cliquez sur l'onglet **Sons**.
2. Dans la liste déroulante *Evènements*, se trouve une nouvelle entrée pour Word avec les options *Fermer le programme* et *Ouverture d'un programme*.
3. Cliquez sur ces options, puis sur le bouton **Parcourir** pour sélectionner un fichier sonore sur votre disque dur. Validez par OK.

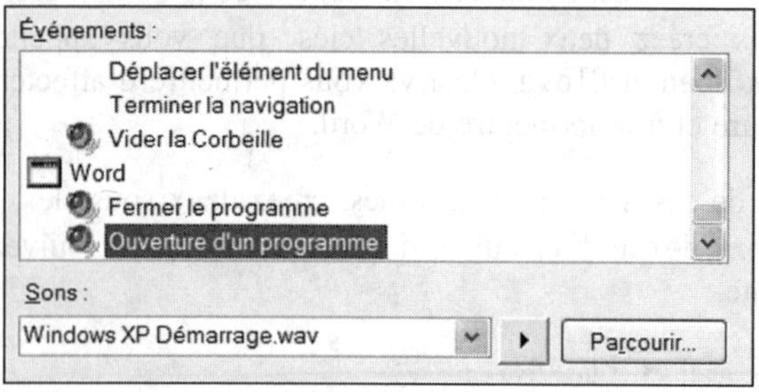

▲ Fig. 4.43 : *Le son Windows XP Démarrage.wav sera joué à l'ouverture de Word*

Un fichier sonore sera alors joué à l'ouverture et à la fermeture de Word.

Ouvrir un dossier dans une nouvelle fenêtre

Lorsque vous naviguez dans l'Explorateur Windows, il peut s'avérer utile de disposer d'une commande permettant d'ouvrir un dossier dans une nouvelle fenêtre.

1. Pour cela, éditez le Registre, puis ouvrez la clé suivante :

```
HKEY_CLASSES_ROOT\Folder\shell
```

2. Créez une première clé, que vous appellerez `Nouveau`.
3. Dans cette clé, modifiez la valeur chaîne `(Par défaut)` en lui attribuant le nom de la commande qui apparaîtra dans le menu contextuel des dossiers de l'Explorateur, disons `Nouvelle fenêtre`.
4. Créez une seconde clé, que vous intitulerez `command`, dans la clé `Nouveau`.
5. Double-cliquez sur la valeur chaîne `(Par défaut)`, puis saisissez la commande `Explorer.exe %1`.

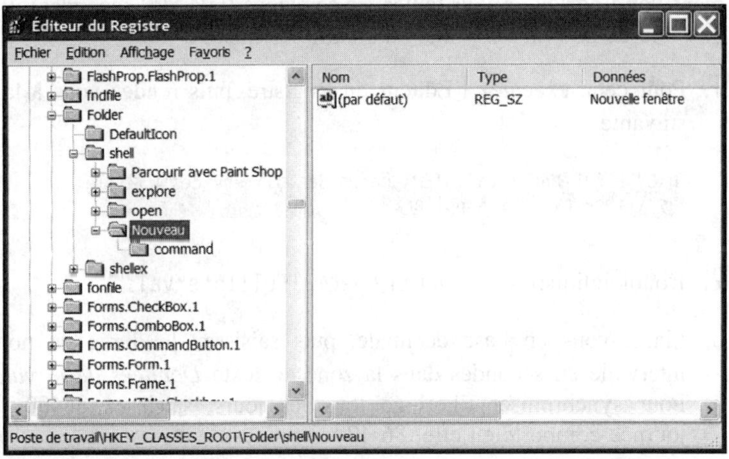

▲ Fig. 4.44 : *La valeur (Par défaut) de la sous-clé Nouveau contient le nom de la commande qui apparaîtra dans le menu contextuel de l'Explorateur*

6. Validez par OK, puis fermez l'Éditeur du Registre. La modification est immédiate.

Dans l'Explorateur, cliquez sur un dossier avec le bouton droit de la souris : une nouvelle commande, intitulée **Nouvelle fenêtre**, est présente.

◄ Fig. 4.45 : *Cliquez sur la nouvelle commande Nouvelle fenêtre pour ouvrir le dossier sélectionné dans une nouvelle fenêtre*

Modifier l'intervalle de synchronisation de l'horloge

Windows XP permet de synchroniser l'horloge de votre PC avec des horloges atomiques sur Internet. Par défaut, Windows met automatiquement votre horloge à jour toutes les semaines (604 800 secondes). Il est possible de modifier cet intervalle entre les mises à jour.

1. Pour cela, exécutez l'Éditeur du Registre, puis rendez-vous à la clé suivante :

```
HKEY_LOCAL_MACHINE\SYSTEM\ControlSet001\Services\W32Time
✂ \TimeProviders\NtpClient
```

2. Double-cliquez sur la valeur `SpecialPollInterval`.

3. Placez-vous en base décimale, puis saisissez la durée du nouvel intervalle en secondes dans la zone de texte *Données de la valeur*. Pour synchroniser l'horloge tous les jours, saisissez 86400 (une journée comporte en effet 86 400 secondes).

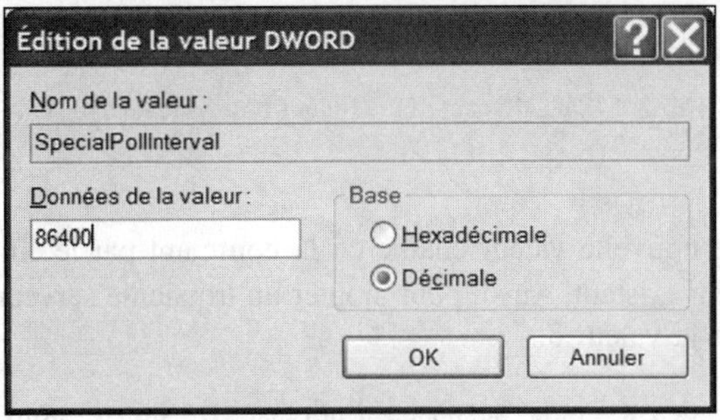

▲ Fig. 4.46 : *L'horloge sera mise à jour toutes les 24 heures (86 400 secondes)*

4. Cliquez sur OK, fermez la base des registres, puis redémarrez votre ordinateur pour que soient appliquées les modifications.

REMARQUE

Activer la mise à jour automatique

Si vous n'êtes pas sûr que votre horloge soit mise à jour automatiquement, vous pouvez le vérifier facilement. Double-cliquez sur l'horloge dans la barre des tâches, puis cliquez sur l'onglet **Temps Internet**. Cochez alors la case *Synchroniser automatiquement avec un serveur de temps Internet*. Validez par OK.

Ajouter des serveurs de temps Internet

L'astuce précédente permettait de personnaliser l'intervalle de mise à jour de votre horloge grâce aux serveurs de temps Internet. Par défaut, Windows n'offre le choix qu'entre deux serveurs de temps Internet. Pour le sélectionner, double-cliquez sur l'horloge puis sur la commande **Temps Internet**. Dans la liste *Serveur*, sélectionnez le serveur de temps que vous souhaitez utiliser, à savoir `time.windows.com` ou `time.nist.gov`.

Il peut arriver que ces serveurs de temps ne soient pas disponibles à chaque fois. Vous pouvez donc ajouter d'autres serveurs dans la liste. Pour cela, il faut modifier le Registre.

1. Ouvrez la clé :

```
HKEY_LOCAL_MACHINE\SOFTWARE\Microsoft\Windows\CurrentVersion\
DateTime\Servers
```

2. Créez alors une nouvelle valeur chaîne en la nommant par le chiffre suivant ceux déjà existant. Ainsi, pour ajouter un troisième serveur de temps, nommez la valeur 3.

3. Double-cliquez dessus puis saisissez l'adresse IP ou le nom de domaine d'un nouveau serveur de temps Internet, par exemple : `ntp1.oleane.net` qui est l'adresse d'un serveur de temps de France Telecom.

4. Validez par OK. Fermez l'éditeur du Registre. Le nouveau serveur est automatiquement ajouté à la liste des serveurs de temps.

REMARQUE

Où trouver des serveurs de temps Internet ?

Il existe de nombreux serveurs de temps sur Internet, leur différence se faisant sur leur proximité qui entraîne des délais plus ou moins long pour mettre à jour votre horloge. Préférez donc les serveurs français (les serveurs par défaut sont américains). Effectuez une recherche sur Internet avec les mots clés `serveur`, `temps`, `internet`, `ntp` et `France`. Nul doute que vous trouverez largement de quoi faire. Sachez pour informations que ntp, pour Network Time Protocol, correspond au protocole utilisé pour synchroniser votre horloge avec celle d'un serveur de temps.

Modifier les informations sur l'utilisateur

Lorsque vous installez Windows, celui-ci vous demande votre nom d'utilisateur et votre société. Si vous avez fait une erreur ou si une des deux informations n'est plus valide, vous pouvez corriger cela dans le Registre.

Pour afficher ces informations, cliquez avec le bouton droit de la souris sur l'icône *Poste de travail*, qui se trouve sur le Bureau, puis cliquez sur la commande **Propriétés**. Les informations se trouvent dans l'onglet **Général** dans la rubrique *Utilisateur enregistré*.

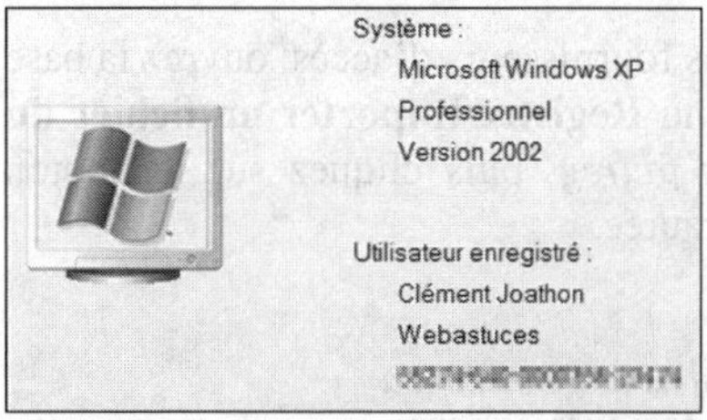

◄ Fig. 4.47 : *Vous pouvez modifier ces informations*

1. Pour les modifier, éditez le Registre, puis ouvrez la clé suivante :

```
HKEY_LOCAL_MACHINE\SOFTWARE\Microsoft\Windows NT\CurrentVersion
```

2. Double-cliquez sur la valeur chaîne `RegisteredOwner` pour modifier votre nom d'utilisateur. Saisissez la nouvelle information, puis validez par OK.

3. Pour modifier le nom de votre société, double-cliquez sur la chaîne `RegisteredOrganization`, puis saisissez le nouveau nom dans la zone de texte *Données de la valeur*.

4. Validez par OK, puis redémarrez votre ordinateur pour que soit appliquée la modification.

Sauvegarder la configuration de votre fournisseur d'accès

Pour sauvegarder la configuration de vos fournisseurs d'accès pour une réinstallation future, exécutez Regedit.

1. Rendez-vous à la clé :

```
HKEY_CURRENT_USER\RemoteAccess.
```

2. Cliquez alors sur le menu **Registre** puis sur **Exporter un fichier du registre**.
3. Vérifiez que l'option *Branche sélectionnée* est bien activée, donnez un nom au fichier, disons *fai.reg* puis cliquez sur le bouton **Enregistrer**.

Pour restaurer la configuration de vos fournisseurs d'accès, ouvrez la base des registres puis cliquez sur le menu **Registre/Importer un fichier du registre**. Sélectionnez votre fichier *fai.reg*, puis cliquez sur le bouton **Ouvrir**. Votre configuration est restaurée.

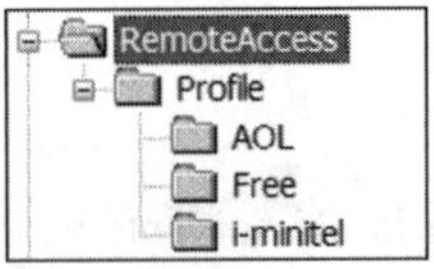

◄ Fig. 4.48 : *Les informations de connexion à Internet sont enregistrées dans cette clé*

Désactiver l'avertisseur de faible espace disque

Lorsqu'il vous reste moins de 200 Mo de libre sur un de vos disques durs, Windows ouvre un message d'avertissement. Pour le désactiver, éditez le Registre.

1. Exécutez Regedit puis ouvrez la clé :

```
HKEY_CURRENT_USER\Software\Microsoft\Windows\CurrentVersion
✂ \Policies\Explorer
```

2. Créez une nouvelle valeur DWORD appelée `NoLowDiskSpaceChecks`.
3. Double-cliquez dessus pour modifier sa valeur puis saisissez 1 dans la zone de texte *Données de la valeur*. Validez par OK puis fermez l'éditeur du Registre.
4. Redémarrez votre ordinateur ou votre session pour appliquer la modification.

Retirer Windows Messenger

Windows XP est livré en standard avec la messagerie instantanée de Microsoft, Windows Messenger. Or vous utilisez peut-être un autre logiciel comme AIM, Yahoo Messenger, Trillian ou encore ICQ. Ou bien tout simplement vous n'utilisez aucun logiciel de messagerie instantanée. Dans tous ces cas, MSN Messenger vous dérange. Il s'exécute au démarrage de Windows, à l'exécution d'Outlook Express, ajoute dans options dans Internet Explorer, bref, un vrai parasite.

Retirer Windows Messenger d'Internet Explorer

Pour retirer la barre d'outils et le menu que MSN Explorer ajoute dans Internet Explorer, éditez le Registre.

1. Exécutez Regedit puis ouvrez la clé :

```
HKEY_LOCAL_MACHINE\SOFTWARE\Microsoft\Internet Explorer\Extensions
```

2. Supprimez alors la sous clé `{FB5F1910-F110-11d2-BB9E-00C04F795683}`.
3. Fermez l'éditeur du Registre puis redémarrez votre ordinateur ou votre session pour appliquer la modification.

Retirer Windows Messenger d'Outlook Express

Pour retirer l'intégration de Windows Messenger dans Outlook Express, éditez le Registre.

1. Exécutez Regedit puis ouvrez clé

```
HKEY_LOCAL_MACHINE\SOFTWARE\Microsoft\Outlook Express
```

2. Créez une nouvelle valeur DWORD appelée `Hide Messenger`.
3. Double-cliquez dessus puis saisissez 2 dans la zone de texte *Données de la valeur*. Validez par OK.

Désinstaller totalement Windows Messenger

Si en plus d'avoir retiré les accès à Windows Messenger dans Outlook Express et dans Internet Explorer, vous souhaitez le désinstaller totalement de votre système, cela est possible. Petite exception, cette astuce ne demande pas de modification dans le Registre.

1. Cliquez sur le bouton **Démarrer** puis sur la commande **Exécuter**.
2. Dans la zone de texte *Ouvrir*, saisissez la commande `C:\Windows\inf\sysoc.inf`

   Windows édite alors le fichier *sysoc.inf* dans le bloc-notes.
3. Dans la section *[Components]*, recherchez la ligne:

```
msmsgs=msgrocm.dll,OcEntry,msmsgs.inf,hide,7
```

Modifiez-la par `msmsgs=msgrocm.dll,OcEntry,msmsgs.inf,,7`

4. Enregistrez la modification dans le fichier *sysoc.inf* puis redémarrez votre ordinateur.

Désormais, Windows Messenger apparaît dans le module *Ajout/Suppression* du **Panneau de configuration**. Vous pouvez donc le désinstaller entièrement de votre système.

Garder la connexion Internet lors d'un changement d'utilisateur

Si vous êtes connecté à Internet et que vous effectuez un changement d'utilisateur, la connexion est coupée. Il est possible de la garder active lors du changement de session vers un utilisateur.

1. Editez le Registre, puis ouvrez la clé suivante :

```
HKEY_LOCAL_MACHINE\SOFTWARE\Microsoft\Windows
✂ NT\CurrentVersion\Winlogon
```

2. Créez une nouvelle valeur `Chaîne` intitulée `KeepRasConnections`. Attribuez-lui la valeur 1 puis validez par OK.
3. Fermez le Registre, puis redémarrez votre ordinateur pour appliquer la modification.

Désormais, vous n'aurez pas besoin de vous reconnecter à Internet si vous changez d'utilisateur, la connexion sera maintenue.

Chapitre > 5

Un maximum de performance

Le Registre vous permet d'effectuer des réglages précis sur votre système afin d'en tirer le maximum de performance. Vitesse d'exécution des programmes accrue, arrêt de Windows accéléré, performances améliorées, les astuces suivantes vous dévoilent tous les réglages secrets que vous ne trouverez pas dans la documentation et l'aide de Windows.

5.1 Accélérer le démarrage et l'arrêt de Windows

Activer la défragmentation du boot

Windows XP comporte une nouvelle fonctionnalité qui permet d'optimiser automatiquement les disques au démarrage en effectuant une défragmentation du boot.

Cela place tous les fichiers de boot les uns à côté des autres sur le disque dur afin de permettre un démarrage plus rapide. Par défaut, cette fonctionnalité est activée, mais il arrive que cela ne soit pas le cas. Il est donc nécessaire de vérifier que la défragmentation de boot est active.

1. Éditez le Registre, puis ouvrez la clé suivante :

```
HKEY_LOCAL_MACHINE\SOFTWARE\Microsoft\Dfrg\BootOptimizeFunction
```

2. Cliquez avec le bouton droit de la souris sur la valeur `Enable`, puis cliquez sur la commande **Modifier**.
3. La zone de texte *Données de la valeur* doit contenir la lettre Y pour que la fonctionnalité soit active, et N pour qu'elle soit désactivée. Dans ce dernier cas, modifiez-la par `Y`. Validez par OK.
4. Fermez l'Éditeur du Registre, puis redémarrez votre ordinateur pour que soit appliquée la modification.

Accélérer le démarrage

Lorsque vous démarrez Windows, certains programmes sont exécutés et sont chargés en mémoire. Le processus de démarrage prend alors plus de temps. La majorité de ces programmes apparaissent sous la forme d'icônes dans la barre de notification, à côté de l'horloge, et sont la plupart du temps inutiles. En effet, lorsque vous installez des logiciels, nombre d'entre eux ne se gênent pas pour s'exécuter tout seul au démarrage de Windows, sans vous demander votre avis.

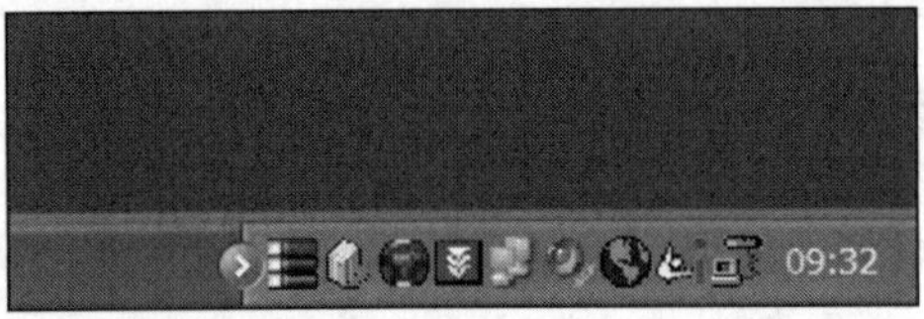

◄ Fig. 5.1 : *La barre de notification peut rapidement se retrouver submergée de programmes ralentissant le démarrage de Windows*

Le dossier *Démarrage* du dossier *Programmes*, qui se trouve dans le menu **Démarrer**, contient les logiciels qui peuvent être exécutés au démarrage. Or, vous avez beau vider cette liste, les programmes s'exécutent toujours. Pourquoi ? La réponse se trouve dans le Registre. Ce dernier stocke, en effet, les programmes exécutés au démarrage. Pour supprimer les programmes inutiles, éditez donc le Registre.

1. Exécutez Regedit, puis ouvrez la clé suivante :

```
HKEY_LOCAL_MACHINE\SOFTWARE\Microsoft\Windows\CurrentVersion\Run
```

2. Chaque valeur de cette clé fait référence à un programme exécuté au démarrage. Le chemin complet des programmes exécutés apparaît dans la colonne *Données* (voir fig. 5.2).

3. Supprimez les clés des logiciels que vous ne souhaitez pas voir lancés au démarrage de Windows. Ainsi, pour supprimer l'exécution du logiciel de gravure DirectCD, il suffit de supprimer la valeur, que vous appellerez `Adaptec DirectCD`. Pour empêcher l'exécution du gestionnaire d'évènement de Money 2002, supprimez la valeur `MoneyStartUp10.0`.

Nous ne pouvons pas vous donner la liste de toutes les valeurs et de leurs programmes correspondants. La liste est tellement longue que même ce livre ne suffirait pas…

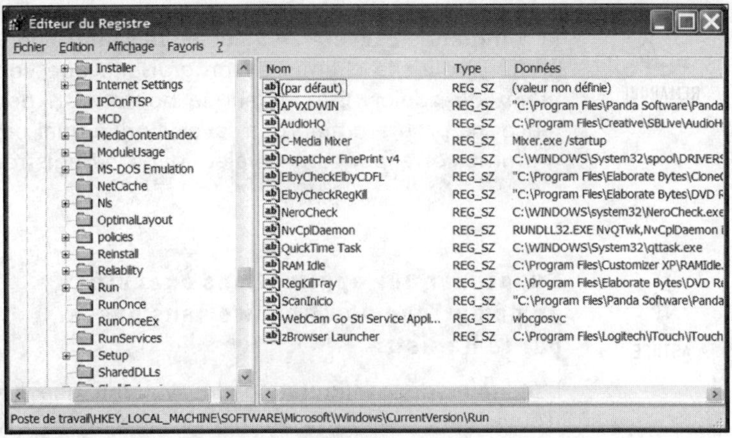

▲ Fig. 5.2 : *Organisation des programmes exécutés au démarrage dans la sous-clé Run*

4. Allez ensuite dans la clé suivante :

```
HKEY_CURRENT_USER\Software\Microsoft\Windows\CurrentVersion\Run
```

Cette clé peut également contenir des valeurs référençant les programmes exécutés au démarrage. Supprimez, là aussi, les valeurs inutiles.

5. Fermez le Registre, puis redémarrez votre ordinateur pour que soit appliquée la modification.

REMARQUE

Ne supprimez pas n'importe quoi !

Il est évident que toutes les valeurs de la sous-clé Run ne doivent pas être supprimées. Pour savoir à quel programme correspond chaque valeur, il suffit de les tester. Pour tester une valeur, double-cliquez dessus pour l'éditer, puis sélectionnez le contenu de la zone de texte *Données de la valeur*. Copiez-le (Ctrl+C), puis cliquez sur le bouton **Démarrer** et sur

REMARQUE

la commande **Exécuter**. À l'aide du raccourci clavier Ctrl+V, collez le chemin du programme que vous venez de copier. Cliquez sur le bouton OK pour lancer ce programme. Vous savez alors à quel programme correspondant la valeur dans le Registre.

ASTUCE

Supprimer des applications exécutées au démarrage de Windows sans passer par le Registre

L'utilitaire de configuration du système que l'on trouve dans Windows permet de choisir les programmes à exécuter au démarrage de Windows. Pour l'exécuter, cliquez sur le bouton **Démarrer**, puis sur la commande **Exécuter**. Dans la zone de texte *Ouvrir*, saisissez `msconfig`, puis validez par la touche Entrée. Dans la fenêtre de l'utilitaire de configuration système, cliquez sur l'onglet **Démarrage**. La liste des éléments du Registre et du menu **Démarrage** du menu **Démarrer** est alors affichée.

Il suffit de cliquer sur la case qui se trouve devant un programme pour la désélectionner et désactiver ainsi l'exécution de ce programme au démarrage de Windows. L'avantage de cette méthode est qu'elle permet de revenir rapidement en arrière et de réactiver des programmes que vous aviez désactivés. En revanche, l'accès aux programmes pour savoir exactement à quoi ils correspondent est plus pratique par le Registre (voir l'astuce précédente). Ainsi, nous disposons d'un subtil mélange des deux méthodes, qui vous offrira plus de sécurité et un contrôle plus précis de ce que vous faites.

Validez par OK, puis cliquez sur le bouton `Redémarrer` pour que soit appliquée la modification.

ASTUCE

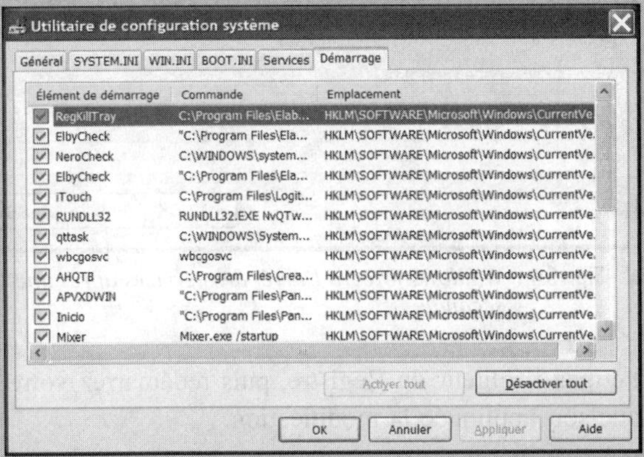

▲ Fig. 5.3 : *Les programmes exécutés au démarrage de Windows*

Arrêter Windows plus rapidement

Lorsque vous arrêtez Windows, le système doit d'abord stopper tous les services en cours d'exécution. De temps en temps, il arrive que certains services n'arrivent pas à s'arrêter tout seuls instantanément. Windows leur laisse alors quelques secondes avant de forcer leur arrêt. Cette durée d'attente, qui est par défaut de 20 secondes (sic !), est consignée dans le Registre. Vous pouvez la réduire pour arrêter les services plus rapidement.

1. Éditez le Registre, puis ouvrez la clé suivante :

```
HKEY_LOCAL_MACHINE\SYSTEM\CurrentControlSet\Control
```

2. Double-cliquez sur la valeur chaîne `WaitToKillServiceTimeout`. Celle-ci contient la durée d'attente avant l'arrêt des services, définie en millisecondes, à savoir 20 000 par défaut (soit 20 secondes).

3. Modifiez cette valeur par une autre plus faible, disons 100. Validez par OK.

▲ Fig. 5.4 : *Windows forcera l'arrêt des services après une attente de 0,1 seconde*

4. Fermez l'Éditeur du Registre, puis redémarrez votre ordinateur pour que soit appliquée la modification.

Accélérer l'arrêt de Windows

Lorsque vous arrêtez votre système, il peut arriver qu'un programme ne réponde pas. Windows vous demande alors ce qu'il doit faire, et stoppe ainsi l'arrêt de l'ordinateur.

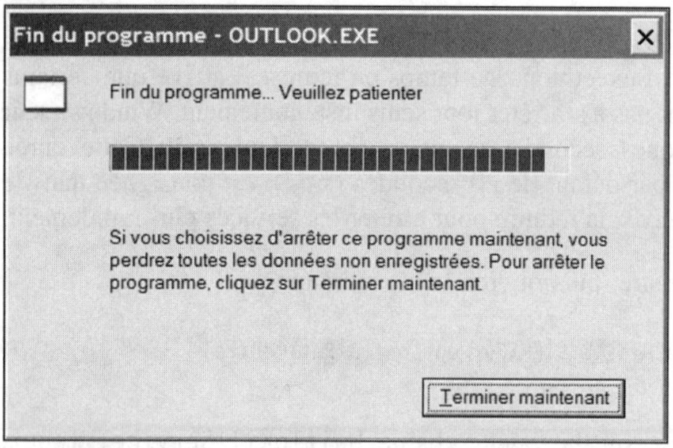

▲ Fig. 5.5 : *Exemple d'un programme qui ne répond pas*

Pour arrêter tous les programmes automatiquement, ouvrez l'Éditeur du Registre.

1. Rendez-vous à la clé suivante :

```
HKEY_CURRENT_USER\Control Panel\Desktop.
```

2. Si elle n'existe pas déjà, créez une valeur chaîne, que vous appellerez `AutoEndTasks`.
3. Double-cliquez alors sur cette valeur, puis saisissez 1 dans la zone de texte *Données de la valeur*. Validez par OK.

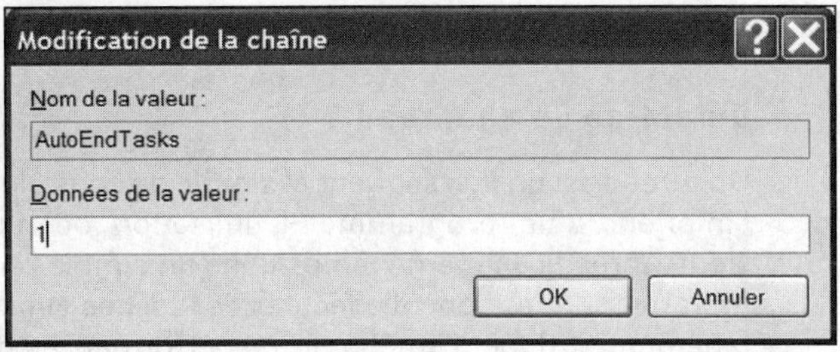

▲ Fig. 5.6 : *Forcer Windows à arrêter automatiquement les programmes qui ne répondent pas*

4. Fermez l'Éditeur de la base des registres, puis redémarrez votre ordinateur pour que soient appliqués les changements.

5.2 Optimiser le fonctionnement de Windows

Augmenter les performances de l'Explorateur

Si vous êtes un gros utilisateur de l'Explorateur Windows, notamment si vous effectuez de nombreuses manipulations sur les fichiers : copies, déplacements, etc., il est possible d'augmenter le nombre de threads à la fois vers le Bureau, la barre des tâches et vers chaque fenêtre de dossier ouverte.

1. Exécutez Regedit, puis ouvrez la clé suivante :

```
HKEY_CURRENT_USER\Software\Microsoft\Windows\CurrentVersion
✂ \Explorer
```

2. Créez une nouvelle valeur DWORD, que vous appellerez DesktopProcess.
3. Double-cliquez dessus, puis saisissez 1 dans la zone de texte *Données de la valeur*. Validez par OK.
4. Fermez Regedit, puis redémarrez votre ordinateur pour que soit appliqué le changement.

DÉFINITION

Qu'est-ce qu'un thread ?

Un thread est un flux séquentiel simple de contrôle à l'intérieur d'un programme. L'utilisation de plusieurs threads en même temps dans un simple programme permet donc d'effectuer des tâches simultanément et donc d'améliorer les performances de l'application.

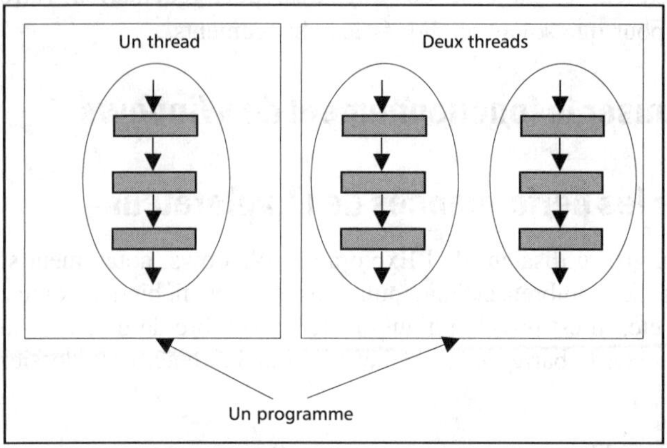

▲ Fig. 5.7 : *Schéma représentatif d'un et de deux threads dans une application*

Exécuter un programme en haute priorité

Windows est capable d'affecter à certains programmes plus de ressources qu'aux autres. Cela est particulièrement intéressant pour les jeux, car vous souhaitez qu'ils tirent le meilleur parti de votre équipement pour plus de rapidité et de finesse. Mais cela peut aussi vous permettre de gagner du temps sur les travaux gourmands en ressources, comme le montage vidéo et photo, la compression MP3 et DivX.

Pour exécuter, par exemple, le jeu Quake 3 avec le maximum de ressources, ouvrez une fenêtre **Invite de commandes**. Saisissez alors la commande suivante :

```
START /high C:\Quake3\Quake3.exe
```

Si vous ne souhaitez pas créer un fichier batch pour chaque programme que vous souhaitez exécuter en haute priorité, vous pouvez ajouter une commande au menu contextuel qui apparaît après un clic droit sur les exécutables.

1. Tout d'abord, créez un fichier batch contenant le code suivant :

```
START /HIGH "%1"
```

2. Sauvegardez le programme à la racine avec le nom `haute.bat`.

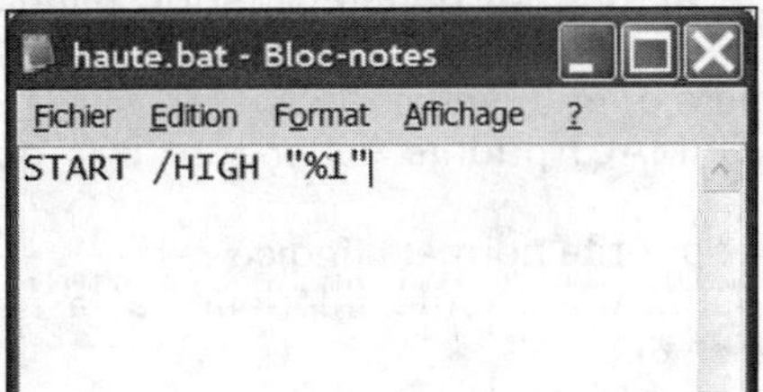

Fig. 5.8 : *Le fichier haute.bat*

3. Éditez ensuite le Registre, puis ouvrez la clé suivante :

```
HKEY_CLASSES_ROOT\exefile\shell
```

4. Créez une clé, que vous appellerez `starthigh`.

5. Modifiez sa valeur chaîne `(Par défaut)` par le nom de la commande que vous souhaitez faire apparaître dans le menu contextuel, par exemple `Priorité élevée`.

6. Créez une sous-clé à cette clé `starthigh`, que vous appellerez `command`.

7. Double-cliquez sur la valeur `(Par défaut)`, puis saisissez le chemin complet vers votre fichier batch, à savoir : `C:\haute.bat`.

8. Validez par OK, puis fermez l'Éditeur du Registre. La modification est immédiate.

Désormais, pour exécuter un programme en priorité haute, il suffira de cliquer dessus dans l'explorateurl'Explorateur avec le bouton droit de la souris, puis de choisir la commande **Priorité élevée**.

REMARQUE

Les autres priorités

HIGH n'est pas la seule priorité disponible. Voici les autres :

- REALTIME : temps réel pour une priorité d'indice 24.
- HIGH : haute priorité (indice 13).
- ABOVENORMAL : priorité supérieure à la normale.
- NORMAL : priorité normale (indice 8).
- BELOWNORMAL : priorité inférieure à la normale (indice 6).
- LOW : faible priorité (indice 4).

Nous vous déconseillons d'utiliser la priorité REALTIME si vous disposez d'un seul processeur. Votre système deviendrait alors fortement instable.

ASTUCE

Changement de priorité à la volée

Vous pouvez modifier la priorité d'un programme en cours d'exécution. Pour cela, ouvrez le Gestionnaire des tâches en appuyant simultanément sur les touches [Ctrl], [Alt] et [Suppr], puis en cliquant sur le bouton **Gestionnaire des tâches**. Cliquez sur l'onglet **Applications**. La liste de tous les programmes exécutés est alors affichée. Cliquez avec le bouton droit sur celui dont vous souhaiter modifier la priorité, puis choisissez la commande **Aller dans le processus**. Cliquez alors sur le processus de ce programme avec le bouton droit de la souris. Cliquez ensuite sur **Définir la priorité**, puis choisissez la priorité que vous souhaitez dans la liste. Validez par OK.

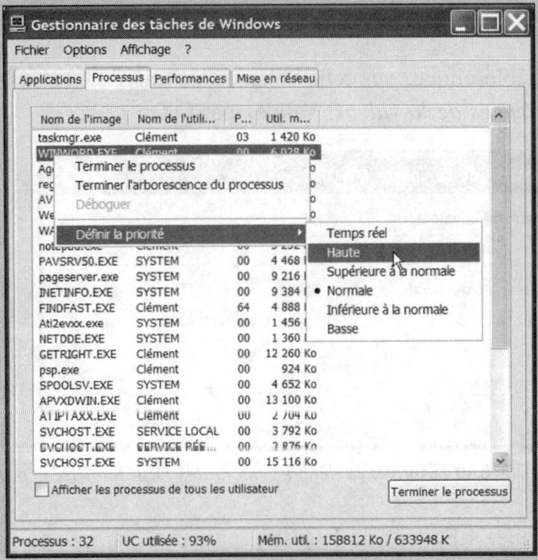

▲ Fig. 5.9 : *Donnez la priorité Haute à Word*

Décharger les DLL inutilisées de la mémoire

Lorsque vous exécutez un programme, ce dernier charge en mémoire des bibliothèques dynamiques appelées DLL. Une fois le programme terminé, certaines de ces DLL peuvent rester en mémoire inutilement. Pour les décharger automatiquement de la mémoire et, par conséquent, récupérer plus de ressources système, il faut aller modifier une valeur dans le Registre.

1. Ouvrez l'Éditeur de la base des registres, puis rendez-vous à la clé suivante :

```
HKEY_LOCAL_MACHINE\SOFTWARE\Microsoft\Windows\CurrentVersion
✂ \Explorer
```

2. Créez alors la valeur DWORD `AlwaysUnloadDll`, si elle n'existe pas déjà, en utilisant le menu **Edition**, **Nouveau**.

3. Double-cliquez sur cette valeur, puis saisissez 1 dans la zone de texte *Données de la valeur*. Validez par OK.

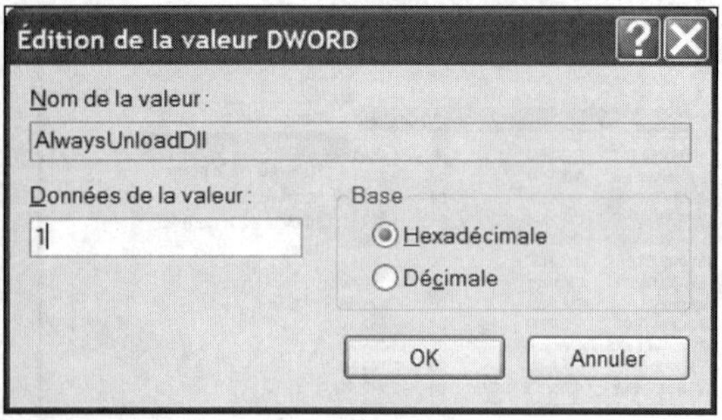

▲ Fig. 5.10 : *Activez le déchargement des DLL inutilisées par la mémoire*

4. Fermez l'Éditeur du Registre, puis redémarrez votre ordinateur pour que soient appliqués les changements.

Augmenter les performances du noyau

Si vous avez plus de 512 Mo de RAM ou plus dans votre système, vous pouvez augmenter significativement les performances de Windows XP en gardant son noyau en mémoire. Cela évite ainsi les accès au disque dur, qui est beaucoup plus lent que la mémoire.

1. Éditez le Registre, puis ouvrez la clé suivante :

```
HKEY_LOCAL_MACHINE\SYSTEM\CurrentControlSet\Control\Session
✂ Manager\Memory Management
```

2. Modifiez alors la valeur DWORD `DisablePagingExecutive` en lui attribuant la valeur 1.
3. Fermez l'Éditeur du Registre, puis redémarrez votre ordinateur pour que soient validés les changements.

Augmenter la mémoire allouée aux opérations d'entrée/sortie

Par défaut, Windows alloue 512 ko de mémoire pour les opérations d'entrée/sortie. En augmentant cette quantité de mémoire, vous accélérez les accès à vos disques durs. Plus vous avez de mémoire vive (RAM) dans votre ordinateur, plus vous pouvez utiliser un nombre élevé.

1. Éditez le Registre, puis ouvrez la clé suivante :

```
HKEY_LOCAL_MACHINE\SYSTEM\CurrentControlSet\Control\Session
✂ Manager\Memory Management
```

2. Double-cliquez alors sur la valeur DWORD `IoPageLockLimit`. Dans la zone de texte *Données de la valeur*, saisissez la quantité de mémoire en kilo-octets à allouer aux opérations d'entrée/sortie, en fonction de votre mémoire vive. Référez-vous, pour cela, au tableau suivant :

Tab. 5.1 : Calcul de la valeur IoPageLockLimit

Quantité de mémoire vive (RAM)	Mémoire tampon qui en découle	Donnée de la valeur IoPageLockLimit (RAM-mémoire tampon)
32 Mo	8 Mo	24 Mo soit 24 576 ko
64 Mo	16 Mo	48 Mo soit 49 152 ko
128 Mo	24 Mo	104 Mo soit 106 496 ko
256 Mo	40 Mo	216 Mo soit 221 184 ko
512 Mo	64 Mo	448 Mo soit 458 752 ko

Les valeurs spécifiées sont en décimal. Veillez donc à bien sélectionner la bonne base.

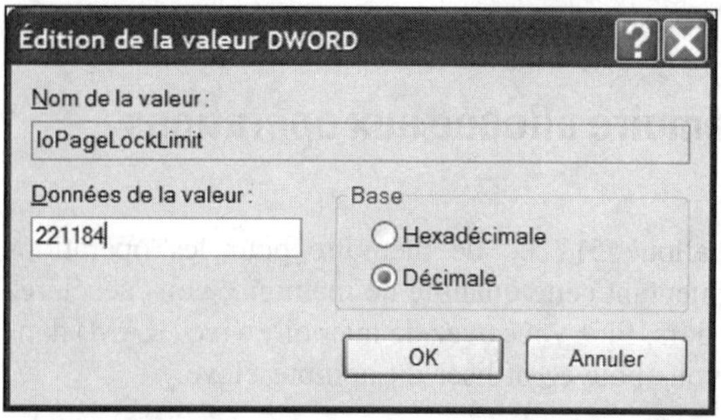

▲ Fig. 5.11 : *Réglage pour accélérer vos disques durs avec 256 Mo de RAM*

3. Validez par OK, puis fermez l'Éditeur du Registre.

Redémarrez votre ordinateur pour que soit appliquée la modification.

Augmenter la priorité de chaque fenêtre de l'Explorateur

Afin d'accroître la stabilité, et d'augmenter la priorité des fenêtres des dossiers de l'Explorateur et leur vitesse d'ouverture, suivez les deux étapes suivantes.

1. Tout d'abord, éditez le Registre, puis ouvrez la clé suivante :

```
HKEY_LOCAL_MACHINE\SYSTEM\CurrentControlSet\Control\PriorityControl
```

2. Modifiez la valeur DWORD `Win32PrioritySeparation` en lui assignant la valeur hexadécimale 38. Fermez l'Éditeur du Registre.

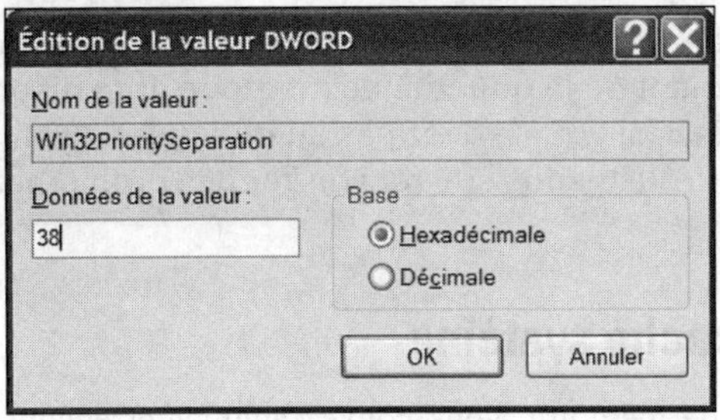

◄ Fig. 5.12 : *En assignant la valeur hexadécimale 38 à cette valeur, chaque fenêtre de l'Explorateur ouverte sera prioritaire*

3. Enfin, ouvrez le **Poste de travail**, puis cliquez sur le menu **Outils** et sur **Options des dossiers**. Cliquez ensuite sur l'onglet **Affichage**.

4. Dans la liste déroulante *Paramètres avancés*, cochez la case d'option *Ouvrir les fenêtres des dossiers dans un processus différent*. Validez par OK.

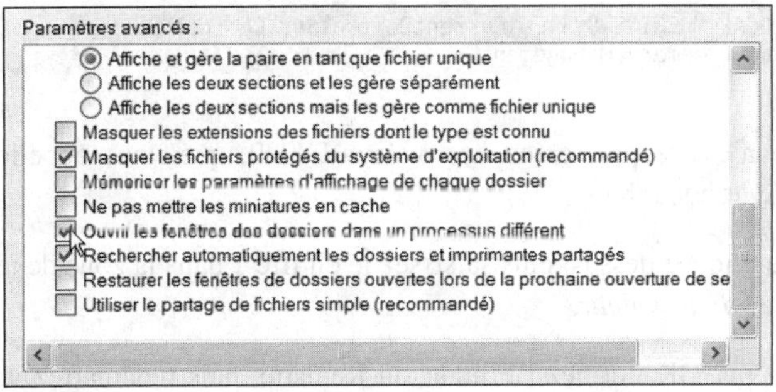

▲ Fig. 5.13 : *La case d'option à cocher pour accroître la stabilité et la vitesse des fenêtres des dossiers de l'Explorateur*

5. Redémarrez votre ordinateur pour que soient appliquées les modifications.

Windows XP ouvrira alors chaque nouvelle fenêtre dans leur propre mémoire et dans des processus prioritaires différents.

REMARQUE

Ressources utilisées

L'augmentation de la stabilité et de la vitesse se fait au détriment de la quantité de mémoire libre disponible. Ainsi, si vous n'avez pas au minimum 256 Mo de RAM, vous risquez de rencontrer des problèmes.

Activer le grand cache système

Si vous avez beaucoup de mémoire, vous pouvez augmenter encore les performances des opérations d'entrée/sortie sur votre disque dur en activant l'utilisation du grand cache système.

Par défaut, Windows limite l'utilisation de la mémoire pour le cache du système de fichiers. Pour remédier à cela, éditez le Registre.

1. Ouvrez la clé suivante :

```
HKEY_LOCAL_MACHINE\SYSTEM\CurrentControlSet\Control\Session
✂ Manager\Memory Management
```

2. Si elle n'existe pas, créez une valeur `DWORD`, que vous appellerez `LargeSystemCache`.

3. Double-cliquez dessus, puis saisissez le chiffre 1 dans la zone de texte *Données de la valeur.*

4. Validez par OK, fermez l'Éditeur du Registre, puis redémarrez votre ordinateur.

REMARQUE

Les limites du grand cache système

L'activation du grand cache système peut entraîner une baisse des performances si vous travaillez avec des fichiers plus gros que la quantité mémoire présente dans votre système. En effet, s'il n'y a pas assez de mémoire, cela oblige le système à utiliser le disque dur, qui se retrouve vite surchargé. Si vous copiez par exemple une image d'un CD sur votre disque dur, l'intégralité du contenu sera copiée en mémoire pendant la copie. Sachant qu'une image d'un disque bien plein fait plus de 650 Mo, votre mémoire se retrouve vite pleine et votre disque dur commence alors à être utilisé, ralentissant alors les performances.

Lancer chaque fenêtre du navigateur dans un processus différent

Vous pouvez forcer Windows à créer un nouveau processus pour chaque fenêtre d'Internet Explorer que vous ouvrez. Cela peut permettre, par exemple, d'empêcher une fenêtre d'Internet Explorer d'affecter les autres fenêtres si elle ne répond plus.

1. Éditez le Registre, puis ouvrez la clé suivante :

```
HKEY_CURRENT_USER\Software\Microsoft\Windows\CurrentVersion
✂ \Explorer
```

2. Créez une nouvelle valeur chaîne, que vous appellerez `BrowseNewProcess`.

3. Double-cliquez dessus, puis saisissez `Yes` dans la zone de texte *Données de la valeur.*

4. Validez ensuite par OK. Fermez l'Éditeur, puis redémarrez Windows ou votre session.

Contrôler la machine virtuelle

Lorsque vous exécutez une application 16 bits sous Windows XP, vous pouvez choisir de l'exécuter dans une machine virtuelle séparée (VDM). L'avantage de l'exécuter dans une machine virtuelle séparée est que le programme est lancé dans une zone mémoire différente des autres programmes. Ainsi, si l'application plante, seule cette application est affectée et non les autres en cours d'utilisation. En contrepartie, la machine virtuelle séparée demande plus de ressources système.

Le Registre vous permet de définir le comportement par défaut de Windows XP lorsqu'une application est exécutée. Vous pouvez ainsi le forcer à utiliser à chaque fois une machine virtuelle séparée pour augmenter la stabilité de votre système.

1. Pour cela, éditez le Registre, puis ouvrez la clé suivante :

```
HKEY_LOCAL_MACHINE\SYSTEM\CurrentControlSet\Control\WOW
```

2. Double-cliquez sur la valeur chaîne `DefaultSeparateVDM`. Si elle n'existe pas, créez-la.
3. Remplacez `No` par `Yes` dans la zone de texte *Données de la valeur*, puis validez par OK.
4. Fermez l'Éditeur du Registre, puis redémarrez votre ordinateur pour que soit appliquée la modification.

DÉFINITION

Qu'est-ce qu'une application 16 bits ?

Une application 16 bits est un logiciel capable de traiter les données sur 16 bits. Windows XP travaille sur 32 bits. De nombreux anciens programmes sont encore 16 bits, comme tous ceux qui fonctionnaient sous MS-DOS.

Contrôler la machine virtuelle dans le menu Exécuter

L'astuce précédente vous présentait l'effet de la machine virtuelle séparée sur les programmes et le moyen de l'activer par défaut. Vous pouvez ajouter une option permettant de contrôler le comportement de cette machine virtuelle dans la boîte de dialogue **Exécuter**.

1. Pour cela, éditez le Registre, puis ouvrez la clé suivante pour effectuer la modification pour l'utilisateur courant :

```
HKEY_CURRENT_USER\Software\Microsoft\Windows\CurrentVersion
✂ \Policies\Explorer
```

Pour effectuer la modification au niveau du système (donc pour tous les utilisateurs), ouvrez la clé ci-après :

```
HKEY_LOCAL_MACHINE\SOFTWARE\Microsoft\Windows\CurrentVersion
✂ \policies\Explorer
```

2. Créez une nouvelle valeur `DWORD`, que vous appellerez `MemCheckBoxInRunDlg`.

3. Double-cliquez dessus, puis saisissez `1` dans la zone de texte *Données de la valeur*. Validez par OK.

4. Fermez l'Éditeur du Registre, puis redémarrez votre ordinateur ou votre session pour que la modification prenne effet.

Désormais, une case à cocher *Exécuter dans des zones mémoires différentes* apparaît dans la boîte de dialogue **Exécuter**, qui apparaît après un clic sur le menu **Démarrer**, puis sur la commande **Exécuter**.

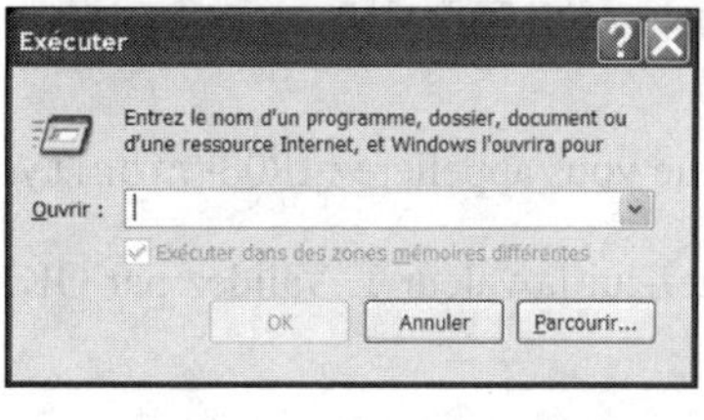

◄ Fig. 5.14 : *La nouvelle option apparaît dans la boîte de dialogue Exécuter*

Saisissez le chemin complet de votre programme, puis cochez la nouvelle case d'option pour exécuter le programme dans une machine virtuelle séparée.

Accélérer le système

Vous pouvez accélérer votre système en augmentant la priorité que Windows donne à l'IRQ sur laquelle se trouve l'horloge système CMOS/temps réel. Normalement, cette dernière se trouve sur l'IRQ 8, mais il vaut mieux le vérifier. Pour cela, cliquez avec le bouton droit de la souris sur le **Poste de travail**, puis choisissez la commande **Propriétés**.

Dans l'onglet **Matériel**, cliquez sur le bouton **Gestionnaire de périphériques**. Dans la fenêtre qui s'ouvre, double-cliquez sur l'élément *Périphériques système Horloge système CMOS/temps réel*. Dans la boîte de dialogue qui s'ouvre, cliquez sur l'onglet **Ressources**. Dans la rubrique *Paramètres de la ressource* se trouve l'IRQ de la ressource. Normalement, sa valeur doit être de 8.

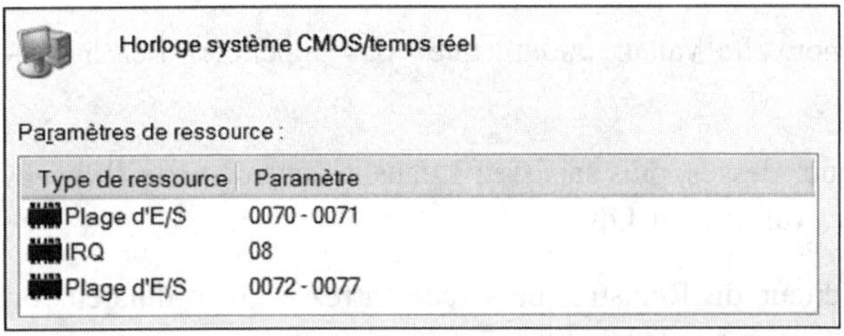

▲ Fig. 5.15 : *L'IRQ de l'horloge système CMOS/temps réel s'affiche dans cette boîte de dialogue*

1. Éditez le Registre, puis ouvrez la clé suivante :

```
HKEY_LOCAL_MACHINE\System\CurrentControlSet\Control\PriorityControl
```

2. Créez une nouvelle valeur `DWORD`, que vous appellerez `IRQ8Priority`.

3. Double-cliquez dessus, puis attribuez-lui la valeur 1. Validez par OK.

4. Fermez l'Éditeur du Registre, puis redémarrez votre ordinateur pour que soit appliquée la modification.

REMARQUE

IRQ différente

Si l'IRQ affectée à l'horloge système CMOS/temps réel est différente de l'interruption 8, il suffit de remplacer le chiffre 8 dans le nom de la valeur `DWORD` `IRQ8Priority` par votre interruption. Ainsi, si l'horloge système CMOS/temps réel se trouve sur l'IRQ 4, vous devez créer une valeur `DWORD`, que vous appellerez `IRQ4Priority`.

DÉFINITION

Qu'est-ce qu'une IRQ ?

Le terme IRQ vient de l'anglais *Interrupt ReQuest*, qui signifie mot à mot, "requête d'interruption". Une IRQ permet à un matériel (physique ou virtuel) d'interrompre un processus afin d'exécuter le sien, et de le faire reprendre au point où il s'était arrêté. Chaque PC comporte 16 IRQ (numérotées de 0 à 15) utilisées par chaque périphérique non Plug&Play.

Activer l'enregistrement de scénarios

La gestion de la mémoire a été grandement améliorée avec Windows XP. Ainsi, le démarrage de Windows et des applications se fait plus rapidement. En effet, Windows enregistre l'utilisation de votre disque dur par rapport à certains scénarios : démarrage de Windows, d'une application...

Lorsqu'un même scénario apparaît, les données nécessaires à ce scénario sont automatiquement chargées en mémoire à partir du disque dur avant leur accès. Ce dernier est alors plus rapide.

Pour contrôler le comportement de cette nouvelle fonctionnalité, il faut modifier le Registre.

1. Éditez le Registre, puis ouvrez la clé suivante :

```
HKEY_LOCAL_MACHINE\SYSTEM\CurrentControlSet\Control\Session
✂ Manager\Memory Management\PrefetchParameters
```

2. Double-cliquez sur la valeur DWORD, que vous appellerez EnablePrefetcher.

3. Dans la zone de texte *Données de la valeur*, saisissez 0 pour désactiver la fonctionnalité, 1 pour qu'elle ne prenne en charque que les applications, 2 pour quelle ne prenne en charge que le démarrage de Windows et 3 pour qu'elle gère à la fois le démarrage de Windows et des applications.

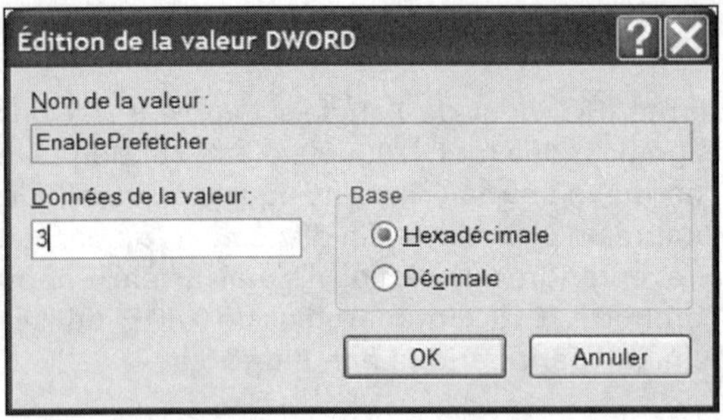

▲ Fig. 5.16 : *La valeur 3 permet d'activer l'enregistrement de ces scénarios pour le démarrage de Windows et des applications*

4. Validez en cliquant sur le bouton OK.

5. Fermez l'Éditeur du Registre, puis redémarrez votre ordinateur pour que soit appliquée la modification.

Notez que les différents scénarios sont enregistrés dans le dossier *C:\Windows\Prefetch.*

Compléter automatiquement les noms de fichiers

Dans la fenêtre **Invite de commandes**, accessible par le menu **Démarrer**, **Programmes** et **Accessoires**, vous pouvez compléter automatiquement les noms de fichiers. La "complétion" automatique vous permet de saisir le début d'un nom de fichier, qui est donc complété automatiquement après que vous avez appuyé sur une touche spécifique. Vous gagnez ainsi du temps.

On trouve ce même système en ligne de commandes UNIX.

Pour activer la complétion automatique des noms de fichiers, éditez le Registre.

1. Ouvrez la clé suivante :

```
HKEY_CURRENT_USER\Software\Microsoft\Command Processor
```

2. Créez une nouvelle valeur `DWORD`, que vous appellerez `Completion-Char`. Double-cliquez dessus, puis sélectionnez la base hexadécimale.
3. Dans la zone de texte *Données de la valeur*, saisissez la valeur hexadécimale de la touche à utiliser pour activer la fonctionnalité.

Ainsi, pour utiliser la touche Tab, saisissez 9 ; pour la combinaison Ctrl+D, saisissez 4 ; enfin, pour la combinaison Ctrl+F, saisissez 6.

4. Fermez la boîte de dialogue et l'Éditeur du Registre, puis redémarrez votre ordinateur pour que soit appliquée la modification.

Désormais, pour compléter automatiquement un nom de fichier, saisissez la première lettre de son nom, puis appuyez sur la touche que vous avez configurée, par exemple Tab, pour naviguer parmi les différentes possibilités proposées par la fonctionnalité. Il se peut, en effet, que plusieurs noms de fichiers débutent par les mêmes lettres.

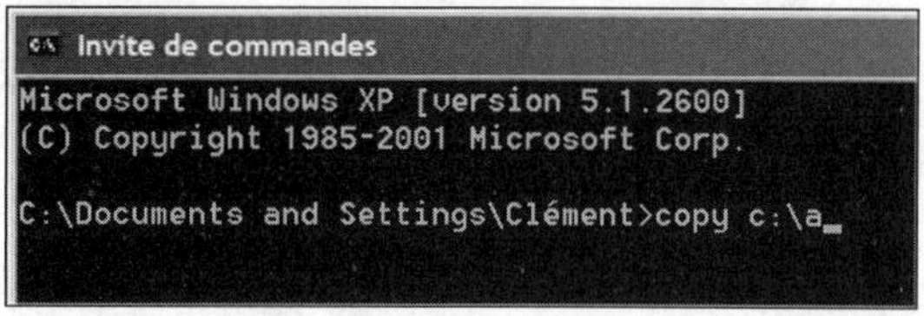

▲ Fig. 5.17 : *Une pression sur la touche Tab permet de faire apparaître la suite du nom du fichier*

Compléter automatiquement les chemins

L'astuce précédente expliquait comment activer la complétion automatique des noms de fichiers. Il est également possible d'activer cette fonctionnalité pour les chemins des fichiers. En appuyant sur une touche spécifique, vous pouvez compléter automatiquement le reste d'un chemin incomplet.

1. Éditez le Registre, puis ouvrez la clé suivante :

```
HKEY_CURRENT_USER\Software\Microsoft\Command Processor
```

2. Créez une nouvelle valeur DWORD, que vous appellerez PathCompletionChar. Double-cliquez dessus, puis sélectionnez la base hexadécimale.

3. Dans la zone de texte *Données de la valeur*, saisissez la valeur hexadécimale de la touche à utiliser pour activer la fonctionnalité.

Ainsi, pour utiliser la touche [Tab], saisissez 9 ; pour la combinaison [Ctrl]+[D], saisissez 4 ; enfin, pour la combinaison [Ctrl]+[F], saisissez 6.

4. Fermez la boîte de dialogue et l'Éditeur du Registre, puis redémarrez votre ordinateur pour que soit appliquée la modification.

Désormais, pour compléter automatiquement un nom de dossier dans l'Explorateur, saisissez la première lettre de son nom, puis appuyez sur la touche que vous avez configurée, par exemple [Tab], pour naviguer parmi les différentes possibilités proposées par la fonctionnalité. Il effetse peut, en effet, que plusieurs noms de dossiers débutent par les mêmes lettres.

Ainsi, vous souhaitez ouvrir le dossier *Windows* en mode de commandes : saisissez `CD C:\w`, puis appuyez sur la touche [Tab] pour afficher `CD C:\windows`. Il ne vous reste plus qu'à valider par la touche [Entrée].

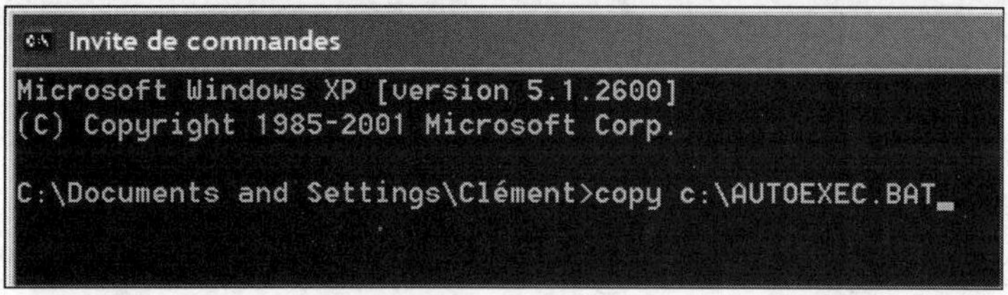

▲ Fig. 5.18 : *Complétez rapidement les noms de dossiers d'une simple pression sur la touche Tab*

Augmenter la mémoire des dossiers personnalisés

Les dossiers personnalisés sont les dossiers ceux que vous avez personnalisés suivant un modèle : Vidéo, Album photo, Musique. Par défaut, Windows XP alloue de la mémoire pour gérer au maximum 400 dossiers personnalisés. Vous pouvez augmenter cette valeur dans le Registre.

1. Éditez le Registre, puis ouvrez la clé suivante :

```
HKEY_CURRENT_USER\Software\Microsoft\Windows\ShellNoRoam
```

2. Créez une nouvelle valeur `DWORD`, que vous intitulerez `BagMRU`.

3. Double-cliquez dessus, puis saisissez le nombre de dossiers personnalisés que vous souhaitez être pris en compte par Windows. Saisissez 1000 par exemple dans la zone de texte *Données de la valeur* en ayant auparavant sélectionné la base décimale. Windows allouera alors de la mémoire pour 1000 dossiers personnalisés. Validez par OK.

4. Fermez l'Éditeur du Registre puis redémarrez votre ordinateur pour appliquer la modification.

5.3 Augmenter les performances liées à votre matériel

Activer le mode UDMA66 avec les chipsets Intel

Pour activer le mode DMA pour vos périphériques IDE, vous n'avez pas besoin d'éditer le Registre.

1. Ouvrez le Panneau de configuration, puis cliquez sur le module **Systèmes**.

2. Dans l'onglet **Matériel**, cliquez sur le bouton **Gestionnaire de périphériques**.

3. Double-cliquez sur la rubrique *Contrôleurs ATA/ATAPI IDE*. Sélectionnez ensuite le *Canal IDE principal*, puis cliquez sur la commande **Propriétés** du menu **Action**.

4. Dans l'onglet **Paramètres avancés**, fixez le mode de transfert des périphériques 0 et 1 sur l'option *DMA si disponible*.

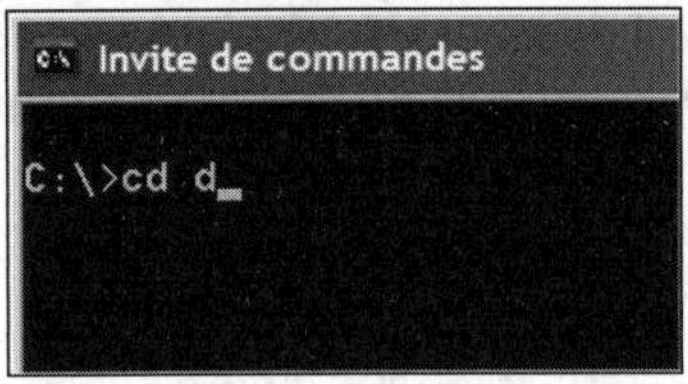

◄ Fig. 5.19 : *Activez le mode DMA pour vos périphériques*

5. Cliquez sur le bouton OK pour valider. Recommencez alors pour le *Canal IDE secondaire*.

6. Redémarrez votre ordinateur : le mode UDMA est activé.

Cependant, si vous utilisez un ordinateur avec une carte mère équipée d'un chipset Intel, le mode UDMA66, qui définit les transferts avec votre disque dur, n'est pas activé ; seul le mode UDMA33 est activé. Le taux de transfert est alors limité. Pour activer le mode UDMA66, et donc accélérer vos transferts, il faut modifier le Registre.

1. Exécutez Regedit, puis ouvrez la clé suivante :

```
HKEY_LOCAL_MACHINE\System\CurrentControlSet\Control\Class\
{4D36E96A-E325-11CE-BFC1-08002BE10318}\0000
```

2. Créez une nouvelle valeur `DWORD`, que vous appellerez `UDMA66`.

3. Double-cliquez dessus, puis saisissez 1 dans la zone de texte *Données de la valeur*.

4. Validez par OK, fermez l'Éditeur du Registre, puis redémarrez votre ordinateur pour que soit appliquée la modification.

Bien utiliser le cache de second niveau de votre processeur

Il arrive parfois que la quantité de cache de second niveau de votre processeur ne soit pas bien détectée par Windows et qu'elle soit alors configurée à une valeur qui est fausse. L'idéal est de spécifier vous-même à Windows la quantité de cache de second niveau que possède votre processeur au lieu qu'il essaie de la détecter.

Pour trouver la quantité de cache de second niveau de votre processeur, vous pouvez utiliser l'utilitaire gratuit WCPUID, qui permet de trouver et d'afficher des informations sur votre processeur.

1. Téléchargez WCUID à l'adresse suivante : `http://cgi2.tky.3web.ne.jp/~nrklv/cgi-bin/softdl.cgi?wcpu30f.exe`.

2. Après avoir décompressé l'archive, exécutez le programme *wcpuid.exe*. Des informations très détaillées sur votre processeur s'affichent alors à l'écran.

3. Cherchez la rubrique *L2 Cache*, puis notez sa valeur. Vous pouvez alors fermer WCPUID.

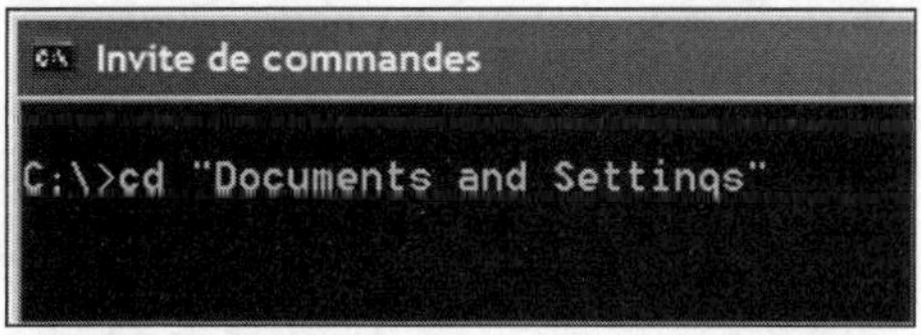

Fig. 5.20 : *La rubrique L2 Cache comporte la quantité de mémoire cache de second niveau de votre processeur*

4. Éditez alors le Registre, puis ouvrez la clé suivante :

```
HKEY_LOCAL_MACHINE\SYSTEM\CurrentControlSet\Control\Session
✂ Manager\Memory Management
```

5. Double-cliquez sur la valeur DWORD `SecondLevelDataCache`. Elle contient, par défaut, la valeur 0, qui signifie que Windows essaie de chercher la quantité de mémoire.

6. Sélectionnez la base décimale, puis remplacez le 0 par la quantité que vous avez trouvée précédemment, 256 dans notre cas, puis validez par OK.

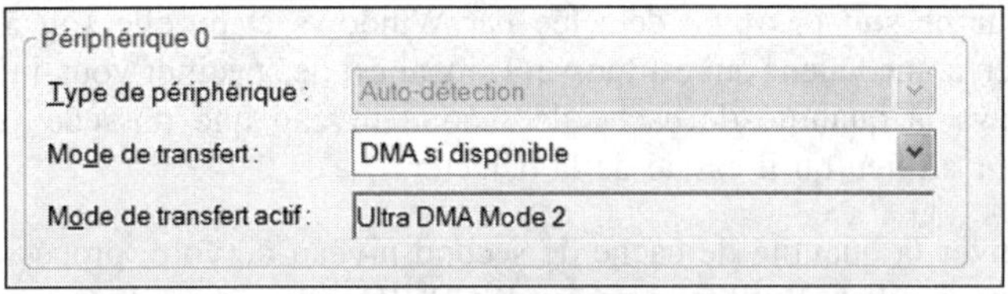

▲ Fig. 5.21 : *Saisissez la quantité de mémoire cache de second niveau trouvée précédemment avec WCPUID*

7. Fermez l'Éditeur du Registre, puis redémarrez votre ordinateur pour que soit appliquée la modification.

Chapitre > 6

Améliorer les applications Windows

6.1 Personnaliser Internet Explorer

Désactiver la musique d'arrière-plan

Certains sites jouent des musiques en arrière-plan lorsque vous les visitez. Cela n'est pas toujours agréable. Et si vous êtes déjà en train d'écouter de la musique sur votre ordinateur, bonjour la cacophonie !

D'une part, la qualité des fichiers sonores est très faible, et, d'autre part, cela ralentit l'ouverture de la page, le fichier sonore étant ouvert avec celle-ci. Pour désactiver les fichiers sonores joués en arrière-plan, éditez le Registre.

1. Rendez-vous à la clé suivante :

```
HKEY_CURRENT_USER\Software\Microsoft\Internet Explorer\Main
```

2. Dans le volet de droite, double-cliquez sur la valeur chaîne `Play_Background_Sounds`. Si celle-ci n'existe pas, créez-la.
3. Double-cliquez sur cette chaîne, puis affectez-lui la valeur `No`.

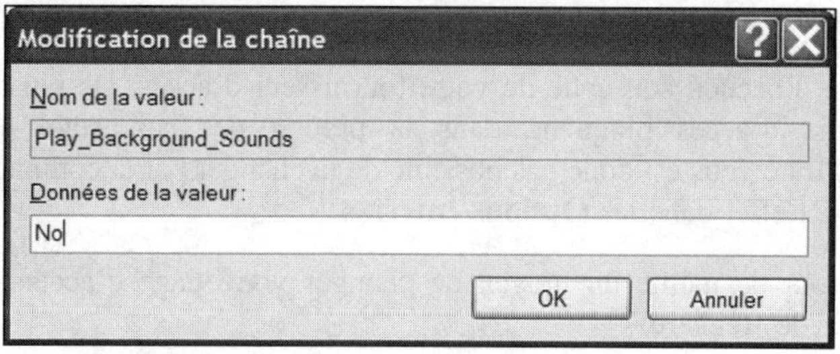

▲ Fig. 6.1 : *Saisissez No pour désactiver la musique*

4. Fermez la base des registres, puis redémarrez votre ordinateur pour que soient appliquées les modifications.

Désactiver la détection de mise à jour

Depuis sa version 5, Internet Explorer vérifie à chaque démarrage s'il existe une version mise à jour sur le site de Microsoft. La version 6 d'Internet Explorer, intégrée à Windows XP, n'est donc pas épargnée. Pour désactiver cette fonction, qui peut faire perdre du temps, il faut modifier une valeur dans le Registre.

1. Exécutez Regedit, puis allez à la clé suivante :

```
HKEY_CURRENT_USER\Software\Microsoft\Internet Explorer\Main
```

2. Créez une nouvelle valeur `DWORD`, que vous appellerez `NoUpdateCheck`.
3. Fixez sa valeur à 1 en double-cliquant dessus et en saisissant 1 dans la zone de texte *Données de la valeur*.
4. Validez, puis fermez l'Éditeur du Registre pour que soient appliquées les modifications.

Changer de page d'accueil

Si vous avez installé un kit de connexion à Internet, il est fort probable que votre page d'accueil soit celle de votre fournisseur d'accès. De plus, les fournisseurs d'accès bloquent, dans la plupart des cas, cette page d'accueil. Il ne vous est donc pas possible de la changer par la commande prévue à cet effet dans les **Options Internet**.

Il existe tout de même un moyen de changer votre page d'accueil en passant par le Registre.

1. Exécutez Regedit et ouvrez la clé suivante :

```
HKEY_CURRENT_USER/Software/Microsoft/Internet Explorer/Main
```

2. Double-cliquez sur la valeur chaîne `Start Page` pour la modifier. Saisissez l'adresse de la page web de votre choix, `http://www.yahoo.fr`, par exemple, puis validez.

3. Quitter l'Éditeur du Registre, les changements sont alors pris en compte.

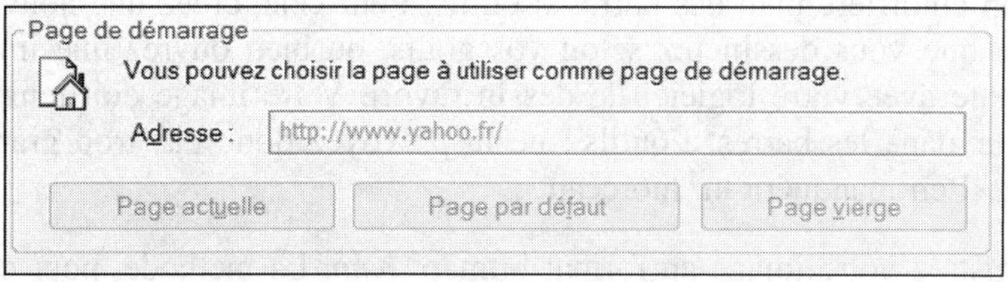

▲ Fig. 6.2 : *La nouvelle page d'accueil se trouve dans les options d'Internet Explorer*

Supprimer le dossier Liens du menu Favoris

Le dossier *Liens* qui se trouve dans le menu **Favoris** est inemployé par la plupart des utilisateurs. Or, vous n'arrivez pas à le supprimer.

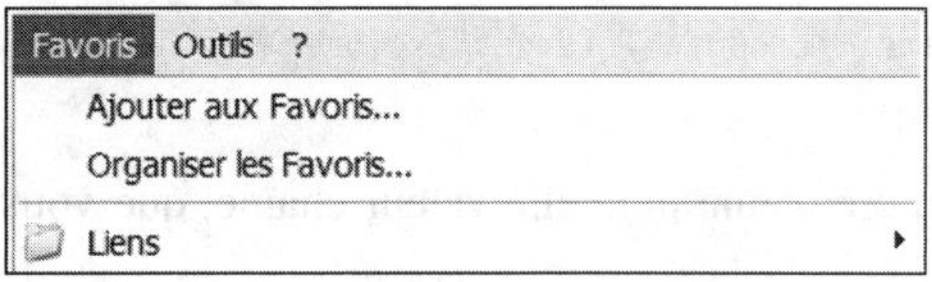

◄ Fig. 6.3 : *Le dossier Liens est assez récalcitrant*

Si vous vous trouvez dans ce cas, voici comme faire disparaître le dossier *Liens* du menu **Favoris**. La réponse est dans le Registre.

1. Éditez le Registre, puis rendez-vous à la clé suivante :

```
HKEY_CURRENT_USER\Software\Microsoft\Internet Explorer\Toolbar
```

2. Double-cliquez sur la chaîne `LinksFolderName`, puis donnez-lui une valeur vide.

3. Fermez la base des registres, puis ouvrez Internet Explorer.

4. Supprimez alors le dossier *Liens* du menu **Favoris** via un clic droit dessus, puis en choisissant la commande **Supprimer**.

Personnaliser la barre d'outils

Vous pouvez personnaliser Internet Explorer en ajoutant une image bitmap en arrière-plan des barres d'outils. Pour cela, créez une nouvelle image que vous dessinerez selon vos goûts, ou bien ouvrez une image existante avec votre logiciel de dessin favori. Votre image doit tenir en hauteur dans les barres d'outils : ne la prévoyez donc pas trop grande, sinon, il en manquera un morceau.

Enregistrez votre image au format bitmap *.bmp*. La méthode, pour cela, est similaire pour la plupart des logiciels de dessin. Cliquez sur le menu **Fichier**, puis sur la commande **Enregistrer sous**. Définissez un emplacement, *Mes images* dans *Mes documents*, par exemple. Donnez un nom à votre fichier, disons `fond.bmp`, puis sélectionnez l'option *Bitmap Windows ou OS/2 (*.bmp)*. Cliquez enfin sur le bouton **Enregistrer**.

1. Pour cela, ouvrez l'Éditeur du Registre, puis allez à la clé suivante :

```
HKEY_CURRENT_USER\Software\Microsoft\Internet Explorer\Toolbar
```

2. Dans la fenêtre de droite, créez une nouvelle valeur chaîne, que vous intitulerez `BackBitmap`.

3. Double-cliquez dessus, puis saisissez le chemin et le nom du fichier bitmap dans la zone de texte *Données de la valeur*, disons `C:\Documents and Settings\Clément\Mes documents\Mes images\fond.bmp`. Validez par OK.

4. Fermez la base des registres, puis redémarrez Internet Explorer pour admirer le résultat.

▲ Fig. 6.4 : *La barre d'outils apparaît désormais avec votre image en arrière-plan.*

REMARQUE

Caractéristiques du fichier bitmap

Il est évident que votre image ne doit pas être trop grande en hauteur. Dans une configuration standard d'Internet Explorer, l'espace des barres d'outils est de 62 pixels. Ce chiffre peut, bien entendu, varier si vous avez ajouté ou retiré des barres d'outils. Pour mesurer exactement la hauteur que vous pouvez utiliser, ouvrez Internet Explorer, puis faites une capture d'écran avec la touche [Impr écran]. Dans votre logiciel de dessin, collez l'image par le menu **Edition/Coller**, puis, à l'aide des outils de sélection, mesurez la taille des barres d'outils.

L'image est affichée en mosaïque, c'est-à-dire que si elle n'est pas assez grande, elle est répétée. Si vous voulez afficher un fond uni en arrière-plan, il vous suffit donc de créer une petite image, disons de taille 10 x 10, qui sera répétée sur toute la surface de la barre d'outils d'Internet Explorer.

REMARQUE

Un fond pour l'explorateur

Vous pouvez de la même façon ajouter un fond aux barres d'outils de l'explorateur Windows. Pour cela, il suffit d'utiliser une valeur appelée `BackBitmapShell`, toujours dans la clé :

```
HKEY_CURRENT_USER\Software\Microsoft\Internet
✂ Explorer\Toolbar
```

Changer la page affichée lorsqu'un site n'est pas trouvé

Lorsque Internet Explorer ne trouve pas le site auquel vous voulez vous connecter, il affiche une page blanche.

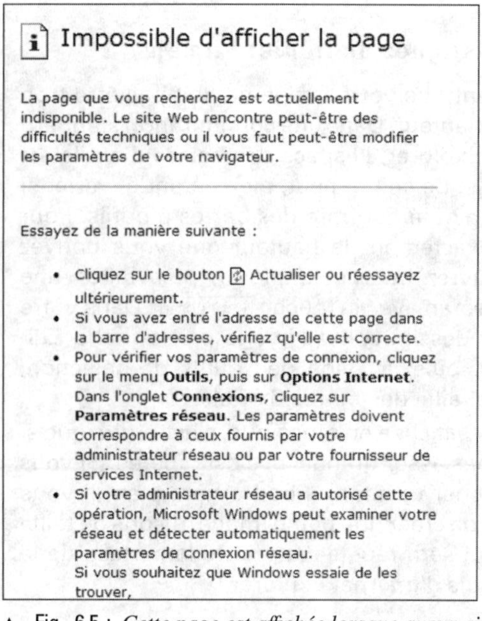

Impossible d'afficher la page

La page que vous recherchez est actuellement indisponible. Le site Web rencontre peut-être des difficultés techniques ou il vous faut peut-être modifier les paramètres de votre navigateur.

Essayez de la manière suivante :

- Cliquez sur le bouton Actualiser ou réessayez ultérieurement.
- Si vous avez entré l'adresse de cette page dans la barre d'adresses, vérifiez qu'elle est correcte.
- Pour vérifier vos paramètres de connexion, cliquez sur le menu **Outils**, puis sur **Options Internet**. Dans l'onglet **Connexions**, cliquez sur **Paramètres réseau**. Les paramètres doivent correspondre à ceux fournis par votre administrateur réseau ou par votre fournisseur de services Internet.
- Si votre administrateur réseau a autorisé cette opération, Microsoft Windows peut examiner votre réseau et détecter automatiquement les paramètres de connexion réseau.
  Si vous souhaitez que Windows essaie de les trouver,

▲ Fig. 6.5 : *Cette page est affichée lorsque aucun site n'est trouvé*

1. Pour la changer, ouvrez Regedit, puis allez dans la clé suivante :

```
HKEY_CURRENT_USER\Software\Microsoft\Internet Explorer\Main
```

2. Double-cliquez ensuite sur la valeur chaîne `Local Page`.
3. Entrez ensuite le chemin d'accès complet du fichier à utiliser, par exemple `C:\Documents and Settings\Clément\Mes documents\Internet\blank.htm`.
4. Validez, puis fermez Regedit. Redémarrez Internet Explorer, la modification est instantanément prise en compte.

REMARQUE

Un fichier HTML en trois clics de souris

Vous ne maîtrisez pas le HTML, le langage utilisé pour créer des pages web ? Qu'à cela ne tienne, Word permet d'enregistrer vos documents au format HTML. Word est, en effet, également un éditeur HTML WYSIWYG. Cela signifie que ce que vous voyez à l'écran correspond exactement à ce qui sera affiché dans votre navigateur. Créez donc votre page en plaçant du texte comme vous le souhaitez. Vous pouvez même ajouter des liens vers Internet. Enregistrez votre document au format HTML en sélectionnant l'option *Page Web (*.htm)* de la liste déroulante *Type* qui se trouve dans la boîte de dialogue **Enregistrer sous**.

Changer le titre de la fenêtre

Par défaut, le titre de la fenêtre de Microsoft Internet Explorer porte, bien évidemment, le nom du navigateur. Si AOL est installé sur votre ordinateur, ce dernier renomme même à son nom Internet Explorer !

Pour personnaliser ce nom et le remplacer par quelque chose de plus sympathique, il faut effectuer quelques modifications dans le Registre.

```
1    Exécutez l'Éditeur du Registre de Windows, puis ouvrez la clé
✂ suivante : HKEY_LOCAL_MACHINE\Software\Microsoft\ Internet
✂ Explorer\Main
```

2. Créez une nouvelle valeur chaîne, que vous intitulerez `Window Title`.

3. Double-cliquez sur la chaîne, puis entrez le titre que vous voulez, par exemple `Mon navigateur`, dans la zone de texte *Données de la valeur*. Validez par OK.

4. Fermez l'Éditeur du Registre, puis ouvrez Internet Explorer. Vous constatez que ce dernier porte désormais le titre que vous venez de choisir.

◄ Fig. 6.6 : *Un nouveau titre de fenêtre pour Internet Explorer*

Spécifier le répertoire de téléchargement par défaut

Lorsque vous cliquez sur un fichier pour le télécharger avec Internet Explorer, une fenêtre s'ouvre, vous demandant l'emplacement où vous souhaitez enregistrer ce fichier. Vous pouvez spécifier un dossier qui sera utilisé par défaut par Internet Explorer, vous faisant ainsi gagner du temps. Vous n'aurez pas à explorer votre disque dur à la recherche de votre dossier de stockage des téléchargements.

1. Éditez le Registre, puis ouvrez la clé suivante :

```
HKEY_CURRENT_USER\Software\Microsoft\Internet Explorer
```

2. Créez une nouvelle valeur chaîne, que vous appellerez `Download Directory`.

3. Modifiez-la en lui attribuant le chemin complet du dossier devant être utilisé par défaut par Internet Explorer. Ainsi, si vous voulez utiliser le

dossier *Mes fichiers téléchargés* de *Mes documents* de l'utilisateur Clément, saisissez : `C:\Documents and Settings\Clément\Mes documents\Mes fichiers téléchargés` dans la zone de texte *Données de la valeur*.

▲ Fig. 6.7 : *La valeur Download Directory contient le chemin complet du dossier dans lequel seront sauvegardés par défaut les fichiers téléchargés*

4. Fermez l'Éditeur du Registre, puis redémarrez Internet Explorer. La modification est immédiate.

Créer un favori invisible

Vous souhaitez créer un favori, mais pour des raisons de discrétion, vous ne souhaitez pas qu'il apparaisse dans le menu **Favoris**. Qu'à cela ne tienne, vous pouvez le cacher.

1. Pour ce faire, éditez le Registre, puis ouvrez la clé suivante :

```
HKEY_LOCAL_MACHINE\SOFTWARE\Microsoft\Internet Explorer\AboutURLs
```

2. Créez une nouvelle valeur chaîne du nom de votre favori, par exemple `caramail`.
3. Double-cliquez sur cette valeur, puis saisissez l'adresse complète du site, `http://www.caramail.com` par exemple, puis cliquez sur le bouton OK.
4. Fermez l'Éditeur du Registre.

Dans la barre d'adresses d'Internet Explorer, saisissez `about:` suivi du nom du favori, puis validez par la touche Entrée. Le site s'ouvre alors.

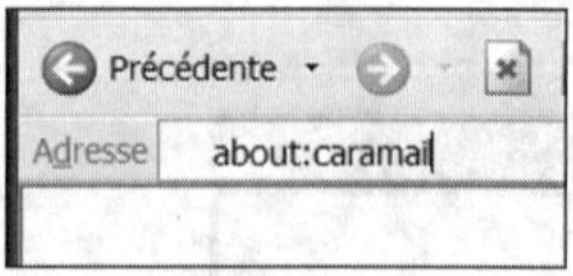

Fig. 6.8 : *la commande about: permet d'ouvrir un site caché*

Pour supprimer ce raccourci, il suffit de supprimer la clé que vous avez créée.

Afficher tous vos sites favoris

Internet Explorer cache automatiquement les sites du menu **Favoris** que vous visitez rarement. Pour contrôler cette fonctionnalité et afficher ainsi tous les sites de vos favoris lorsque vous cliquez sur le menu du même nom, allez dans le Registre.

1. Pour cela, exécutez Regedit, puis ouvrez la clé suivante :

```
HKEY_CURRENT_USER\Software\Microsoft\Internet Explorer\Main
```

2. Créez une nouvelle valeur chaîne, que vous appellerez `FavIntelliMenus`.
3. Attribuez-lui la chaîne `No`.
4. Fermez l'Éditeur du Registre, puis redémarrez Internet Explorer pour que la modification soit effective.

Restaurer la taille des nouvelles fenêtres

Parfois, Internet Explorer ouvre les nouvelles fenêtres dans une taille non appropriée. Vous avez, par exemple, eu le malheur de réduire la taille d'une fenêtre qui vous gênait. Les nouvelles fenêtres sont alors automatiquement ouvertes avec cette petite taille, malgré le fait que vous les redimensionniez à chaque fois.

Pour corriger cela, éditez le Registre.

1. Exécutez Regedit, puis ouvrez la clé suivante :

```
HKEY_CURRENT_USER\Software\Microsoft\Internet Explorer\Main
```

2. Supprimez alors la valeur binaire `Window_Placement` en cliquant dessus avec le bouton droit de la souris et en choisissant la commande **Supprimer**.

3. Fermez l'Éditeur du Registre pour valider le changement.

Ajouter des extensions de domaines aux adresses partielles

Lorsque vous saisissez un mot-clé dans la barre d'outils *Adresse*, Internet Explorer cherche à l'aide des domaines usuels si un site existe. Ainsi, si vous saisissez `yahoo`, Internet Explorer trouve que le domaine `yahoo.com` existe et donc l'ouvre. Cependant, cette fonctionnalité est limitée par défaut aux domaines aux extensions `.com`, `.net`, `.org` et `.edu`. Il va donc falloir que vous rajoutiez l'extension `.fr` et, pourquoi pas, d'autres extensions.

Tab. 6.1 : Aperçu des principales extensions des noms de domaines

Extension de domaine	Description
`.com`	Pour les organisations commerciales. C'est l'extension la plus populaire, dans laquelle n'importe qui peut enregistrer un nom de domaine
`.net`	Théoriquement spécifique aux organismes en charge de l'infrastructure d'Internet
`.edu`	Limité aux universités et aux établissements scolaires
`.org`	Utilisée typiquement par les associations à but non lucratif. Peut néanmoins être utilisée pour divers autres types d'organisations
`.fr`	Extension française
`.uk`	Extension anglaise

Tab. 6.1 : Aperçu des principales extensions des noms de domaines

Extension de domaine	Description
.ca	Extension canadienne
.us	Extension américaine
.biz	Pour les entreprises
.info	Pour les entreprises et les particuliers
.name	Pour les particuliers

1. Éditez le Registre, puis ouvrez la clé suivante :

```
HKEY_LOCAL_MACHINE\SOFTWARE\Microsoft\Internet
✂ Explorer\Main\UrlTemplate
```

2. Pour ajouter une nouvelle extension de domaine, créez simplement une nouvelle chaîne, que vous nommerez avec un nombre séquentiel. Ainsi, si quatre extensions sont déjà déclarées, la nouvelle est donc la cinquième. Le nom de la chaîne sera donc 5.
3. Double-cliquez dessus, puis saisissez la nouvelle extension à chercher en imitant les valeurs existantes. Ainsi, pour rajouter l'extension `.fr`, saisissez `www.%s.fr` dans la zone de texte *Données de la valeur*.
4. Validez ensuite par OK. Recommencez pour les autres extensions de domaine à ajouter en prenant soin d'incrémenter leur nom.
5. Fermez l'Éditeur du Registre pour que soit appliquée la modification.

REMARQUE

Priorité des domaines

Si le mot-clé que vous saisissez existe sous différents domaines, ce qui est le cas de Yahoo!, Internet Explorer prendra celui qui est le mieux placé dans la liste qui se trouve dans le Registre. Ainsi, l'extension de domaine `.com` portant le nom `1` sera utilisée en

REMARQUE

priorité. Pour forcer Internet Explorer à vérifier l'extension `.fr` avant le `.com`, il suffit de renommer la valeur contenant `www.%s.fr` par `1` et celle qui contient `www.%s.com` par le numéro de l'extension `.fr` ou par celui d'un autre domaine. Notez que chaque domaine doit avoir un nom différent.

Retirer le bouton Atteindre de la barre d'outils Adresses

Vous pouvez retirer le bouton **Atteindre** (OK) de la barre d'outils *Adresses* d'Internet Explorer. Ce bouton sert à lancer la navigation sur le site, c'est-à-dire si vous avez saisi l'adresse dans la zone de Texte *Adresse*.

◄ Fig. 6.9 : *Le bouton Atteindre (OK) ne sert pas à grand-chose*

Cependant, comme la majorité des utilisateurs, vous ne devez pas vous servir de ce bouton pour lancer la navigation, mais plutôt de la touche [Entrée]. Pour supprimer ce bouton qui se révèle alors inutile, exécutez l'Éditeur du Registre.

1. Ouvrez la clé suivante :

```
HKEY_CURRENT_USER\Software\Microsoft\Internet Explorer\Main
```

2. Créez une nouvelle valeur chaîne, que vous intitulerez `ShowGoButton`.

3. Fixez sa valeur à `No`, puis validez par OK.

4. Fermez l'Éditeur du Registre, puis redémarrez Internet Explorer pour que soit appliquée la modification.

Personnaliser les boutons des barres d'outils

L'astuce précédente vous a permis de supprimer le bouton **Atteindre** de la barre d'outils *Adresses* d'Internet Explorer. Cette modification était un cas à part. La suppression des autres boutons est également possible d'une tout autre manière. Il est également possible d'ajouter des boutons qui ne sont pas affichés par défaut, comme celui de l'aperçu avant impression.

1. Éditez le Registre, puis ouvrez la clé suivante :

```
HKEY_CURRENT_USER\Software\Microsoft\Windows\CurrentVersion
✂ \Policies\Explorer
```

2. Créez une nouvelle valeur DWORD, que vous intitulerez SpecifyDefaultButtons.

3. Double-cliquez dessus, puis saisissez 1 dans la zone de texte *Données de la valeur*. Validez par OK. Il est désormais possible de masquer des boutons des barres d'outils.

4. Pour cela, créez une nouvelle valeur DWORD en vous référant au tableau ci-après pour chacun des boutons à masquer.

5. Fixez toutes ces valeurs à 1 pour les afficher dans les barres d'outils et à 2 pour les supprimer.

Tab. 6.2 : Les boutons que vous pouvez afficher ou masquer dans les barres d'outils

Nom de la valeur	Nom du bouton	Description
Btn_Back	Précédente	Affiche la page précédente
Btn_Forward	Suivante	Affiche la page suivante
Btn_Stop	Arrêter	Arrête le chargement de la page
Btn_Refresh	Actualiser	Actualise le contenu de la page
Btn_Home	Démarrage	Charge la page de démarrage

Tab. 6.2 : Les boutons que vous pouvez afficher ou masquer dans les barres d'outils

Nom de la valeur	Nom du bouton	Description
`Btn_Search`	Rechercher	Ouvrer le volet **Rechercher**
`Btn_Folders`	Dossiers	Ouvre le volet **Dossiers**
`Btn_Favorites`	Favoris	Ouvre le volet **Favoris**
`Btn_Media`	Média	Ouvre le volet **Média**
`Btn_History`	Historique	Ouvre le volet **Historique**
`Btn_Fullscreen`	Plein écran	Bascule l'affichage en plein écran
`Btn_Tools`	Liens apparentés	Ouvre le volet **Liens apparentés**
`Btn_MailNews`	Courrier	Exécute votre logiciel de messagerie électronique
`Btn_Size`	Taille	Réduit ou augmente la taille du texte
`Btn_Print`	Imprimer	Lance l'impression de la page
`Btn_Edit`	Edition	Modifie la page avec le logiciel défini dans les options
`Btn_Discussions`	Discuter	Exécute votre logiciel de lecture des groupes de discussion
`Btn_Cut`	Couper	Coupe la sélection
`Btn_Copy`	Copier	Copie la sélection
`Btn_Paste`	Coller	Colle la sélection
`Btn_Encoding`	Codage	Permet de choisir la langue et le jeu de caractères à utiliser
`Btn_PrintPreview`	Aperçu	Ouvre la fenêtre d'aperçu avant impression

6. Fermez l'Éditeur du Registre, puis redémarrez Internet Explorer pour que les changements prennent effet.

Augmenter la lisibilité des pages

Vous pouvez augmenter la lisibilité lorsque vous naviguez sur une page, en activant la fonctionnalité de défilement adouci. Lorsque vous défilerez dans une page, les polices et le défilement seront adoucis et les saccades supprimées.

1. Éditez le Registre, puis ouvrez la clé suivante :

```
HKEY_CURRENT_USER\Software\Microsoft\Internet Explorer\Main
```

2. Créez une nouvelle valeur `DWORD`, que vous intitulerez `Smooth Scrolling`.
3. Fixez sa valeur à 1, puis validez par OK.
4. Fermez l'Éditeur du Registre, puis redémarrez votre ordinateur ou votre session pour que soit appliquée la modification.

Redimensionner automatiquement les images

Une des nouveautés d'Internet Explorer 6 (inclus dans Windows XP) est qu'il peut redimensionner les images pour qu'elles tiennent dans les fenêtres dans lesquelles elles sont ouvertes.

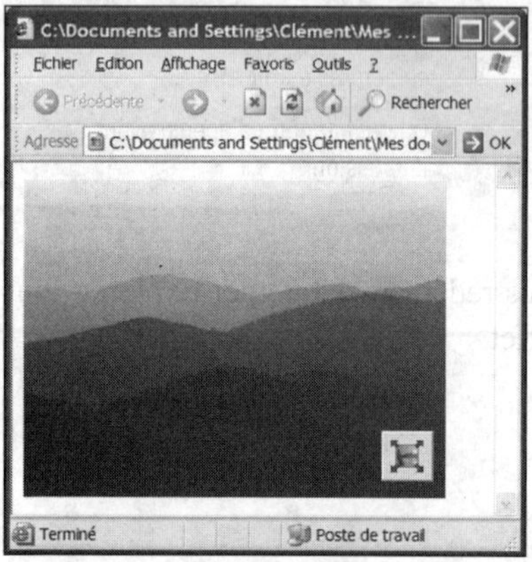

◄ Fig. 6.10 : *Cliquez sur ce bouton en bas à droite pour agrandir l'image réduite dans la fenêtre*

D'un côté, cette fonctionnalité est pratique, car cela permet d'avoir un aperçu de l'image, surtout si elle est grande. D'un autre côté, cela peut être agaçant, puisque la qualité de l'image à l'écran est alors dégradée. Vous pouvez utiliser ou non cette fonctionnalité en la configurant dans le Registre.

1. Lancez Regedit, puis ouvrez la clé suivante :

```
HKEY_CURRENT_USER\Software\Microsoft\Internet Explorer\Main
```

2. Créez une nouvelle valeur chaîne, que vous appellerez `EnableAutoImageResize`.
3. Double-cliquez dessus, puis saisissez `No` dans la zone de texte *Données de la valeur* pour désactiver le reconditionnement des images. Saisissez `Yes` pour activer la fonctionnalité si elle n'est pas active.
4. Cliquez sur OK pour valider. Fermez l'Éditeur du Registre, puis redémarrez votre ordinateur ou votre session pour que le changement soit effectif.

Accélérer l'ouverture d'une nouvelle fenêtre

Si vous avez l'habitude d'ouvrir une nouvelle fenêtre d'Internet Explorer en cliquant sur le menu **Fichier**, sur **Nouveau**, puis sur **Fenêtre**, sachez que vous pouvez raccourcir le nombre d'étapes pour accéder à cette commande. En effet, il est possible de faire pointer la commande **Nouveau** vers l'ouverture d'une nouvelle fenêtre sans avoir à cliquez sur **Fenêtre**.

1. Éditez le Registre, puis ouvrez la clé suivante :

```
HKEY_CURRENT_USER\Software\Microsoft\Windows\CurrentVersion
✂ \Policies\Explorer
```

2. Créez une nouvelle valeur DWORD, que vous intitulerez `NoExpandedNewMenu`.

3. Double-cliquez dessus, puis saisissez 1 dans la zone de texte *Données de la valeur*. Validez par OK.

4. Fermez l'Éditeur du Registre, puis redémarrez Internet Explorer.

Désormais, pour ouvrir une nouvelle fenêtre, il vous suffit de cliquer sur le menu **Fichier**, puis sur **Nouveau**.

Exécuter Internet Explorer en plein écran

Lorsque vous visitez un site avec Internet Explorer, vous pouvez basculer en plein écran en appuyant sur la touche [F11]. Mais la prochaine fois que vous ouvrirez Internet Explorer, la taille de l'affichage sera revenue comme avant. Vous pouvez forcer Internet Explorer à démarrer en plein écran.

1. Éditez le Registre, puis ouvrez la clé suivante :

```
HKEY_CURRENT_USER\Software\Microsoft\Internet Explorer\Main
```

2. Double-cliquez sur la valeur `Fullscren` puis saisissez `Yes` dans la zone de texte *Données de la valeur*.

3. Validez par Ok puis fermez l'Éditeur du Registre.

Choisir le mode FTP

Vous pouvez choisir la manière dont Internet Explorer affiche les sites FTP. Il existe, en effet, deux manières d'afficher les sites FTP dans ce navigateur : la manière classique et l'affichage en arborescence, comme pour les dossiers.

1. Éditez le Registre, puis ouvrez la clé suivante :

```
HKEY_CURRENT_USER\Software\Microsoft\Ftp
```

2. Créez une nouvelle valeur chaîne, que vous nommerez `Use Web Based FTP`.

3. Double-cliquez dessus, puis attribuez-lui la chaîne `Yes` pour utiliser l'affichage en arborescence, ou `No` pour utiliser l'affichage classique des sites FTP. Validez par OK.

4. Fermez l'Éditeur du Registre, puis redémarrez Internet Explorer pour que soit appliquée la modification.

REMARQUE

Comment ouvrir un site FTP ?

Internet Explorer gère le protocole FTP. Pour ouvrir un site FTP, vous devez indiquer au navigateur le protocole. Ainsi, il faut faire précéder vos adresses du préfixe `ftp://`.

Vous pouvez alors saisir l'adresse FTP du serveur que vous cherchez à contacter. Ainsi, pour ouvrir le site FTP de Microsoft, ouvrez Internet Explorer, puis saisissez `ftp://ftp.microsoft.com` dans la zone de texte *Adresse*.

Utiliser l'assistant Rechercher de Google

Lorsque vous cliquez sur le bouton **Rechercher** d'Internet Explorer, l'assistant Rechercher s'ouvre dans un volet d'exploration. Cet assistant s'ouvre, par défaut, sur le moteur de recherche de MSN. Vous pouvez le modifier et le remplacer par exemple par celui de Google. Ce dernier propose, un effet, un lien adapté pour le volet d'exploration.

1. Éditez le Registre, puis ouvrez la clé suivante :

```
HKEY_LOCAL_MACHINE\SOFTWARE\Microsoft\Internet Explorer\Search
```

2. Double-cliquez sur la valeur chaîne `SearchAssistant`. Saisissez le chemin complet de l'assistant de recherche à utiliser à la place, par exemple celui de Google. Pour cela, saisissez la chaîne `http://www.google.com/ie`. Validez par OK.

3. Fermez l'Éditeur du Registre, puis redémarrez Internet Explorer.

▲ Fig. 6.11 : *Le volet Recherche de MSN est remplacé par celui de Google*

Rechercher à partir de la barre d'adresses

Vous pouvez gagner du temps pour vos recherches sur Internet en saisissant directement dans la barre d'adresses le moteur de recherche que vous souhaitez utiliser suivi du mot clé à rechercher.

1. Pour cela, exécutez Regedit puis ouvrez la clé :

```
HKEY_CURRENT_USER\Software\Microsoft\Internet Explorer\SearchUrl
```

2. Créez une sous-clé et nommez-la par ce que vous aimeriez saisir dans la barre d'adresse pour accéder au moteur de recherche. Par exemple `yahoo` pour accéder à Yahoo, `googl e` pour accéder à Google ou encore `altavista` pour accéder à Altavista.

3. Dans cette clé, double cliquez sur la valeur `(Par défaut)`.

4. Saisissez alors l'adresse du moteur de recherche à partir d'un mot clé en insérant `%s` à la place du mot clé. Ainsi cela donne :
   - `http://www.google.com/search?q=%s` pour Google
   - `http://search.yahoo.com/bin/search?p=%s` pour Yahoo
   - `http://www.altavista.com/q?qa=%s` pour Altavista
5. Validez, fermez l'éditeur du Registre puis redémarrez Internet Explorer pour appliquer la modification.

Désormais, pour effectuer une recherche sur Windows dans Google, il vous suffit de saisir `google windows` dans la barre d'adresses d'Internet Explorer puis de valider.

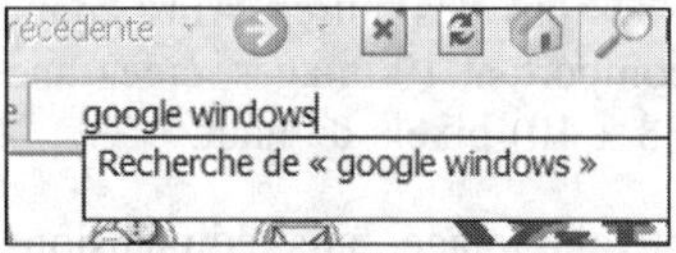

◄ Fig. 6.12 : *Lancez une recherche sur le mot Windows dans Google par la barre d'adresses*

REMARQUE

Utiliser d'autres moteurs de recherche

Vous pouvez parfaitement utiliser d'autres moteurs de recherche que ceux cités ici. Pour trouver l'adresse exacte du moteur de recherche à partir d'un mot clé, faites une recherche avec un mot clé quelconque. Copiez alors l'adresse qui apparaît dans la barre d'adresses. Remplacez le mot clé que vous avez saisi par `%s` et le tour est joué. Vous avez l'adresse à utiliser dans le Registre.

Modifier les logos d'Internet Explorer et d'Outlook Express

Lorsque vous naviguez sur Internet avec Internet Explorer ou que vous lisez vos messages avec Outlook Express, un logo est affiché en haut à droit de la fenêtre pour indiquer une activité (chargement d'une page par exemple). Ce logo représente le drapeau de Windows XP qui flotte dans le vent en cas d'activité. Il arrive que certains fournisseurs d'accès le remplacent par leur propre logo. Le Registre vous permet de modifier ce logo et d'y mettre le vôtre à la place. Vous pouvez également retrouver le logo d'origine.

Utiliser votre propre logo animé

Deux fichiers bitmap sont utilisés pour afficher le logo animé. Ces deux fichiers peuvent être identiques, sauf pour leur taille. Un de ces fichiers doit être un carré de côté de 38 pixels ; l'autre un carré de côté de 22 pixels.

Avec votre logiciel de dessin habituel, créez une image similaire à la pellicule d'un film disposée verticalement. Les images composant l'animation doivent être placées les unes au-dessous des autres. Ainsi, pour réaliser un gros logo animé (38 pixels) comportant 10 images, créez une image de 38 pixels de large et de 380 (38 x 10) pixels de haut.

1. Avec Paint par exemple, créez une nouvelle image, puis redimensionnez le support pour qu'il fasse 38 x 380 pixels. Pour cela, cliquez sur le menu **Image**, puis sur la commande **Attributs**. Saisissez 38 dans la zone de texte *Largeur*, puis 380 dans la zone de texte *Hauteur*. Validez par OK.

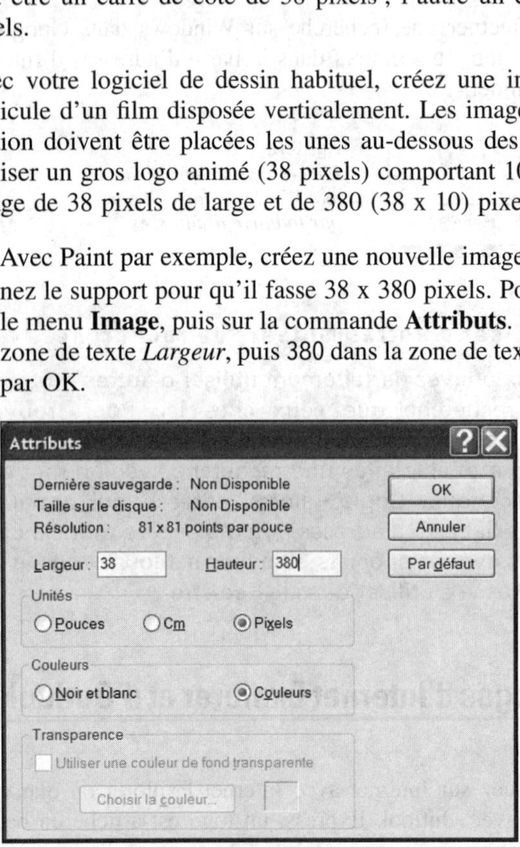

◄ Fig. 6.13 : *Préparez une zone de travail de 380 pixels de haut et de 38 pixels de large*

2. Placez ensuite vos 10 images les unes au-dessous des autres, puis enregistrez le tout dans un fichier bitmap au format BMP, disons `groslogoanim.bmp`.

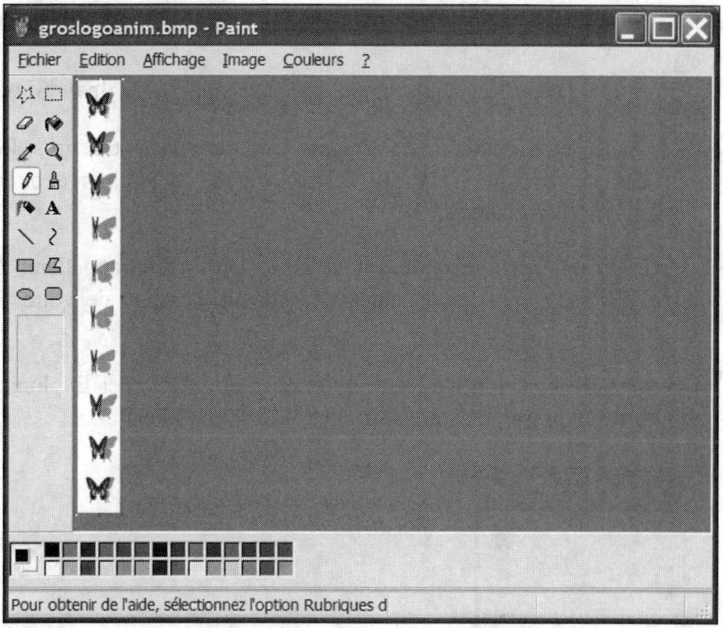

▲ Fig. 6.14 : *Comme sur une pellicule, les images sont placées les unes en dessous des autres*

3. Vous pouvez ensuite faire de même pour le petit logo de 22 pixels de largeur. Si l'animation ne contient plus que 5 images, la taille du fichier bitmap sera donc de 22 pixels en largeur et de 110 pixels en hauteur (22 x 5).

En cas d'activité, le logo s'anime. La première image du logo est affichée, puis la seconde… jusqu'à la dernière. L'animation est jouée en boucle jusqu'à l'arrêt de l'activité.

En cas d'inactivité, la première image est affichée si vous n'avez pas créé de logo non animé.

Une fois que votre logo est créé, il vous faut le spécifier dans le Registre.

1. Éditez le Registre, puis ouvrez la clé suivante :

```
HKEY_CURRENT_USER\Software\Microsoft\Internet Explorer\Toolbar
```

2. Créez une nouvelle valeur chaîne, que vous appellerez `BrandBitmap`.

3. Éditez-la, puis saisissez le chemin complet de votre gros logo, `C:\Documents and Settings\Clément\Mes documents\groslogo anim.bmp`, par exemple.

4. Créez ensuite une seconde valeur chaîne, que vous appellerez `SmBrandBitmap`, qui devra contenir le chemin complet de votre petit logo animé.

5. Fermez l'Éditeur du Registre, puis redémarrez Internet Explorer ou Outlook Express pour que soit appliquée la modification.

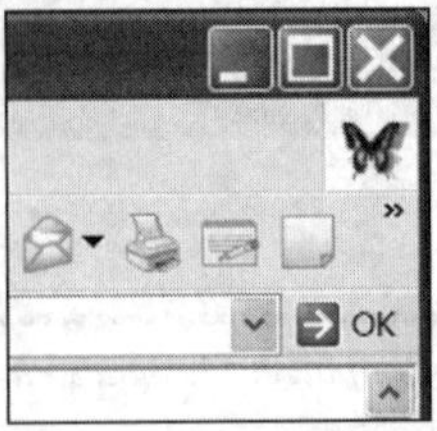

◄ Fig. 6.15 :
Le nouveau logo apparaît dans Internet Explorer

Utiliser votre propre logo non animé

Comme pour la méthode précédente, il faut créer deux images. Une petite, de taille 22 x 22 pixels ; une autre, plus grande, de taille 38 x 38. Enregistrez-les au format BMP, disons `petitlogo.bmp`, pour la première, et `groslogo.bmp`, pour la seconde (voir fig. 6.16).

1. Éditez le Registre, puis ouvrez la clé suivante :

```
HKEY_LOCAL_MACHINE\SOFTWARE\Microsoft\Internet Explorer\Main.
```

2. Créez une première valeur chaîne, que vous appellerez `SmallBitmap`.

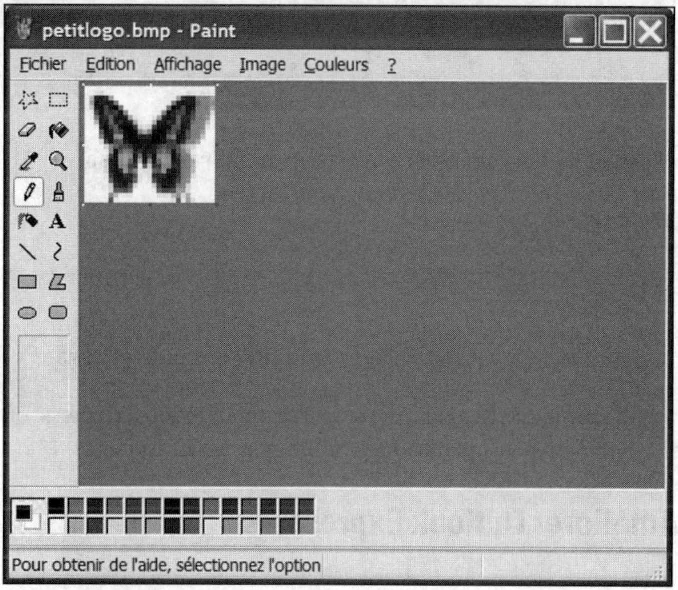

▲ Fig. 6.16 : *Créez votre logo avec Paint, par exemple*

3. Double-cliquez dessus, puis saisissez le chemin de votre petit logo fixe, `C:\Documents and Settings\Clément\Mes documents\petitlogo.bmp`, par exemple.

4. Créez une seconde valeur chaîne, que vous intitulerez `BigBitmap`. Attribuez-lui comme valeur le chemin de votre gros logo non animé.

5. Fermez l'Éditeur du Registre, puis redémarrez Internet Explorer ou Outlook Express pour que soit appliquée la modification.

Retrouver les logos d'origine

Comme nous l'avons dit, il peut arriver qu'en installant le kit de connexion de votre fournisseur, celui-ci remplace les logos d'Internet Explorer et d'Outlook Express par les siens. Cela est le cas, par exemple, avec AOL.

Pour retrouver les logos d'origine de Windows, suivez les étapes ci-après :

1. Exécutez Regedit, puis ouvrez la clé suivante :

```
HKEY_CURRENT_USER\Software\Microsoft\Internet Explorer\Toolbar
```

2. Supprimez alors les valeurs BrandBitmap et SmBrandBitmap.
3. Ouvrez ensuite la clé suivante :

```
HKEY_LOCAL_MACHINE\SOFTWARE\Microsoft\Internet Explorer\Main
```

4. Enfin, supprimez les valeurs chaînes SmallBitmap et BigBitmap.
5. Fermez l'Éditeur du Registre, puis redémarrez Outlook Express ou Internet Explorer pour que les logos d'origine soient restaurés.

6.2 Améliorer Outlook Express

Accélérer le démarrage

Vous pouvez accélérer le démarrage d'Outlook Express en désactivant l'écran d'accueil.

1. Lancez l'Éditeur du Registre, puis ouvrez la clé suivante :

```
HKEY_CURRENT_USER\Identities\{D25EF984-0094-4031-987C-0633EF29BE08}
✂ \Software\Microsoft\Outlook Express\5.0
```

{D25EF984-0094-4031-987C-0633EF29BE08} contient toutes les informations liées à votre identité. Si vous êtes plusieurs à utiliser Windows XP, il peut y avoir plusieurs identités.

2. Créez une nouvelle valeur DWORD. Nommez-la NoSplash et affectez-lui la valeur 1 en double-cliquant dessus.
3. Fermez l'Éditeur du Registre pour que soient appliqués les changements.

La page d'accueil ne s'affichera plus. Pour la réactiver, mettez la valeur 0.

REMARQUE

Comment trouver mon numéro d'identité ?

Chaque utilisateur possède son propre numéro d'identité. Pour trouver votre numéro d'identité, ouvrez le dossier *C:\Documents and Settings*. Double-cliquez ensuite sur le dossier portant votre nom d'utilisateur. Cliquez sur le menu **Outils**, puis sur **Options des dossiers**. Dans l'onglet **Affichage**, activez l'option *Afficher les fichiers et dossiers cachés*. Validez par OK.

Double-cliquez alors sur le dossier *Application Data*, puis sur *Identities*. Le dossier qui apparaît porte le nom de votre identité, `{D25EF984-0094-4031-987C-0633EF29BE08}`, par exemple. Pour le voir apparaître en entier, sélectionnez-le, puis appuyez sur la touche F2.

Modifier la notification sonore lors de l'arrivée d'un message

Outlook Express dispose d'une option permettant de jouer un son lors de l'arrivée d'un nouveau message. Si vous souhaitez utiliser votre propre fichier sonore (au format WAV), il faut aller dans le Registre pour y effectuer quelques modifications.

1. Dans l'Éditeur du Registre, ouvrez la clé suivante :

```
HKEY_CURRENT_USER\AppEvents\Schemes\Apps\.Default\MailBeep
```

2. Cliquez sur `.Current`, puis, dans la fenêtre de droite, double-cliquez sur l'icône *(Par Défaut)*.
3. Dans la fenêtre qui s'ouvre, remplissez la zone de texte *Données de la valeur* par le chemin de votre fichier sonore, disons `C:\Documents and Settings\Clément\Mes documents\Ma Musique\mail.wav`.
4. Validez par OK, puis recommencez l'opération dans la sous-clé `.Default`.

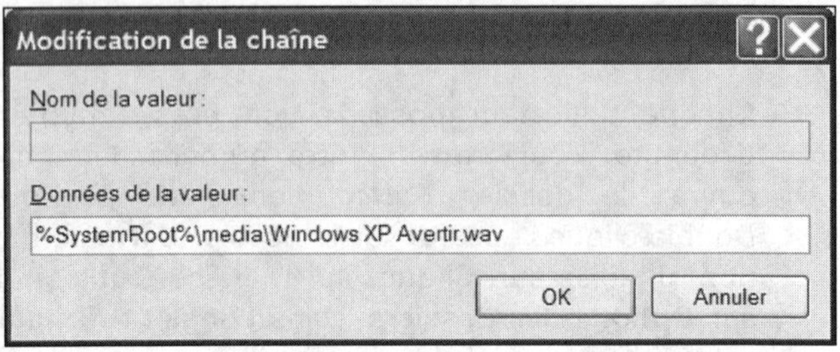

▲ Fig. 6.17 : *Cette valeur contient le chemin du fichier sonore à jouer à l'arrivée d'un message*

5. Enfin, fermez l'Éditeur du Registre, puis redémarrez votre ordinateur pour valider les changements.

Votre fichier sonore sera ainsi joué à chaque arrivée d'un nouveau message.

REMARQUE

Activer la notification sonore à l'arrivée d'un message

Si l'option de notification à l'arrivée d'un message n'est pas activée, dans Outlook Express, cliquez sur le menu **Outils**, puis sur la commande **Options.** Dans l'onglet **Général**, cochez la case *Emettre un son à l'arrivée de nouveaux messages* de la rubrique *Envoyer/Recevoir des messages.* Validez.

Fermez Outlook Express, puis redémarrez-le pour que le changement soit appliqué.

À chaque fois qu'un nouveau message arrivera, un fichier sonore sera joué (par défaut, ce fichier sonore est *notify.wav*).

Modifier la page de démarrage

Lorsque vous démarrez Outlook Express, celui-ci charge une page vous donnant un accès rapide à la boîte de réception, aux contacts, à la rédaction d'un message, etc. Vous pouvez remplacer cette page. Pourquoi, par exemple, ne pas ouvrir à la place la page de consultation de vos e-mails sous Caramail ou sous un autre service de mails en ligne. Vous ferez ainsi d'une pierre deux coups.

1. Éditez le Registre, puis ouvrez la clé suivante :

```
HKEY_CURRENT_USER\Identities\{D25EF984-0094-4031-987C-0633EF29BE08}
✂ \Software\Microsoft\Outlook Express\5.0
```

`{D25EF984-0094-4031-987C-0633EF29BE08}` est votre numéro d'identité sous Windows XP.

2. Créez une nouvelle valeur chaîne, que vous appellerez `FrontPagePath`.
3. Attribuez à cette valeur l'adresse de la page à ouvrir au démarrage d'Outlook Express, par exemple `http://www.caramail.com`.

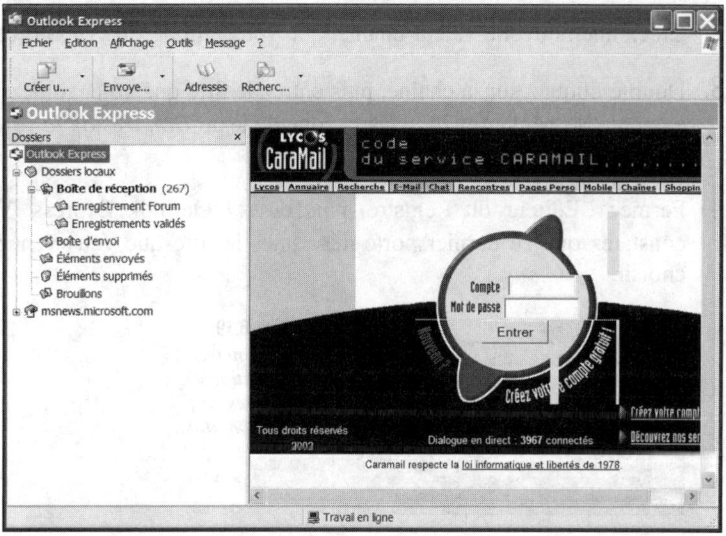

▲ Fig. 6.18 : *Une nouvelle page est ouverte au démarrage d'Outlook Express*

4. Fermez l'Éditeur du Registre, puis redémarrez votre ordinateur ou votre session pour que la modification soit active.

Changer le titre de la fenêtre

Vous pouvez modifier le titre de la fenêtre d'Outlook Express en le remplaçant par quelque chose de plus personnel. Il faut, pour cela, effectuer quelques modifications dans le Registre.

1. Éditez le Registre, puis ouvrez la clé suivante :

```
HKEY_CURRENT_USER\Identities\{D25EF984-0094-4031-987C
-0633EF29BE08}\Software\Microsoft\Outlook Express\5.0
```

`{D25EF984-0094-4031-987C-0633EF29BE08}` est votre numéro d'identité sous Windows XP.

2. Créez une nouvelle valeur chaîne, que vous intitulerez `WindowTitle`.

3. Double-cliquez sur la chaîne, puis entrez le titre que vous voulez, par exemple `Ma messagerie`, dans la zone de texte *Données de la valeur*. Validez par OK.

4. Fermez l'Éditeur du Registre, puis ouvrez Outlook Express. Vous constatez que ce dernier porte désormais le titre que vous venez de choisir.

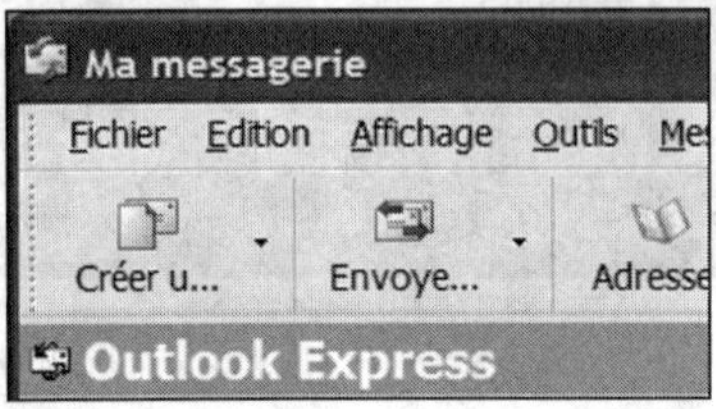

Fig. 6.19 : *La fenêtre d'Outlook Express est personnalisée*

Pour retrouver le titre d'origine, il vous suffit de supprimer la valeur `WindowTitle` que vous venez de créer.

Modifier l'emplacement des fichiers de mails et de news

Vous pouvez modifier l'emplacement des fichiers de mails et de news pour les stocker, par exemple, dans un autre dossier ou dans une autre partition.

1. Éditez le Registre, puis ouvrez la clé suivante :

```
HKEY_CURRENT_USER\Identities\{D25EF984-0094-4031-987C
-0633EF29BE08}\Software\Microsoft\Outlook Express\5.0
```

`{D25EF984-0094-4031-987C-0633EF29BE08}` est votre numéro d'identité sous Windows XP.

2. Double-cliquez sur la valeur chaîne extensible `Store Root`. Elle contient le chemin complet vers le dossier contenant les dossiers *Mail* et *News*. Notez-le quelque part, puisque c'est ici que vous pourrez récupérer vos fichiers. La variable `%UserProfile%` est remplacée automatiquement par le chemin du profil de l'utilisateur courant. Ainsi, pour l'utilisateur Clément, `%UserProfile%` vaut `C:\Documents and Settings\Clément`.

3. Remplacez le chemin actuel par le nouveau chemin où vous allez mettre les fichiers de mail et de news, par exemple `D:\Mail`. Validez, puis fermez l'Éditeur du Registre.

4. Créez alors le dossier que vous venez d'indiquer, *Mail* sur le disque dur D: dans ce cas-là.

5. Ouvrez ensuite le dossier que vous avez noté précédemment, qui contient les fichiers de mails et de news. Copiez tous les fichiers de ce dossier *C:\Documents and Settings\Clément\Local Settings\Application Data\Identities\{D25EF984-0094-4031-987C-0633EF29BE08}\Microsoft\Outlook Express* dans le dossier que vous souhaitez utiliser désormais, *D:\Mail*.

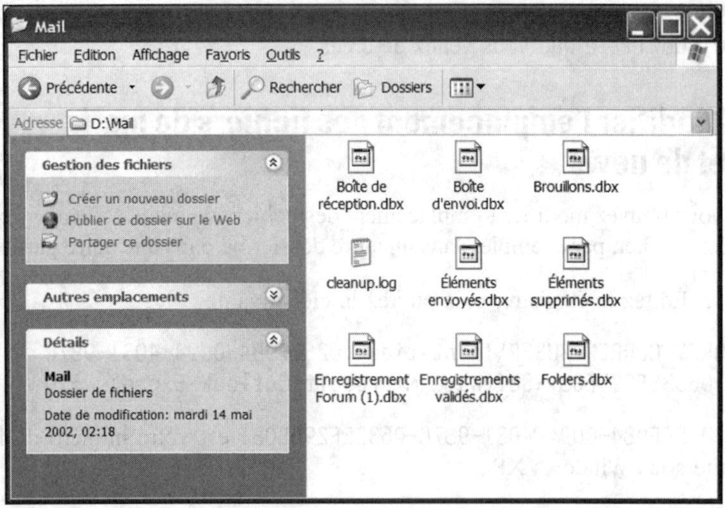

▲ Fig. 6.20 : *Le dossier D:\Mail contient désormais les fichiers de mails et de news d'Outlook Express*

6. Vous pouvez alors exécuter Outlook Express.

Notez que vous n'avez plus besoin des fichiers qui se trouvent dans l'ancien dossier utilisé par Outlook Express. Vous pouvez donc les supprimer définitivement.

Sauvegarder les règles de messages

Les règles de messages d'Oulook Express sont stockées dans le Registre. C'est donc dans celui-ci qu'il vous faut aller pour les sauvegarder avant une réinstallation de votre système par exemple.

1. Éditez le Registre, puis ouvrez la clé suivante :

```
HKEY_CURRENT_USER\Identities\{D25EF984-0094-4031-987C
-0633EF29BE08}\Software\Microsoft\Outlook
Express\5.0\Rules\Mail
```

`{D25EF984-0094-4031-987C-0633EF29BE08}` est votre numéro d'identité sous Windows XP.

2. Cliquez avec le bouton droit de la souris sur la clé `Mail` puis sélectionnez l'option **Exporter**.
3. Donnez un nom à votre fichier, `regles` par exemple puis cliquez sur le bouton **Enregistrer**.
4. Placez enfin le fichier contenant la sauvegarde de votre règles en lieu sur. Vous pouvez fermer l'éditeur du Registre.

RENVOI

Pour restaurer vos règles de messages, consultez la section *Importer et exporter des éléments du Registre* du premier chapitre.

6.3 Modifier le lecteur Windows Media

Personnaliser le titre de la fenêtre

Vous pouvez modifier le titre de la fenêtre du lecteur Windows Media en ajoutant le texte que vous voulez. Contrairement à Internet Explorer ou à Outlook Express, vous ne pouvez pas modifier l'intégralité du texte. En effet, la base `Lecteur Windows Media` sera toujours présente, le texte que vous aurez choisi apparaissant après cette base, séparé par le texte `fourni par`.

1. Exécutez l'Éditeur du Registre de Windows, puis ouvrez la clé suivante : HKEY_CURRENT_USER\Software\Policies\Microsoft

2. Créez une nouvelle sous-clé, que vous appellerez `WindowsMediaPlayer`, puis ouvrez-la.

3. Créez une nouvelle valeur chaîne, que vous intitulerez `TitleBar`.

4. Double-cliquez sur la chaîne, puis entrez le titre que vous voulez, par exemple `Micro Application`, dans la zone de texte *Données de la valeur*. Validez par OK.

5. Fermez l'Éditeur du Registre, puis ouvrez le lecteur Windows Media. Vous constatez que ce dernier porte désormais comme titre `Lecteur Windows Media fourni par Micro Application`.

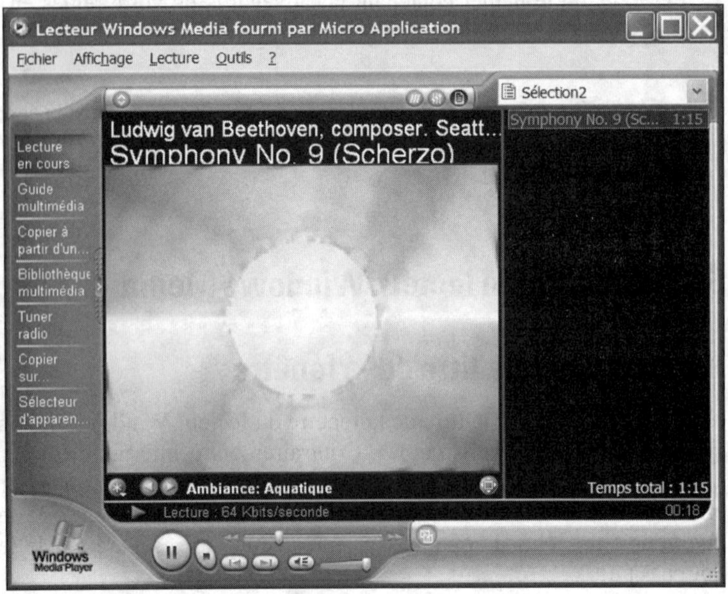

▲ Fig. 6.21 : *Mettez à votre nom le lecteur Windows Media*

Pour retrouver le titre d'origine, il vous suffit de supprimer la clé nouvellement créée.

Désactiver la mise à jour automatique

Microsoft et les autres éditeurs intègrent de plus en plus de fonctionnalités de mises à jour automatiques de leurs produits par Internet. Pour supprimer cette fonctionnalité dans le lecteur Windows Media, il faut ajouter une entrée dans le Registre.

1. Exécutez Regedit, puis ouvrez la clé suivante :

```
HKEY_CURRENT_USER\Software\Policies\Microsoft
```

2. Créez une nouvelle sous-clé, que vous appellerez `WindowsMediaPlayer`, si elle n'existe pas, puis ouvrez-la.

3. Créez une nouvelle valeur `DWORD`, que vous appellerez `DisableAutoUpdate`.

4. Double-cliquez sur la valeur nouvellement créée, puis saisissez 1.dans la zone de texte `Données de la valeur`. Validez par OK.

5. Fermez Regedit, puis redémarrez Windows ou votre session pour que soit appliquée la modification.

Vider la liste des fichiers récemment joués

Le lecteur Windows Media garde une liste des fichiers vidéo et audio que vous avez joués, ainsi que n'importe quel média que vous avez vu ou entendu en streaming sur Internet. Cela signifie que n'importe quelle personne peut accéder aux dix derniers fichiers multimédias que vous avez ouverts (voir fig. 6.22).

Pour vider cette liste, il faut éditer le Registre.

1. Exécutez Regedit, puis ouvrez la clé suivante :

```
HKEY_CURRENT_USER\Software\Microsoft\MediaPlayer\Player
✂ \RecentFileList
```

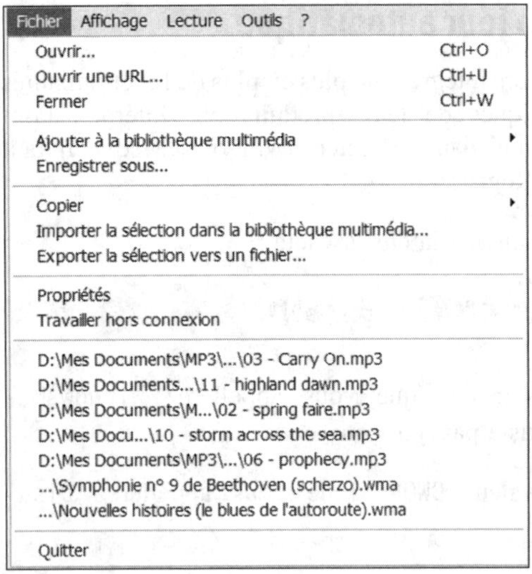

▲ Fig. 6.22 : *La liste des derniers fichiers joués*

2. Supprimez alors toutes les valeurs de cette clé pour vider entièrement la liste des derniers fichiers joués. Pour cela, cliquez sur chaque clé avec le bouton droit de la souris, puis choisissez la commande **Supprimer**.

3. Fermez l'Éditeur du Registre.

Empêcher le Lecteur Windows Media d'exécuter les scripts des pages Web

Le lecteur Windows Media permet d'afficher des pages Web. Or ces pages peuvent contenir des scripts malicieux permettant entre autre à des utilisateurs de prendre le contrôle de votre ordinateur. Mieux vaut donc empêcher l'exécution de ces scripts.

1. Exécutez Regedit, puis ouvrez la clé suivante :

```
HKEY_CURRENT_USER\Software\Microsoft\MediaPlayer\Preferences
```

2. Supprimez alors toutes les valeurs de cette clé pour vider entièrement la liste des derniers fichiers joués. Pour cela, cliquez sur chaque clé avec le bouton droit de la souris, puis choisissez la commande **Supprimer**.

3. Créez une nouvelle valeur `DWORD`, que vous intitulerez `PlayerScriptCommandsEnabled`.

4. Double-cliquez dessus, puis saisissez `0` dans la zone de texte *Données de la valeur*. Validez par OK.

5. Fermez l'Éditeur du Registre puis redémarrez votre ordinateur pour appliquer la modification.

6.4 Améliorer les applications de la suite Office

Contrôler les menus personnalisés

À partir d'Office 2000, Microsoft a introduit la fonctionnalité de menus personnalisés dans les logiciels de sa suite bureautique. Ces menus personnalisés se rappellent et affichent les options que vous utilisez régulièrement et cachent celles que vous n'utilisez pas ou peu.

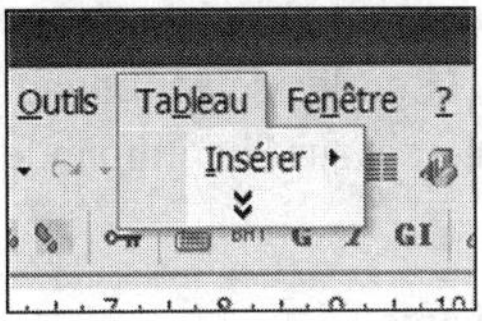

◄ Fig. 6.23 : *De nombreuses options sont cachées lorsque la fonctionnalité est activée*

Il est possible de désactiver cette fonctionnalité pour afficher toutes les options dans les menus. Fermez toutes les applications d'Office, puis éditez le Registre.

1. Exécutez Regedit, puis ouvrez la clé suivante :

```
HKEY_CURRENT_USER\Software\Microsoft\Office\10.0\Common\Toolbars
```

2. 10.0 correspond à Office XP. Remplacez-le par le numéro de version d'Office que vous utilisez. Si vous utilisez Office 2000, la clé devient donc :

```
HKEY_CURRENT_USER\Software\Microsoft\Office\9.0\Common\Toolbars
```

2. Créez une nouvelle valeur DWORD, que vous appellerez AdaptiveMenus.
3. Fixez sa valeur à 0 pour désactiver les menus personnalisés. Plus tard, pour les réactiver, il suffira de passer la valeur à 1.
4. Fermez l'Éditeur du Registre, puis redémarrez vos applications Office pour que soit appliquée la modification.

Supprimer les assistants

Si les assistants d'Office, qui apparaissent souvent pour vous proposer leur aide, vous agacent, vous pouvez les supprimer pour de bon.

1. Éditez le Registre, puis ouvrez la clé suivante :

```
HKEY_CURRENT_USER\Software\Microsoft\Office\Common\Assistant
```

2. Supprimez alors toutes les valeurs dans cette clé en les sélectionnant une par une et en cliquant sur le menu **Edition**, puis sur la commande **Supprimer**.
3. Faites de même pour les valeurs de la clé suivante :

```
HKEY_CURRENT_USER\Software\Microsoft\Office\10.0\Common\Assistant
```

Remplacez 10.0 par le numéro de version d'Office que vous utilisez.

4. Fermez l'Éditeur du Registre, puis redémarrez vos applications Office pour que soit appliquée la modification.

REMARQUE

Les numéros de versions d'Office

Chaque version d'Office porte un nom différent. Ainsi, il existe par exemple Office 97, Office 2000 et Office XP. Ces versions portent également un numéro pour les identifier dans le Registre : 8.0 pour Office 97, 9.0 pour Office 2000 et 10.0 pour Office XP.

Modifier le comportement des assistants

Si vous ne souhaitez pas supprimer les assistants d'Office, vous pouvez au moins contrôler leur comportement.

1. Éditez le Registre, puis ouvrez la clé suivante :

```
HKEY_CURRENT_USER\Software\Microsoft\Office\10.0\Common\Assistant
```

2. Remplacez `10.0` par le numéro de version d'Office que vous utilisez.
3. Créez ou modifiez des valeurs `DWORD` en vous référant au tableau ci-dessous.
4. Attribuez-leur la valeur 1 pour activer le paramètre, ou 0 pour le désactiver. Certaines valeurs peuvent contenir une autre donnée. Cela est indiqué dans le tableau.

Tab. 6.3 : Valeurs contrôlant le comportement des assistants

Nom de la valeur	Description
`AsstAssistWithHelp`	Utilise les assistants à la place de l'aide (touche [F1])
`AsstAssistWithAlerts`	Ouvre les assistants en cas d'alerte Office
`AsstGuessHelp`	Laisse les assistants deviner lorsque vous avez besoin d'aide. Fixez cette valeur à 0, pour que les assistants n'apparaissent pas, à moins que vous leur demandiez expressément de l'aide
`AsstKeyboardShortcutTips`	Affiche les astuces au sujet des raccourcis clavier

Tab. 6.3 : Valeurs contrôlant le comportement des assistants

Nom de la valeur	Description
`AsstFeatureTips`	Affiche les astuces au sujet de l'utilisation des fonctionnalités
`AsstMouseTips`	Affiche les astuces au sujet de l'utilisation efficace de la souris
`AsstMoveWhenInTheWay`	Autorise les assistants à se déplacer lorsque vous travaillez
`AsstOnlyHighPriorityTips`	Affiche seulement les astuces prioritaires
`AsstSearchInProgram`	Les assistants peuvent chercher dans l'aide en mode programmation
`AsstShowTipOfDay`	Affiche l'astuce du jour au démarrage
`AsstSounds`	Les assistants peuvent jouer des sons. Si le bruit que font les assistants vous dérange, il suffit de fixer ce paramètre à 0
`AsstTipTimeout`	Nombre de secondes avant que la bulle affichant les astuces ne disparaisse
`AsstTop`	Position du haut de la fenêtre des assistants (en pixels)
`AsstLeft`	Position de la gauche de la fenêtre des assistants (en pixels)

5. Fermez l'Éditeur du Registre, puis redémarrez vos applications Office pour que soit appliquée la modification.

Augmenter le nombre de niveaux de la fonction Annuler

Par défaut, dans Excel 2000 et XP, il ne vous est possible d'utiliser la commande **Annuler** du menu **Edition** que quinze fois.

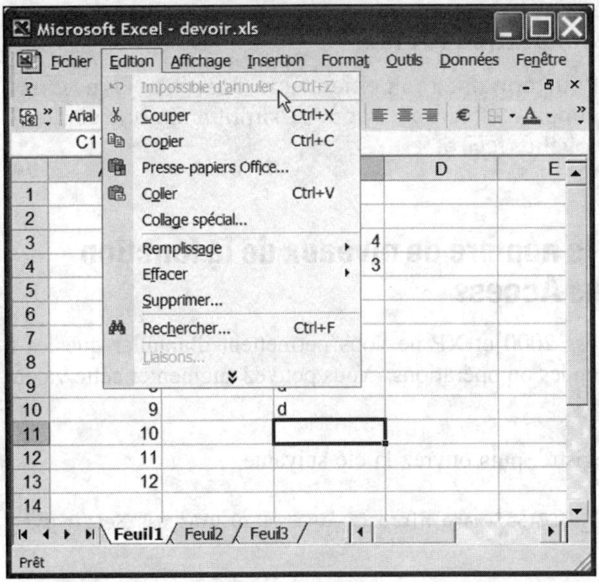

▲ Fig. 6.24 : *Au bout de 15 fois, l'option Annuler n'effectue plus aucune action*

Vous pouvez augmenter cette valeur dans le Registre pour vous permettre d'annuler plus d'opérations.

1. Éditez le Registre, puis ouvrez la clé suivante :

```
HKEY_CURRENT_USER\Software\Microsoft\Office\10.0\Excel\Options
```

2. Remplacez `10.0` par le numéro de version d'Office que vous utilisez.

3. Créez une nouvelle valeur `DWORD`, que vous intitulerez `UndoHistory`.

4. Double-cliquez dessus, puis saisissez le nombre d'annulations que vous souhaitez pouvoir effectuer, disons 50. Saisissez donc 50 dans la zone de texte *Données de la valeur* en ayant auparavant sélectionné la base décimale. Validez par OK.

5. Fermez l'Éditeur du Registre, puis exécutez Excel pour que soit appliquée la modification.

ASTUCE

Annulation rapide

Pour annuler rapidement une opération que vous venez d'effectuer, appuyez simultanément sur les touches Ctrl et Z.

Augmenter le nombre de niveaux de la fonction Annuler dans Access

Par défaut, Access 2000 et XP ne vous permettent d'annuler que les 5 dernières commandes ou opérations. Vous pouvez augmenter cette valeur dans le Registre.

1. Éditez le Registre, puis ouvrez la clé suivante :

```
HKEY_CURRENT_USER\Software\Microsoft\Office\10.0\Access\Settings
```

2. Remplacez `10.0` par le numéro de version d'Office que vous utilisez.
3. Créez une nouvelle valeur `DWORD`, que vous intitulerez `Number of Undos`.
4. Double-cliquez dessus, puis saisissez le nombre d'annulations (entre 1 et 20) que vous souhaitez pouvoir effectuer, disons 10. Saisissez donc 10 dans la zone de texte *Données de la valeur* en ayant auparavant sélectionné la base décimale. Validez par OK.
5. Fermez l'Éditeur du Registre. La modification est effective dès le prochain démarrage d'Access.

Désactiver le suivi du temps total d'édition

Lorsque vous ouvrez un document Office, sa durée d'édition est suivie et enregistrée dans les statistiques du document accessibles par le menu **Fichier**, **Propriétés**, puis par l'onglet **Statistiques**.

Si vous ne souhaitez pas que vos correspondants sachent le temps que vous avez passé sur un document, vous pouvez désactiver le suivi du temps d'édition dans le Registre. Tout d'abord, fermez toutes les applications ouvertes.

1. Exécutez Regedit, puis ouvrez la clé suivante :

```
HKEY_CURRENT_USER\Software\Microsoft\Office\10.0\Common\General
```

2. Créez une nouvelle valeur DWORD, que vous appellerez NoTrack.
3. Double-cliquez dessus, puis fixez sa valeur à 1.
4. Fermez l'Éditeur du Registre, puis redémarrez votre ordinateur ou votre session pour que soit appliquée la modification.

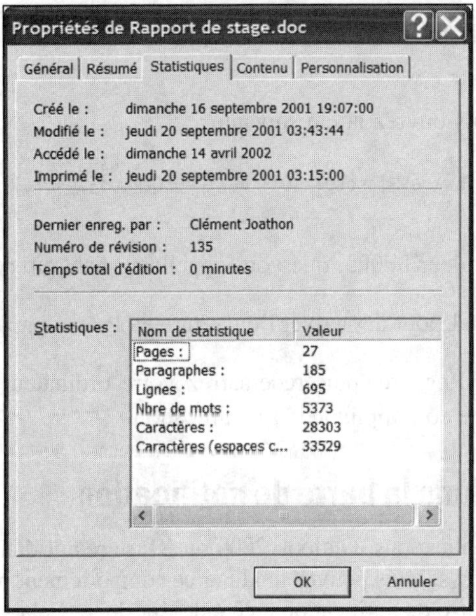

◄ Fig. 6.25 : *Vous avez eu beau passer des dizaines d'heures sur ce document, les statistiques affichent 0 minute en temps d'édition*

Pour retrouver le suivi du temps total d'édition, il vous suffit de supprimer cette nouvelle valeur ou de fixer son contenu à 0.

Empêcher l'apparition du Presse-papiers dans Office 2000

Lorsque vous copiez plusieurs éléments dans n'importe laquelle des applications d'Office, le Presse-papiers d'Office apparaît vous permettant de collecter et de coller jusqu'à 24 éléments stockés dans le Presse-papiers.

Fig. 6.26 :
Le Presse papiers d'Office 2000

Vous pouvez empêcher l'apparition du presse-papiers en modifiant une valeur dans le Registre.

1. Exécutez Regedit, puis ouvrez la clé suivante :

```
HKEY_CURRENT_USER\Software\Microsoft\Office\10.0\Common\General
```

2. Créez une nouvelle valeur `DWORD`, que vous appellerez `AcbControl`.
3. Attribuez-lui la valeur 1 pour désactiver l'ouverture du Presse-papiers.
4. Fermez l'Éditeur du Registre, puis redémarrez votre ordinateur ou votre session pour que soit appliquée la modification.

Réduire Outlook dans la barre de notification

Comme la plupart des applications, Outlook 2000 ou XP se réduit dans la barre des tâches de Windows. Vous pouvez modifier ce comportement pour qu'il se réduise dans la barre de notification à côté de l'horloge. Cela vous permet ainsi de libérer de la place dans la barre des tâches. Cela vous permet également de laisser le programme exécuté sans que cela vous gêne.

1. Pour cela, éditez le Registre, puis ouvrez la clé suivante si vous possédez Office XP :

```
HKEY_CURRENT_USER\Software\Microsoft\Office\10.0\Outlook\Preferences
```

Si vous avez installé Office 2000, ouvrez la clé suivante :

```
HKEY_CURRENT_USER\Software\Microsoft\Office\9.0\Outlook\Preferences
```

2. Créez une nouvelle valeur `DWORD`, que vous appellerez `MinToTray`.
3. Double-cliquez dessus, puis saisissez 1 dans la zone de texte *Données de la valeur*. Validez par OK.
4. Fermez l'Éditeur du Registre, puis redémarrez votre ordinateur ou votre session pour que la modification soit effective.

◄ Fig. 6.27 : *Vous avez toujours accès à Outlook via son icône, qui se trouve dans la barre de notification*

Pour réduire de nouveau Outlook dans la barre des tâches, supprimez la valeur nouvellement créée ou bien attribuez la valeur `0`.

Modifier les informations de la licence d'utilisation

Avant Office 2000, il était nécessaire de réinstaller Office pour pouvoir modifier les informations sur la licence d'utilisation, qui apparaissent dans l'écran d'ouverture et dans la boîte de dialogue **A propos de** du menu **?** de chaque application de la suite bureautique (voir fig. 6.28).

Avec Office 2000 et XP, vous pouvez faire cette modification dans le Registre.

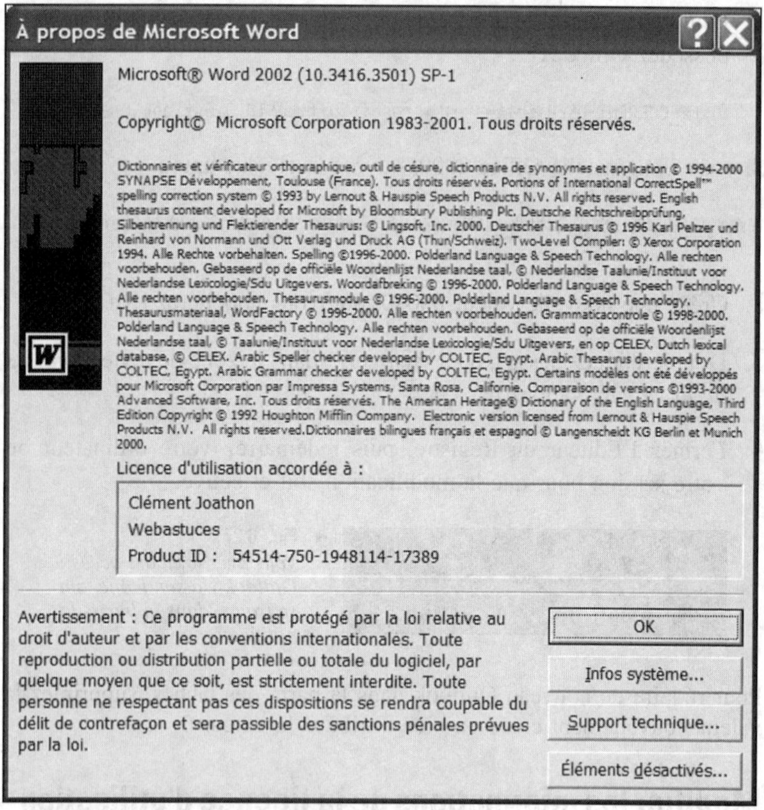

▲ Fig. 6.28 : *Les informations de la licence d'utilisation*

Vous utilisez Office 2000

1. Exécutez Regedit, puis ouvrez la clé suivante :

```
HKEY_LOCAL_MACHINE\SOFTWARE\Microsoft\Windows\CurrentVersion\
✂ Uninstall\{00000409-78E1-11D2-B60F-006097C998E7}
```

Il se peut que la sous-clé `{00000409-78E1-11D2-B60F-006097C998E7}` ne soit pas exactement telle quelle. Cela dépend de votre ordinateur.

Essayez toutes les sous-clés jusqu'à en trouver une qui contient une valeur chaîne `DisplayName` contenant `Microsoft Office 2000 Professional` ou `Standard`.

2. Modifiez alors le contenu des valeurs `RegCompany` et `RegOwner` respectivement par le nom de votre entreprise et par votre nom.

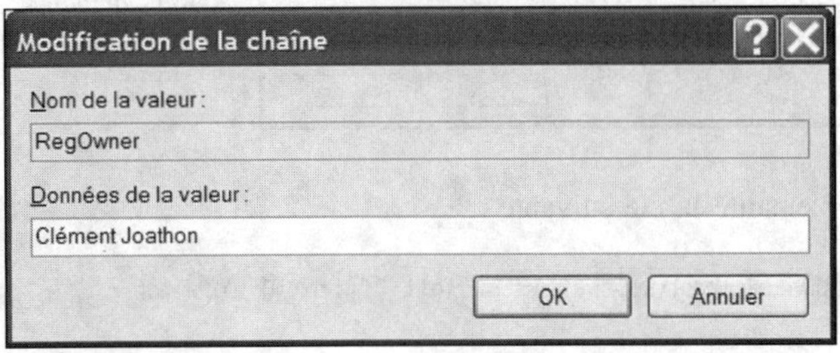

▲ Fig. 6.29 : *La valeur RegOwner contient votre nom d'utilisateur*

3. Ouvrez ensuite la clé suivante :

```
HKEY_CURRENT_USER\Software\Microsoft\Office\9.0\Common
```

4. Renommez la sous-clé `UserInfo` par `AncienUserInfo`.

5. Fermez l'Éditeur du Registre, puis ouvrez une application d'Office pour constater les modifications.

Vous utilisez Office XP

1. Exécutez Regedit, puis ouvrez la clé suivante :

```
HKEY_LOCAL_MACHINE\SOFTWARE\Microsoft\Windows\CurrentVersion\
✂ Uninstall\{90280409-6000-11D3-8CFE-0050048383C9}
```

Il se peut que la sous-clé `{90280409-6000-11D3-8CFE-0050048383C9}` ne soit pas exactement telle quelle. Cela dépend de votre ordinateur. Essayez toutes les sous-clés jusqu'à en trouver une qui contient une valeur chaîne `DisplayName` contenant `Microsoft Office XP Professional` ou `Standard`.

2. Modifiez le contenu de la valeur RegCompany en y saisissant le nom de votre entreprise. Saisissez ensuite votre nom dans la valeur RegOwner.

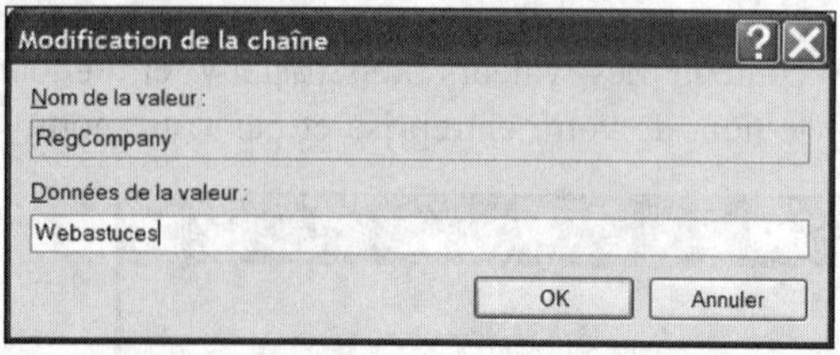

◄ Fig. 6.30 : *Votre entreprise est définie dans la valeur RegCompany*

3. Ouvrez ensuite la clé suivante :

```
HKEY_CURRENT_USER\Software\Microsoft\Office\10.0\Common
```

4. Renommez la sous-clé UserInfo par AncienUserInfo.

5. Fermez l'Éditeur du Registre, puis ouvrez une application d'Office pour constater les modifications.

Personnaliser la barre Mon environnement

La barre *Mon environnement* est la barre grise verticale disposée à gauche des boîtes de dialogue **Ouvrir** et **Enregistrer** dans Office 2000 et XP. Cette barre comporte cinq éléments vous redirigeant vers différents dossiers sur votre ordinateur. Par défaut, ces éléments sont l'*Historique*, *Mes documents*, le *Bureau*, les *Favoris* et les *Favoris réseau.*

◄ Fig. 6.31 : *La barre Mon environnement*

Il est possible de modifier ces éléments et cette barre pour ajouter vos propres liens vers vos dossiers. Pour cela, il faut modifier le Registre.

Ajouter cinq nouveaux éléments

1. Tout d'abord, fermez toutes les applications Office ouvertes, puis exécutez Regedit.

2. Ouvrez la clé suivante :

```
HKEY_CURRENT_USER\Software\Microsoft\Office\10.0\Common\Open
✂ Find\Places
```

Remplacez le `10.0` par `9.0` si vous utilisez Office 2000.

Cette clé comporte deux sous-clés : `StandardPlaces` et `UserDefined-Placed`.

3. En premier lieu, vous devez retirer les éléments déjà existants, sinon ceux que vous ajouterez ne seront pas visibles. N'ayez crainte, vous pourrez facilement, ensuite, les afficher de nouveau. Ainsi, dans chacune des sous-clés de `StandPlaces`, créez une valeur DWORD, que vous appellerez `Show`, que vous fixerez à `0`.

4. Placez-vous ensuite dans la clé `UserDefinedPlaced`, puis créez cinq nouvelles clés. Appelez-les comme bon vous semble. Par exemple : `Place1`, `Place2`, `Place3`, `Place4` et `Place5`.

Pour chacune de ces clés, vous devez créer les valeurs suivantes :

Tab. 6.4 : Valeur permettant de définir les éléments de la barre Mon environnement

Nom de la valeur	Type	Contenu
`Name`	Valeur chaîne	Légende qui apparaîtra sous le nom de l'élément dans la barre *Mon environnement*. Par exemple : `Word`
`Path`	Valeur chaîne	Chemin complet du dossier pointé par l'élément. Par exemple : `C:\Word`
`Index`	Valeur DWORD	Permet de choisir comment les éléments sont classés. 0 pour la première place, 1 pour la seconde, 3 pour la troisième, et ainsi de suite

Tab. 6.4 : Valeur permettant de définir les éléments de la barre Mon environnement		
Nom de la valeur	**Type**	**Contenu**
`View`	Valeur DWORD	Optionnel. Permet de choisir le mode d'affichage du dossier pointé par l'élément. Saisissez 1 pour l'affichage Liste, 2 pour Détails, 3 pour Miniatures et 4 pour Aperçu
`ArrangedBy`	Valeur DWORD	Optionnel. Permet de choisir l'organisation du dossier pointé par l'élément. Saisissez 1 pour trier les fichiers et dossiers par nom, 2 par type, 3 par taille et 4 par date
`SortAscending`	Valeur DWORD	Optionnel. Permet de choisir le type de classement des fichiers et dossiers contenus dans le dossier pointé par l'élément. Saisissez 1 pour les classer par ordre croissant, ou 0 pour les classer par ordre décroissant

5. Fermez l'Éditeur du Registre, puis redémarrez Windows pour que soient appliquées les modifications.

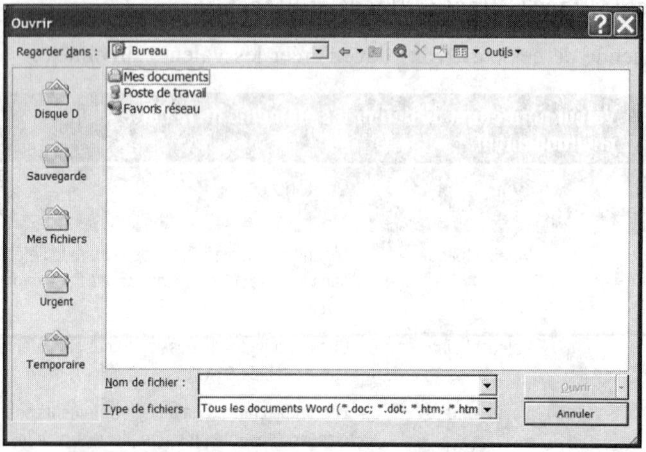

▲ Fig. 6.32 : *Ajouter cinq nouveaux éléments*

Utiliser plus de cinq éléments

Pour utiliser plus de cinq éléments dans la barre *Mon environnement*, éditez le Registre.

1. Ouvrez la clé suivante :

```
HKEY_CURRENT_USER\Software\Microsoft\Office\10.0\Common\Open
✂ Find\Places
```

Remplacez le 10.0 par 9.0 si vous utilisez Office 2000.

2. Créez une nouvelle valeur DWORD, que vous appellerez ItemSize, et laissez son contenu à 0.

3. Vous pouvez alors ajouter autant d'éléments que vous voulez.

REMARQUE

Paramétrer la barre Mon environnement sous Office XP

Certaines modifications sur la barre *Mon environnement* peuvent être effectuées sans éditer le Registre, directement dans Office XP. Cela est toutefois limité à quelques réglages.

Dans n'importe quelle application Office XP, cliquez sur la commande **Ouvrir** du menu **Fichier**. Cliquez avec le bouton droit de la souris sur n'importe quel élément de la barre *Mon environnement* et sélectionnez la commande **Monter** ou **Descendre** pour déplacer l'élément.

Pour ajouter un nouvel élément, naviguez jusqu'au dossier parent contenant le dossier que vous souhaitez ajouter. Sélectionnez-le, déroulez la liste *Outils* (en haut à droite), puis cliquez sur l'option *Ajouter à "Mon environnement"*.

REMARQUE

Vous pouvez supprimer n'importe quel élément que vous avez ajouté en cliquant dessus avec le bouton droit de la souris et en choisissant la commande **Supprimer** du menu contextuel qui apparaît. Vous ne pouvez pas supprimer les éléments par défaut de Windows. Pour cela, il faut passer par le Registre, comme cela a été expliqué précédemment.

Combiner vos éléments et les éléments existants

Vous pouvez, bien entendu, combiner des éléments par défaut de Windows comme *Mes documents* et des éléments personnalisés. Si vous ne souhaitez faire apparaître que cinq éléments dans la liste, veillez à équilibrer les éléments. Ainsi, si vous voulez ajouter un élément personnalisé, il faudra en supprimer un des éléments par défaut.

1. Ainsi, pour masquer l'élément *Historique*, éditez le Registre, puis ouvrez la clé suivante :

```
HKEY_CURRENT_USER\Software\Microsoft\Office\10.0\Common\Open
✂ Find\Places\StandardPlaces
```

Remplacez le `10.0` par `9.0` si vous utilisez Office 2000.

2. Ouvrez la clé `Recent`, qui correspond à l'élément *Historique*. Consultez le tableau suivant pour connaître les clés des autres éléments.

Tab. 6.5 : Noms clés des éléments standards de la barre Mon environnement

Élément standard	Clé
Historique	`Recent`
Mes documents	`MyDocuments`
Bureau	`Desktop`
Favoris	`Favorites`
Favoris réseau	`Publishing`

3. Créez une nouvelle valeur DWORD, que vous appellerez Show, et que vous fixerez à 0. L'élément *Historique* n'apparaîtra alors plus dans la barre *Mon environnement*.

4. Vous pouvez alors ajouter votre propre élément en suivant les explications de la première partie, en limitant la création d'une seule clé dans la branche :

   HKEY_CURRENT_USER\Software\Microsoft\Office\10.0\Common\Open Find\Places\userDefinedPlaced

5. Fermez l'Éditeur du Registre, puis redémarrez Windows pour que soient appliquées les modifications.

◄ Fig. 6.33 : *L'élément Historique est remplacé par un lien vers un dossier personnalisé*

6.5 Personnaliser diverses applications

Comme nous l'avons dit, quasiment toutes les applications utilisent le Registre pour stocker leurs paramètres de configuration. Il est ainsi possible, en théorie, de personnaliser, grâce au Registre, toutes les applications installées sur votre ordinateur.

Désactiver l'écran de démarrage de DirectCD

Pour démarrer plus rapidement DirectCD d'Adaptec, vous pouvez désactiver son écran de démarrage.

1. Pour cela, éditez le Registre, puis rendez-vous à la clé suivante :

```
HKEY_LOCAL_MACHINE\SOFTWARE\Adaptec\DirectCD\[Version]
```

2. Remplacez `Version` par le numéro de la version de DirectCD installée sur votre ordinateur.
3. Si la valeur DWORD `StartupBanner` n'existe pas, créez-la.
4. Double-cliquez dessus, puis saisissez 0 dans la zone de texte *Données de la valeur.*
5. Fermez le Registre pour valider les changements.

Pour retrouver l'écran de démarrage de DirectCD remplacez le 0 par 1.

Désactiver l'écran de démarrage de Norton Antivirus

Pour démarrer plus rapidement Norton Antivirus, vous pouvez, comme pour DirectCD, désactiver son écran de démarrage.

Fig. 6.34 : *L'écran de démarrage de Norton Antivirus*

1. Pour cela, éditez le Registre, puis ouvrez la clé suivante :

```
HKEY_LOCAL_MACHINE\SOFTWARE\Symantec\Norton AntiVirus\Clinic
```

2. Si la valeur DWORD DisableSplashScreen n'existe pas, créez-la.
3. Attribuez-lui ensuite la valeur 1.
4. Fermez la base des registres pour valider les changements.

Pour retrouver l'écran de démarrage de Norton, remplacez le 1 par 0.

Modifier la police de caractères par défaut du Bloc-notes

Si la police Lucida Console ne vous semble pas très agréable à utiliser, sachez qu'il est possible de modifier la police de caractères par défaut du Bloc-notes dans le Registre.

1. Pour cela, exécutez Regedit, puis ouvrez la clé suivante :

```
HKEY_CURRENT_USER\Software\Microsoft\Notepad
```

2. Double-cliquez sur la valeur lfFaceName, puis saisissez le nom de la police à utiliser, par exemple Arial, dans la zone de texte *Données de la valeur* pour utiliser la police Arial.
3. Cliquez sur le bouton OK, puis fermez l'Éditeur de la base des registres pour que soit appliquée la modification.

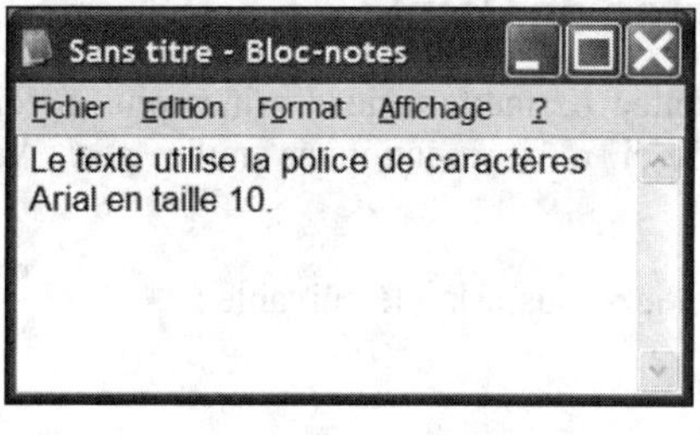

◄ Fig. 6.35 : *Utilisez la police Arial par défaut avec le Bloc-notes*

REMARQUE

Trouver une police de caractères

Pour tester les polices de caractères installées dans votre système afin de trouver celles qui vous plaisent, cliquez sur le bouton **Démarrer**, puis sur **Panneau de configuration**. Cliquez alors sur le lien *Polices*. Toutes les polices installées dans votre système se trouvent dans ce dossier. Double-cliquez sur une police pour afficher des exemples d'utilisation.

Désactiver l'assistant de connexion automatique Internet de Netscape Navigator 4.x

Si vous utilisez une connexion permanente à Internet de type ADSL ou câble, l'assistant de connexion automatique à Internet est superflu sous Netscape Navigator 4.x. Pour le désactiver, exécutez l'Éditeur du Registre.

1. Rendez-vous dans la clé suivante :

```
HKEY_CURRENT_ USER\Software\Netscape\Netscape Navigator\Automation
✂ Shutdown
```

2. Supprimez alors toutes les sous-clés et valeurs contenues dans cette clé.
3. Fermez la base des registres, puis redémarrez votre ordinateur.

Désormais, Netscape ne vous demandera plus à quel fournisseur d'accès se connecter.

Activer la grille aimantée de Paint

Paint possède une grille aimantée permettant de dessiner plus précisément. Malheureusement, celle-ci n'est mentionnée nulle part. Voici comment l'activer.

1. Éditez le Registre, puis rendez-vous à la clé suivante :

```
HKEY_CURRENT_USER\Software\Microsoft\Windows\CurrentVersion
✂ \Applets\Paint\View
```

2. Dans la fenêtre de droite, double-cliquez sur la valeur DWORD `SnapToGrid`, puis fixez sa valeur à `1`.

3. Double-cliquez ensuite sur l'entrée `GridExtent`, puis fixez sa valeur au nombre de pixels que la grille aimantée doit avoir. Ainsi, pour obtenir une grille aimantée de 3 pixels de côté (vous pouvez disposer un objet tous les 3 pixels), saisissez le chiffre 3.

4. Fermez la base des registres, puis redémarrez votre ordinateur pour valider les changements.

Vider l'historique de Netmeeting

Comme Internet Explorer ou encore Windows Media Player, le logiciel de visioconférence Netmeeting installé avec Windows stocke dans le Registre votre historique. Ainsi, n'importe qui peut consulter la liste des appels que vous avez effectués. En effet, lorsque vous cliquez sur le menu **Appel**, puis sur la commande **Effectuer un appel**, la boîte de dialogue de connexion s'ouvre.

La zone de texte *A* est en fait une liste déroulante qui contient les anciennes adresses auxquelles vous vous êtes connecté.

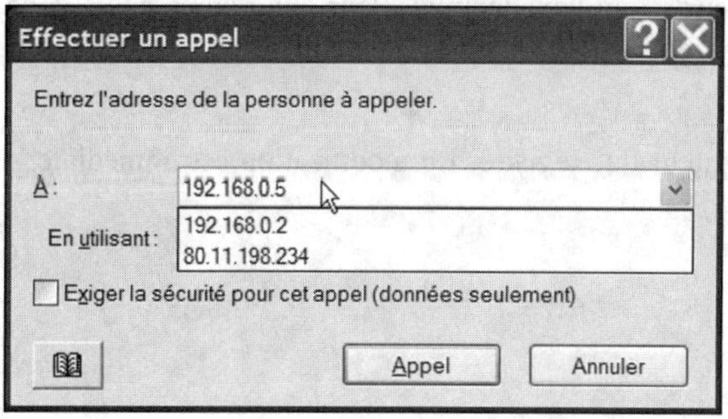

▲ Fig. 6.36 : *Les adresses auxquelles vous vous êtes déjà connecté*

Pour faire le ménage dans cet historique, exécutez l'Éditeur du Registre.

1. Ouvrez ensuite la clé suivante :

```
HKEY_USERS\S-1-5-21-484763869-492894223-854245398-1005\Software
✂ \Microsoft\Conferencing\UI\CallMRU
```

Il se peut que vous ne trouviez pas exactement la sous-clé `S-1-5-21-484763869-492894223-854245398-1005` dans le Registre, mais une clé lui ressemblant étrangement, se différenciant par les 4.

Cette clé contient toute la liste des appels passés dans Netmeeting. Chaque élément de cette liste est stocké dans une valeur chaîne `Addr`.

2. Supprimez toutes les entrées que vous souhaitez faire disparaître de l'historique de Netmeeting. Attention, si vous effacez, par exemple, la dixième adresse, les autres adresses plus récentes seront elles aussi effacées (la onzième, la douzième...). Pour empêcher cela, vous pouvez renommer les adresses suivantes afin de ne laisser aucun trou entre deux adresses. Ainsi, si vous effacez la dixième adresse, dont le nom de valeur est `addr10`, vous devrez renommer la valeur `addr11` en `addr10`, la valeur `addr12` en `addr11` et ainsi de suite.
3. Modifiez ensuite la valeur binaire `Count`, qui contient le nombre d'éléments de l'historique. Si vous avez supprimé tous les éléments de l'historique, saisissez `00 00 00 00` dans la zone de texte *Données de la valeur*. S'il vous reste, disons douze adresses, saisissez `0C 00 00 00`, `C` étant la valeur 12 en hexadécimal. Pour vingt adresses, la zone de texte *Données de la valeur* devra contenir `14 00 00 00` (voir fig. 6.37).
4. Fermez alors l'Éditeur du Registre. La modification est immédiate.

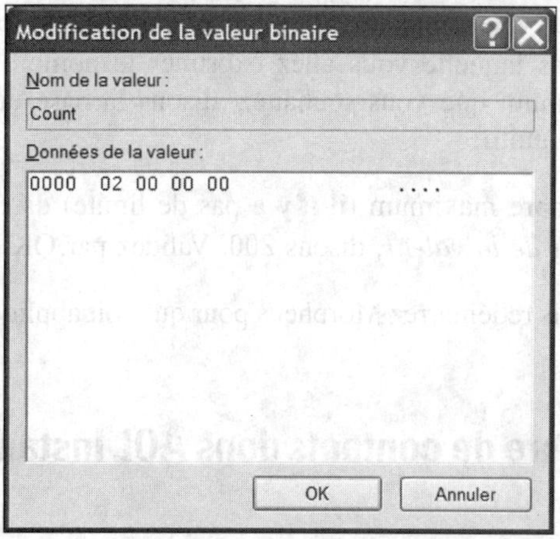

◄ Fig. 6.37 : *Le nombre d'éléments de l'historique en hexadécimal*

ASTUCE

Où se trouve Netmeeting dans Windows XP ?

Sous Windows XP, il n'y a plus aucune trace de Netmeeting, ni dans le menu **Démarrer** ni dans les programmes installés. Microsoft l'aurait-il supprimé de Windows XP ? Et bien non ! Vous pouvez toujours y accéder. Pour cela, cliquez sur le bouton **Démarrer**, puis sur **Exécuter**. Saisissez alors la commande `conf`, puis validez par OK. Netmeeting se lance alors.

Augmenter le nombre de téléchargements avec Morpheus

Le logiciel de téléchargement Peer to Peer Morpheus limite à cinquante le nombre de téléchargements simultanés. Si votre bande passante vous permet de dépasser cette limite, vous pouvez l'indiquer dans le Registre.

1. Exécutez Regedit, puis ouvrez la clé suivante :

```
HKEY_CURRENT_USER/Software/Morpheus/Transfer
```

2. Double-cliquez sur la valeur DWORD Concurrentdownloads, puis choisissez la base dans laquelle vous allez exprimer le nombre de téléchargements maximum que vous souhaitez, disons la base décimale, ce qui est plus intuitif.

3. Saisissez alors ce nombre maximum (il n'y a pas de limite) dans la zone de texte *Données de la valeur*, disons 200. Validez par OK.

4. Fermez le Registre, puis redémarrez Morpheus pour que soit appliquée la modification.

Augmenter le nombre de contacts dans AOL Instant Messenger

Par défaut, AOL Instant Messenger peut gérer jusqu'à 160 personnes dans votre liste de contacts. Si vous avez énormément de contacts et approchez de cette limite, vous pouvez augmenter ce nombre jusqu'à 999.

1. Exécutez Regedit, puis ouvrez la clé suivante :

```
HKEY_CURRENT_USER\Software\America Online\AOL Instant Messenger
✂ (TM)\CurrentVersion\Buddy
```

2. Double-cliquez alors sur la valeur DWORD MaxBuddies, puis saisissez le nombre maximum de contacts pour votre liste (999 maximum). Cliquez sur le bouton OK.

3. Fermez l'Éditeur du Registre, puis redémarrez votre ordinateur ou votre session pour que soit appliquée la modification.

Nettoyer l'historique de Download Accelerator

Download Accelerator est un gestionnaire de téléchargement vous permettant d'arrêter et de reprendre ultérieurement vos téléchargements. Download Accelerator garde un historique des fichiers téléchargés et des adresses visitées. Vous pouvez nettoyer cet historique.

1. Exécutez Regedit, puis ouvrez la clé suivante :

```
HKEY_CURRENT_USER\Software\Speedbit\Download Accelerator\FileList
```

2. Supprimez alors toutes les sous-clés présentes pour supprimer l'historique de téléchargement.

3. Ouvrez ensuite la clé suivante :

```
HKEY_CURRENT_USER\Software\Speedbit\Download
✂ Accelerator\HistoryCombo
```

4. Double-cliquez sur la valeur `URLHistory` puis supprimez tout ce qui se trouve dans la zone de texte *Données de la valeur*.

5. Fermez enfin l'Éditeur du Registre pour que soit appliquée la modification.

Chapitre > 7

Résoudre des problèmes

7.1 Gérer les erreurs et leur correction

Envoyer des alertes administratives en cas de plantage

Lorsque votre système plante, vous pouvez forcer Windows à envoyer une alerte à l'administrateur.

1. Pour cela, éditez le Registre, puis ouvrez la clé suivante :

```
HKEY_LOCAL_MACHINE\SYSTEM\CurrentControlSet\Control\CrashControl
```

2. Créez une nouvelle valeur `DWORD`, que vous appellerez `SendAlert`.
3. Double-cliquez dessus pour modifier son contenu. Saisissez 1 dans la zone de texte *Données de la valeur* pour envoyer les alertes à l'administrateur. Mettez 0 pour qu'aucune alerte ne soit transmise. Validez par OK.
4. Fermez l'Éditeur du Registre, puis redémarrez Windows pour que soit appliquée la modification.

Enregistrer les plantages du système

Vous pouvez demander à Windows d'enregistrer, dans un journal d'évènements, l'heure et la date exactes des plantages qui pourraient survenir sur votre système.

Pour cela, éditez le Registre

1. Exécutez Regedit, puis ouvrez la clé suivante :

```
HKEY_LOCAL_MACHINE\SYSTEM\CurrentControlSet\Control\CrashControl
```

2. Créez une nouvelle valeur `DWORD`, que vous appellerez `LogEvent`.
3. Double-cliquez dessus, puis saisissez 1 dans la zone de texte *Données de la valeur*. Validez par OK.

4. Fermez l'Éditeur du Registre, puis redémarrez votre ordinateur pour que soit appliquée la modification.

Pour consulter le journal d'évènements dans lequel sont enregistrés les plantages, ouvrez le Panneau de configuration. Pour cela, cliquez sur le bouton **Démarrer**, puis sur **Panneau de configuration**. Si vous utilisez le style classique pour le menu **Démarrer**, il faut cliquer sur le dossier *Paramètres* après le bouton **Démarrer**.

Double-cliquez ensuite sur le module **Outils d'administration**, puis sur l'**Observateur d'événements**.

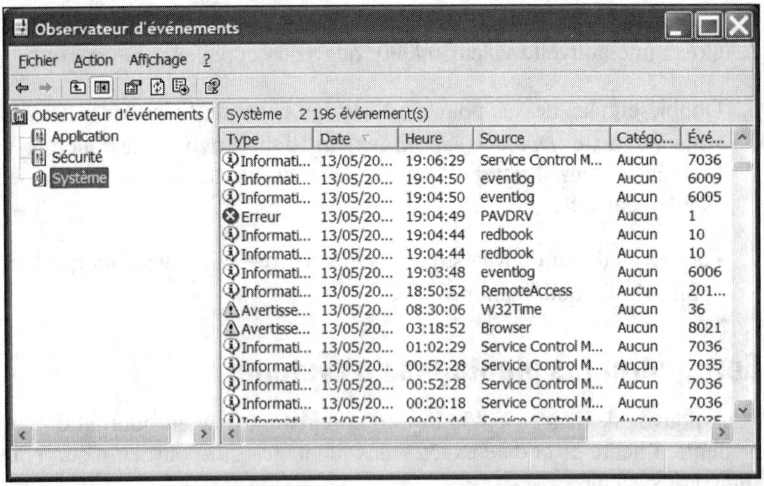

▲ Fig. 7.1 : *L'observateur d'événements enregistre tout ce qui se passe sur votre système*

Ouvrez le journal *Système* pour afficher tous les évènements enregistrés. Le plantage de votre système est représenté par le type *Erreur* provenant d'une source *eventlog*. Recherchez donc les éléments de type *Erreur* et de source *eventlog*. Le plus récent est votre plantage. Les évènements sont, en effet, classés par ordre chronologique (du plus récent au plus ancien), par défaut. Double-cliquez dessus pour avoir plus d'informations, comme la description du problème.

Enregistrer l'environnement utilisateur en cas de plantage

En plus de l'enregistrement des plantages, vous pouvez enregistrer dans les journaux d'évènements toutes les informations d'environnement des utilisateurs : profil utilisateur, autorisations, etc., qui peuvent servir pour rechercher les causes d'un problème. Pour cela, éditez le Registre.

1. Exécutez Regedit, puis ouvrez la clé suivante :

```
HKEY_LOCAL_MACHINE\SYSTEM\CurrentControlSet\Control\CrashControl
```

2. Créez une nouvelle valeur `DWORD`, que vous appellerez `UserEnvDebugLevel`.
3. Double-cliquez dessus, puis activez la base hexadécimale.
4. Saisissez `10002` dans la zone de texte *Données de la valeur*, puis validez par OK.
5. Fermez l'Éditeur du Registre, puis redémarrez votre ordinateur pour que soit appliquée la modification.

Voir les patchs installés

Périodiquement, Microsoft sort des patchs de mise à jour de Windows pour corriger des bugs ou des problèmes de sécurité. Pour savoir quels sont les patchs qui ont été installés sur votre ordinateur, éditez le Registre.

1. Ouvrez la clé suivante :

```
HKEY_LOCAL_MACHINE\SOFTWARE\Microsoft\Windows
✂ NT\CurrentVersion\Hotfix
```

La liste des patchs installés apparaît alors dans cette clé. Chaque mise à jour correspond à une sous-clé portant pour nom le numéro de la mise à jour chez Microsoft.

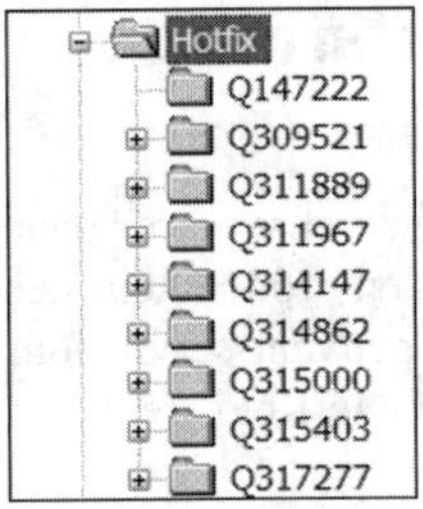

◄ Fig. 7.2 : *Liste des patchs installés*

2. Pour savoir à quelle correction correspond chaque clé, notez son numéro, puis rendez-vous sur le site de Microsoft Developpment Network (MSDN) à l'adresse suivante : `http://search.microsoft.com/advanced_search.asp?siteid=us/dev`.

3. Dans la zone de texte *Search for*, saisissez le numéro de la correction, par exemple Q311967, puis cliquez sur le bouton **Go**. Le résultat de la recherche s'affiche alors avec une petite description.

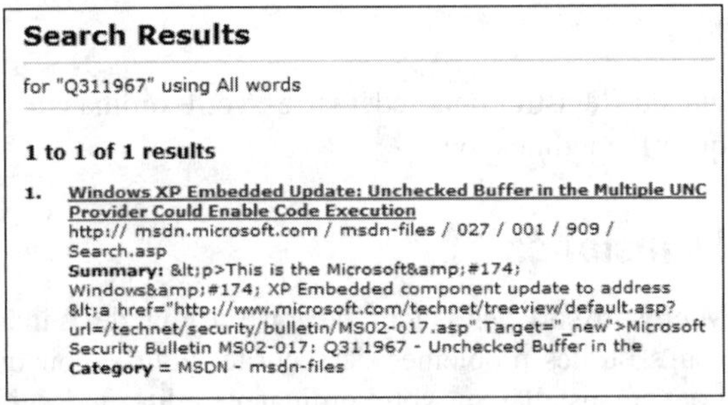

▲ Fig. 7.3 : *Description de la correction dont vous avez saisi le numéro*

4. Cliquez dessus pour afficher une description plus précise. Il est ici nécessaire de maîtriser la langue de Shakespeare, la version française du site de MSDN ne permettant pas d'effectuer cette recherche.

Gérer le rapport d'erreurs d'Office XP

Depuis peu, on trouve une nouvelle fonctionnalité dans les logiciels de Microsoft, qui permet d'avertir ce dernier lors d'un plantage. Microsoft justifie cette fonctionnalité comme offrant la possibilité d'accélérer le cycle de correction des problèmes. Or, le rapport d'erreurs transmis à Microsoft contient des informations sur vous et votre système, les logiciels installés, etc.

Il peut également transmettre tout ou partie des documents et des pages web consultées qui se trouvaient en mémoire au moment du plantage. Pour empêcher la divulgation de données personnelles et confidentielles, il faut modifier le Registre.

1. Ouvrez la clé suivante :

```
HKEY_CURRENT_USER\Software\Microsoft\Office\10.0\Common
```

2. Créez les valeurs DWORD suivantes : DWNeverUpload, DWNoExternalURL, DWNoFileCollection et DWNoSecondLevelCollection.
3. Double-cliquez sur chacune de ces valeurs, puis saisissez 1 dans la zone de texte *Données de la valeur*. Validez par OK.
4. Fermez la base des registres pour valider les changements.

Nom	Type	Données
(par défaut)	REG_SZ	(valeur non définie)
DWNeverUpload	REG_DWORD	0x00000001 (1)
DWNoExternalURL	REG_DWORD	0x00000001 (1)
DWNoFileCollection	REG_DWORD	0x00000001 (1)
DWNoSecondLev...	REG_DWORD	0x00000001 (1)

▲ Fig. 7.4 : *Les 4 valeurs à créer*

Gérer l'affichage des messages d'erreur

Lorsqu'une erreur se produit dans Windows ou dans un programme, une boîte de dialogue est affichée pour vous spécifier cette erreur. Or, il est possible d'autoriser ou non l'affichage de ces messages d'erreur. Pour modifier cela, éditez le Registre.

1. Exécutez Regedit, puis ouvrez la clé suivante :

```
HKEY_LOCAL_MACHINE\SYSTEM\CurrentControlSet\Control\Windows
```

2. Double-cliquez sur la valeur DWORD ErrorMode, puis assignez-lui la valeur 0 pour que toutes les erreurs soient affichées ; 1 pour que les erreurs système soient masquées et que les erreurs des applications soient affichées ; enfin, 2 pour qu'aucune erreur ne soit affichée.

3. Fermez l'Éditeur du Registre, puis redémarrez votre ordinateur pour que soient appliquées les modifications.

Notez que le fait d'empêcher l'affichage d'une erreur ne l'empêche pas d'être stockée dans les journaux d'évènements (fichiers LOG).

Gérer les messages d'erreur au démarrage

Lorsqu'un service ou un périphérique ne fonctionne pas au démarrage de Windows, ce dernier vous avertit par un message d'erreur. Il est possible d'autoriser ou non l'affichage de ces messages d'erreur. Pour cela, éditez le Registre.

1. Exécutez Regedit, puis ouvrez la clé suivante :

```
HKEY_LOCAL_MACHINE\SOFTWARE\Microsoft\Windows
✂ NT\CurrentVersion\Windows
```

2. Créez une nouvelle valeur DWORD, que vous appellerez NoPopUpsOn-Boot.

3. Double-cliquez dessus, puis saisissez 1 dans la zone de texte *Données de la valeur*.

4. Créez ensuite une seconde valeur DWORD, que vous nommerez Error Mode.

5. Attribuez-lui la valeur 0 pour ne supprimer aucun message, 1 pour supprimer les messages d'erreurs système et 2 pour supprimer tous les messages d'erreur.

6. Fermez l'Éditeur du Registre, puis redémarrez Windows pour que les changements prennent effet.

7.2 Sauvegarder la mémoire en cas de plantage

Créer une image mémoire du système en cas de plantage

Lorsque votre système plante, vous pouvez créer une image mémoire de votre système, qui servira à trouver la cause de l'erreur. Vous avez le choix entre plusieurs types d'images mémoire.

L'image mémoire complète

L'image mémoire complète enregistre tout le contenu de la mémoire lorsque le système s'arrête sans explication. Il vous faut ainsi assez d'espace disque disponible pour stocker cette image. Sa taille est équivalente à la quantité de mémoire RAM que vous possédez sur votre système, auquel vous devez ajouter 1 Mo. Ainsi, si vous possédez 512 Mo de RAM, l'image mémoire fera 512 + 1 Mo, soit 513 Mo.

L'image mémoire du noyau

L'image mémoire du noyau enregistre uniquement la mémoire du noyau, ce qui accélère le processus de sauvegarde sur le disque dur lorsque le système plante. Cette image ne comporte pas la mémoire allouée ou non aux logiciels exécutés en mode Utilisateur. L'image contient uniquement la mémoire allouée au noyau de Windows XP, au matériel, aux drivers et aux programmes exécutés en mode SYSTEM.

La taille de l'image mémoire du noyau correspond environ à un tiers de la quantité totale de mémoire RAM installée sur votre ordinateur.

Ce type d'image est certainement le plus intéressant, puisqu'il est beaucoup plus petit que l'image mémoire complète et qu'il omet uniquement les zones mémoire qui ne semblent pas avoir provoquées le problème.

L'image mémoire partielle

Enfin, l'image mémoire partielle enregistre le minimum d'informations utiles permettant d'identifier la cause du plantage. Dans moins de 64 ko, l'image mémoire partielle enregistre :

- Le message d'arrêt et les paramètres.
- La liste des drivers chargés.
- Le contexte du processeur.
- Les informations sur le processus qui s'est arrêté.
- Les informations sur le thread qui s'est arrêté.

Ce type d'image mémoire peut être utile lorsque l'espace disque est limité. Mais à cause du peu d'informations récupérées, les erreurs qui ne sont pas directement liées à l'exécution d'un thread lors du problème ne seront pas trouvées en examinant ce fichier.

Définir le type d'image à utiliser

Pour définir le type d'image mémoire à utiliser lors d'un plantage, il faut éditer le Registre.

1. Exécutez Regedit, puis ouvrez la clé suivante :

```
HKEY_LOCAL_MACHINE\SYSTEM\CurrentControlSet\Control\CrashControl]
```

2. Créez une nouvelle valeur DWORD, que vous appellerez `CrashDumpEnabled`, si elle n'existe pas déjà.
3. Double-cliquez dessus, puis saisissez 0 pour ne pas créer d'image mémoire, 1 pour faire une image mémoire complète, 2 pour faire une image mémoire du noyau, 3 pour réaliser une image mémoire partielle. Validez par OK.
4. Fermez l'Éditeur du Registre, puis redémarrez votre ordinateur pour que soit appliquée la modification.

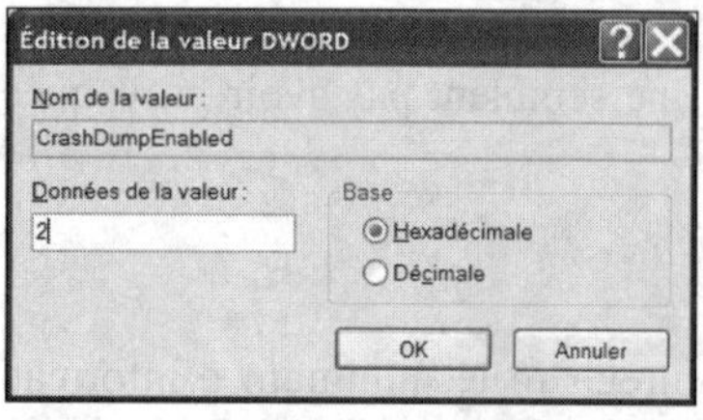

▲ Fig. 7.5 : *En cas de plantage une image mémoire du noyau sera enregistrée*

Comment ouvrir une image mémoire

Votre système vient de planter et vous aimeriez en connaître la cause. Voici comment procéder.

1. Tout d'abord, il faut télécharger la dernière version des outils de débogage sur le site de Microsoft.

Dans votre navigateur, ouvrez la page http://www.microsoft.com/ddk/debugging/installx86.asp

2. Cliquez alors sur le lien *Install 32-bit version 4.0.18.0 (December 21,2001) 6.4 MB*, qui va lancer le téléchargement des outils. Comme indiqué dans le lien, le fichier fait 6,4 Mo, ce qui vous prendra une vingtaine de minutes à télécharger avec un modem 56 kbps.

3. Une fois le téléchargement terminé, vous pouvez lancer l'installation. Suivez, pour cela, les instructions à l'écran. Lorsque l'installation est finie, cliquez sur le bouton **Démarrer**, sur **Tous les programmes**, sur **Debugging Tools for Windows**, puis sur **WinDbg**.

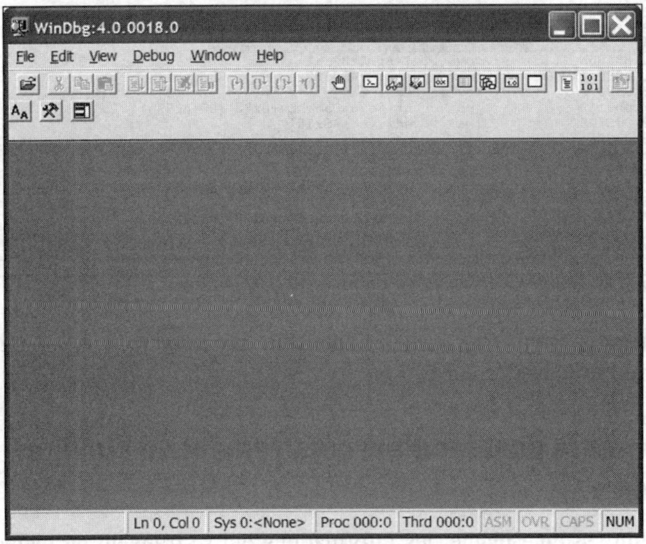

▲ Fig. 7.6 : *WinDbg, l'outil de débogage de Microsoft*

4. Dans la fenêtre du logiciel, cliquez sur le menu **File**, puis sur la commande **Open Crash Dump**.

5. À l'aide de la boîte de dialogue de l'explorateur, recherchez votre image mémoire sur votre disque dur. Par défaut, le fichier *MEMORY.DMP* se trouve dans le dossier *C:\Windows*. Validez en cliquant sur le bouton **Ouvrir**.

L'image de la mémoire à l'instant du plantage est alors analysée et ouverte dans la fenêtre.

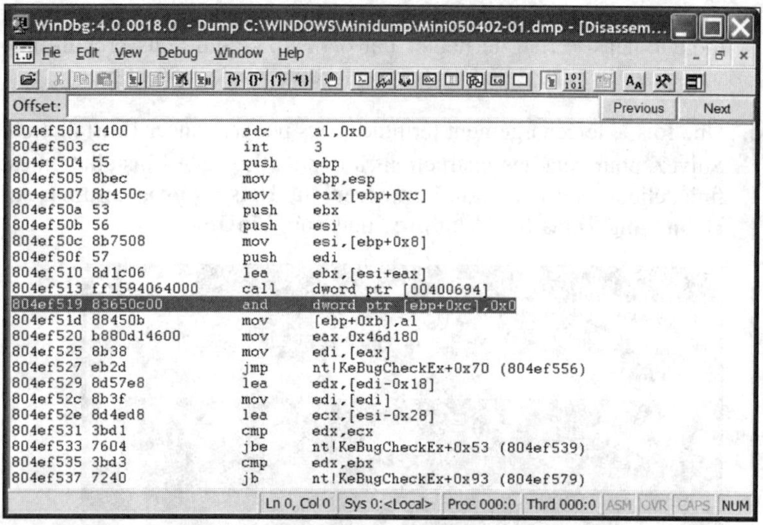

▲ Fig. 7.7 : *L'image de la mémoire au moment du plantage*

Maintenant, si vous vous sentez l'âme d'un programmeur, vous pouvez essayer de trouver l'erreur !

Spécifier le dossier d'enregistrement de l'image mémoire

Lorsqu'un système plante, les informations qui se trouvent en mémoire peuvent être enregistrées sur le disque dur (voir astuce précédente), par défaut, dans le dossier *C:\Windows\MEMORY.DMP*. Vous pouvez modifier ce répertoire. Pour cela, éditez le Registre.

1. Ouvrez la clé suivante :

```
HKEY_LOCAL_MACHINE\SYSTEM\CurrentControlSet\Control\CrashControl
```

2. Créez une nouvelle valeur de chaîne extensible, que vous nommerez `MinidumpDir`.

3. Double-cliquez dessus, puis saisissez le nouvel emplacement pour l'image mémoire. `D:\Memoire`, par exemple. Validez par OK.

4. Fermez l'Éditeur du Registre, puis redémarrez votre ordinateur pour que soit appliquée la modification.

Contrôler la méthode de création de l'image mémoire

Comme nous l'avons dit précédemment, les informations qui se trouvent en mémoire sont enregistrées sur le disque dur en cas de plantage. Cela permet de trouver l'origine du plantage. Lorsque les informations sont enregistrées sur le disque dur, vous pouvez décider qu'elles remplacent totalement l'ancienne image mémoire.

Vous pouvez également choisir d'ajouter les informations à l'image mémoire déjà existante. Avantage de cette méthode : toutes les informations sont consignées dans le fichier. Inconvénient : au fur et à mesure de vos plantages, la taille du fichier va rapidement vous envahir.

Éditez le Registre pour choisir la méthode de création de l'image mémoire.

1. Ouvrez la clé suivante :

```
HKEY_LOCAL_MACHINE\SYSTEM\CurrentControlSet\Control\CrashControl
```

2. Créez, si elle n'existe pas, une nouvelle valeur `DWORD`, que vous nommerez `Overwrite`.

3. Double-cliquez dessus, puis assignez-lui la valeur 1. Validez par OK.

4. Fermez l'Éditeur du Registre, puis redémarrez votre ordinateur pour que soit appliquée la modification.

Retrouver vos icônes

Il peut arriver que Windows n'affecte plus la bonne icône au bon raccourci sur votre Bureau ou dans la barre des tâches. Cela provient du fichier faisant office de cache pour les icônes, qui n'a pas été correctement mis à jour.

Pour corriger ce problème, une petite manipulation dans le Registre s'impose.

1. Exécutez Regedit, puis rendez-vous à la clé suivante :

```
HKEY_CURRENT_USER\Software\Microsoft\Windows\CurrentVersion
✂ \Explorer.
```

2. Créez une nouvelle valeur chaîne. Donnez-lui comme nom `Max Cached Icons`.

3. Double-cliquez sur cette valeur, puis saisissez 2048 dans la zone de texte *Données de la valeur*.

4. Cliquez sur OK, fermez l'Éditeur du Registre, puis redémarrez votre ordinateur pour que soient appliqués les changements.

7.3 Corriger des problèmes courants

Éteindre votre ordinateur

Vous avez installé Windows XP, et, depuis, votre ordinateur ne s'éteint plus tout seul. Il reste allumé sur un écran affichant le message "Vous pouvez maintenant éteindre votre ordinateur en toute sécurité". Ce problème peut avoir plusieurs origines. Cela peut être dû à votre BIOS, aux fonctions de gestion d'énergie de Windows ou au Registre.

Vérifier le BIOS

Pour que la fonction d'extinction de votre ordinateur s'exécute correctement, il faut que les fonctions ACPI (Advanced Configuration and Power Interface) ou APM (Advanced Power Management) de votre carte mère soient activées. Pour aller dans votre BIOS, suivez la notice de votre carte mère ou de votre ordinateur. Généralement, il faut appuyer sur la touche `Suppr` juste après le décompte de votre mémoire, au démarrage de votre ordinateur.

À l'aide des flèches de direction, ouvrez le menu **Power**. Ce menu peut avoir un intitulé légèrement différent car il est propre à chaque BIOS.

Déplacez-vous dans les différentes options jusqu'à une option appelée `Power Management APM`, `ACPI Funtion` ou `ACPI Aware O/S` Cela dépend de votre BIOS.

Placez alors l'option sur *Enable* ou sur *Max Saving*.

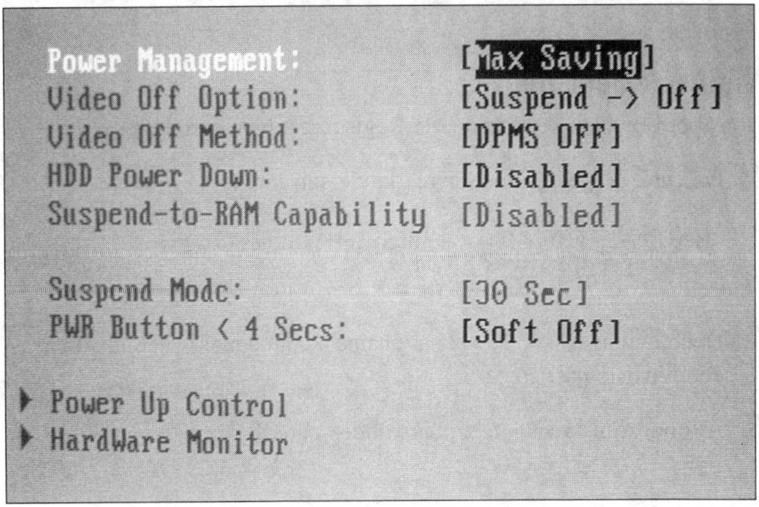

▲ Fig. 7.8 : *Activez la gestion de l'énergie*

Appuyez sur la touche Echap pour revenir à l'accueil du BIOS, puis enregistrez les modifications. Pour cela, appuyez sur la touche F10, puis confirmez en appuyant sur la touche Y (pour Yes). Validez par la touche Entrée, votre ordinateur, alors, redémarre.

Modifier les options d'alimentation

Cliquez sur le bouton **Démarrer**, puis sur **Panneau de configuration** (un dossier *Paramètres* se trouve entre les deux, si vous utilisez le menu **Démarrer** classique). Cliquez sur l'option *Basculer vers l'affichage classique*, puis double-cliquez sur le module **Options d'alimentation**.

Dans l'onglet **APM**, cochez la case *Activer la prise en charge de la gestion avancée de l'alimentation*, puis cliquez sur le bouton OK.

REMARQUE

Vous ne trouvez pas l'onglet APM

Si vous n'avez pas d'onglet APM, c'est que votre carte mère ne prend pas en charge ce protocole de gestion avancé de l'alimentation. Windows utilise alors le protocole ACPI.

Vérifier le Registre

Vous pouvez alors vérifier que le Registre est bien configuré.

1. Exécutez Regedit, puis ouvrez la clé suivante :

```
HKEY_LOCAL_MACHINE\SOFTWARE\Microsoft\Windows
✂ NT\CurrentVersion\Winlogon
```

2. Double-cliquez sur la valeur chaîne `PowerdownAfterShutdown`. Si elle n'existe pas, créez-la.
3. Attribuez-lui la valeur 1, puis validez par OK.

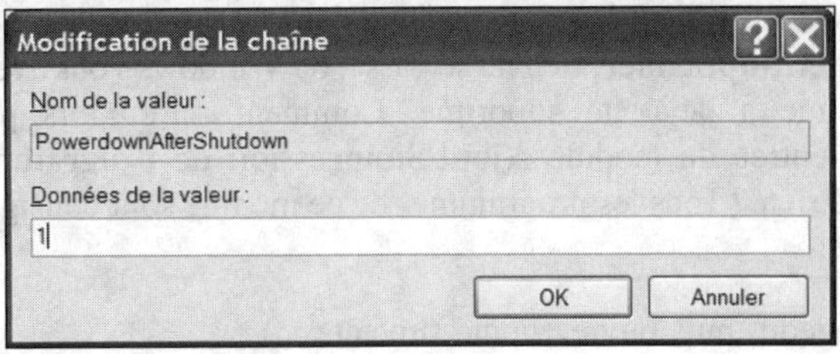

▲ Fig. 7.9 : *Forcez l'extinction du PC après la fermeture de Windows*

4. Fermez l'Éditeur du Registre, puis redémarrez votre ordinateur pour que soit appliquée la modification.

Désinstaller manuellement une application

Lorsque vous installez un programme, celui-ci ajoute une entrée dans le module **Ajout/Suppression de programmes** du Panneau de configuration. Vous pouvez alors le désinstaller facilement à partir de ce module.

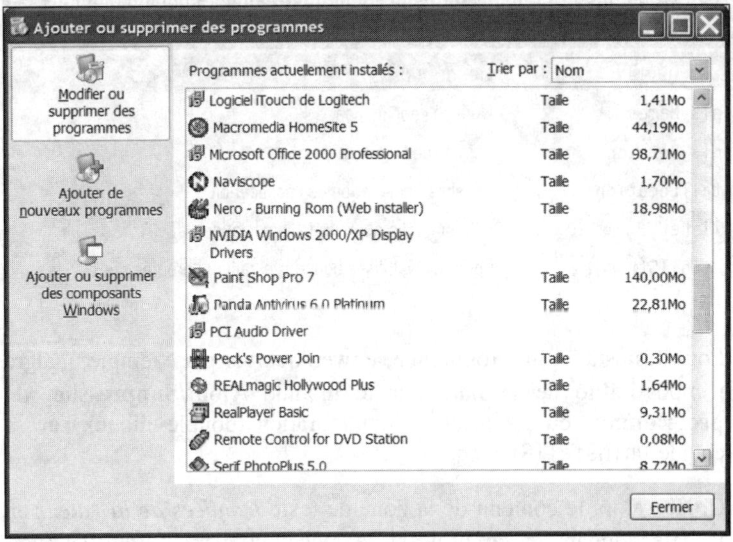

▲ Fig. 7.10 : *Le module Ajout/Suppression de programmes*

Or, vous avez beau sélectionner le programme dans la liste et cliquer sur le bouton **Modifier/Supprimer**, rien ne se passe, ou Windows vous avertit que le programme a déjà été supprimé. Comment faire alors pour supprimer cette entrée du module **Ajout/Suppression de programmes** qui ne sert plus à rien ? Tous les programmes de ce module sont consignés dans le Registre.

1. Exécutez Regedit, puis ouvrez la clé suivante :

```
HKEY_LOCAL_MACHINE\SOFTWARE\Microsoft\Windows\CurrentVersion
✂ \Uninstall
```

2. Cette clé comporte une sous-clé par logiciel ou composant Windows installé sur votre disque dur.

Par exemple la clé `PowerArchiver`, qui contient les informations d'installation de PowerArchiver. Cliquez dessus. Dans la fenêtre de droite, vous voyez plusieurs valeurs.

Tab. 7.1 : Valeurs principales utilisées pour décrire un élément du module Ajout/Suppression de programmes

Valeur chaîne	Description
`DisplayName`	Nom de l'application
`DisplayVersion`	Version de l'application
`InstallLocation`	Dossier d'installation de l'application
`Publisher`	Éditeur ou distributeur de l'application
`UninstallString`	Commande utilisée pour désinstaller le programme

3. Pour désinstaller un programme, PowerArchiver par exemple, malgré l'impossibilité de le faire par le module **Ajout/Suppression de programmes** du Panneau de configuration, double-cliquez sur sa chaîne `UninstallString`.

4. Copiez alors le contenu de la zone de texte *Données de la valeur* en la sélectionnant et en utilisant le raccourci clavier Ctrl+C (voir fig. 7.12).

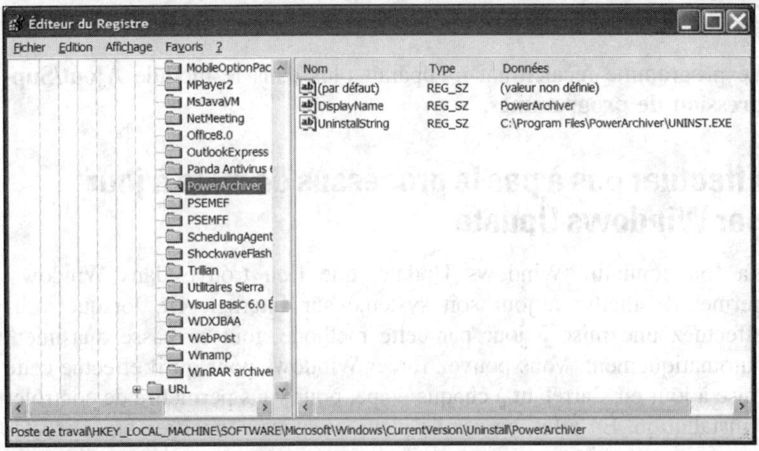

▲ Fig. 7.11 : *Informations d'installation de PowerArchiver*

▲ Fig. 7.12 : *Chaîne de désinstallation de PowerArchiver*

5. Cliquez sur le bouton **Démarrer**, puis sur la commande **Exécuter**. Cliquez dans la zone de texte *Ouvrir*, puis utilisez le raccourci clavier [Ctrl]+[V] pour coller la commande que vous venez de mettre en mémoire. Validez par OK. Le programme de désinstallation du programme se lance alors.

Si cela ne fonctionne toujours pas, la seule solution qu'il vous reste consiste à supprimer totalement la clé du logiciel récalcitrant.

1. Sélectionnez la clé du logiciel à désinstaller, `PowerArchiver` par exemple, puis appuyez sur la touche [Suppr].

2. Confirmez la suppression, puis fermez l'Éditeur du Registre.

Le programme récalcitrant n'apparaît plus dans le module **Ajout/Suppression de programmes**.

Effectuer pas à pas le processus de mise à jour par Windows Update

La fonctionnalité Windows Update, que l'on trouve dans Windows, permet de mettre à jour son système sur Internet. Or, lorsque vous effectuez une mise à jour par cette méthode, tout se passe quasiment automatiquement. Vous pouvez forcer Windows pour qu'il effectue cette mise à jour en s'arrêtant à chaque étape, pour vous permettre de contrôler l'installation. En effet, en cas de plantage, vous connaîtrez ainsi exactement sa cause.

Pour activer le mode pas à pas, il faut modifier le Registre.

1. Exécutez Regedit, puis ouvrez la clé suivante :

```
HKEY_LOCAL_MACHINE\SOFTWARE\Microsoft\Active Setup
```

2. Créez une nouvelle valeur chaîne, que vous appellerez `SteppingMode`.
3. Double-cliquez dessus, puis saisissez `Y` dans la zone de texte *Données de la valeur* pour activer le mode pas à pas. Si, plus tard, vous souhaitez le désactiver, il vous suffira de saisir `N`. Validez par OK.
4. Fermez l'Éditeur du Registre, puis redémarrez votre ordinateur pour que soit appliquée la modification.

Désormais, lorsque vous mettrez à jour votre système par Windows Update, une boîte de dialogue apparaîtra entre chaque étape. Cliquez sur le bouton OK pour continuer le processus de mise à jour.

REMARQUE

Comment mettre à jour son ordinateur par Windows Update

Pour mettre à jour Windows, Internet Explorer, le Lecteur Windows Media, corriger les failles de sécurité, etc., il faut utiliser le service Windows Update. Pour cela, ouvrez une fenêtre d'Internet Explorer, puis cliquez sur le menu **Outils**, puis sur **Windows Update**. Suivez alors les instructions à l'écran.

Modifier la page d'erreur de l'Active Desktop

La fonctionnalité Active Desktop permet d'afficher des pages web en arrière-plan de votre Bureau. Lorsque cette fonctionnalité est désactivée, à cause d'un plantage ou d'une erreur système, une page spéciale est affichée. Vous pouvez la modifier.

1. Pour cela, exécutez Regedit, puis ouvrez la clé suivante :

```
HKEY_USERS\S-1-5-21-484763869-492894223-854245398-1005\Software\Microsoft\Internet Explorer\Desktop\SafeMode\General
```

2. Créez une nouvelle valeur chaîne, que vous appellerez `Wallpaper`, si elle n'existe pas.

3. Double-cliquez dessus, puis saisissez le chemin complet du fichier HTML à utiliser, par exemple `C:\Documents and Settings\Clément\Mes documents\erreur.htm`.

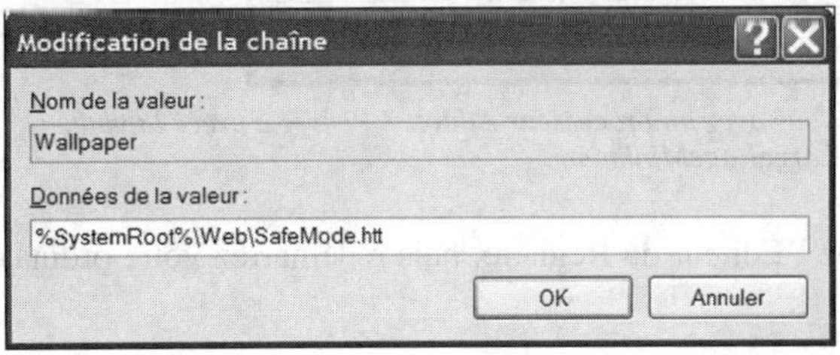

▲ Fig. 7.13 : *Remplacez la page d'erreur de l'Active Desktop par la vôtre*

4. Validez par OK, fermez l'Éditeur du Registre, puis redémarrez votre ordinateur pour que soit appliquée la modification.

Corriger le problème du bus AGP avec un Athlon

Si vous possédez un processeur Athlon d'AMD, il peut arriver que les applications utilisant le port AGP de votre carte graphique bloquent tout votre système. Vous pouvez corriger ce problème dans le Registre.

1. Exécutez Regedit, puis ouvrez la clé suivante :

```
HKEY_LOCAL_MACHINE\SYSTEM\CurrentControlSet\Control\Session
✂ Manager\Memory Management
```

2. Créez une nouvelle valeur DWORD, que vous intitulerez LargePage-Minimum.

3. Double-cliquez dessus, puis sélectionnez la base hexadécimale.

4. Dans la zone de texte *Données de la valeur*, saisissez FFFFFFFF, puis validez par OK.

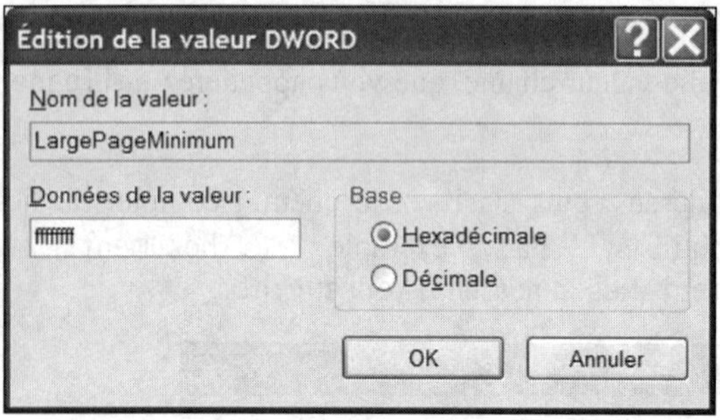

▲ Fig. 7.14 : *Vous avez un processeur Athlon ? Pensez à créer la valeur LargePageMinimum*

5. Enfin, fermez l'Éditeur du Registre, puis redémarrez votre ordinateur.

Les images JPG s'enregistrent au format BMP

Il peut arriver que lorsque vous souhaitez enregistrer sur votre disque dur une image au format JPG provenant d'Internet, Windows vous propose uniquement l'extension BMP au lieu du JPG.

REMARQUE

Videz les fichiers Internet temporaires

Une des causes possibles à ce problème peut provenir de la mise en mémoire des sites visités et des fichiers ouverts. Commencez donc par vider les fichiers Internet temporaire. Pour cela, exécutez Internet Explorer puis déroulez le menu **Outils/Options Internet**. Cliquez ensuite sur le bouton **Supprimer les fichiers** de la rubrique *Fichiers Internet temporaires*. Cochez la case *Supprimer tout le contenu hors connexion* puis validez par OK.

Si le problème continue après avoir vidé les fichiers Internet temporaires, vous devez modifier le Registre.

1. Éditez le Registre, puis ouvrez la clé suivante :

```
HKEY_CLASSES_ROOT\.jpg
```

2. Si la chaîne *Content Type* n'existe pas, créez-la.

3. Double-cliquez dessus puis saisissez `image/jpeg` dans la zone de texte *Données de la valeur*.

4. Fermez le Registre, puis redémarrez Windows pour que soient appliqués les changements.

   Enfin, si le problème persiste toujours, la dernière solution consiste à recharger la bibliothèque de Windows chargée de l'affichage des objets Web.

REMARQUE

Rechargez la bibliothèque chargée de l'affichage des objets Web

Cliquez sur le bouton **Démarrer** puis sur **Exécuter**. Saisissez ensuite la commande `regsvr32.exe /i shdocvw.dll` puis validez par OK. Un message vous avertit que l'opération s'est déroulée avec succès.

Corriger l'erreur : impossible d'accéder au réseau avec le Lecteur Windows Media

Sur certains ordinateurs qui utilisent une connexion haut débit à Internet, il peut arriver que le Lecteur Windows Media. n'arrive pas à se connecter à Internet. Vous recevez alors un message d'erreur du genre :

```
Windows Media Player Error COOD10B3 – impossible d'accéder au réseau
```

Pour corriger ce problème, il faut ajouter une valeur dans le Registre.

1. Exécutez Regedit, puis ouvrez la clé suivante :

```
HKEY_CURRENT_USER\Software\Microsoft\MediaPlayer\Preferences
```

2. Créez une nouvelle valeur `DWORD`, que vous intitulerez `ForceOnline`.
3. Double-cliquez dessus, puis fixez sa valeur à 1. Validez par OK.
4. Fermez l'Éditeur du Registre, puis redémarrez Windows ou plus simplement votre session pour que le problème soit corrigé.

Encoder en MP3 avec le Lecteur Windows Media.

Si Windows XP dispose d'un outil de compression des fichiers audio au format MP3, la qualité de compression est cependant limitée à 56 kbps, ce qui est très peu. En effet, il faut au moins 128 kbps voire 192 kbps pour approcher réellement la qualité CD. Vous imaginez donc la piètre qualité d'un fichier encodé en 56 kbps.

Même si cela semble une façon détournée de promouvoir son propre format, le WMA, Microsoft se défend en mettant en avant les coûts de licence engendrés par l'intégration de la compression MP3.

Si vous ne jurez que par le MP3, vous pouvez passer outre la limitation de Microsoft, sans avoir pour autant à acheter le plug-in que propose le géant de Redmond, qui coûte une dizaine d'euros.

Vous pouvez, en effet, installer, un encodeur MP3 libre de droits, puis activer dans le Registre la compression MP3 pour le Lecteur Windows Media.

Installer un encodeur MP3

Internet regorge d'encodeurs MP3 prêts à être installés. Citons par exemple les encodeurs LAME, Xing, Fraunhofer, BladeEnc. Une simple requête dans un moteur de recherche vous permettra de trouver plus d'informations sur ces encodeurs et la façon de les télécharger.

Prenons l'exemple de LAME. Vous pouvez télécharger cet encodeur à l'adresse `http://mitiok.ma.cx`.

Le site officiel de LAME, `http://www.mp3dec.org` ne propose que les sources de l'encodeur. Or, à moins que vous sachiez compiler un programme sous Windows, il est plus facile de télécharger directement le fichier compilé.

1. Téléchargez donc l'encodeur LAME. Voici le lien direct : `http://mitiok.free.fr/lame-3.92.zip`.
2. Dézippez l'archive dans le dossier de votre choix, puis ouvrez-le. Ouvrez ensuite le dossier *ACM*.
3. Cliquez avec le bouton droit de la souris sur le fichier *LameACM.inf*, puis choisissez la commande **Installer** du menu contextuel qui apparaît.
4. Validez lorsque Windows vous demande une confirmation. L'encodeur est installé.

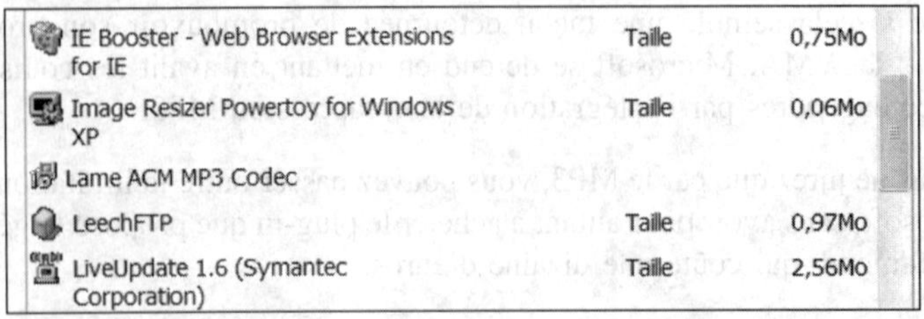

▲ Fig. 7.15 : *L'encodeur s'est ajouté dans le module Ajout/Suppression de programmes sous le nom Lame ACM MP3 Codec*

Activer la compression MP3 dans le Registre

Il vous faut maintenant modifier le Registre pour que le Lecteur Windows Media prenne en compte le format MP3 par le codec Lame.

1. Pour cela, éditez le Registre, puis ouvrez la clé suivante :

```
HKEY_LOCAL_MACHINE\SOFTWARE\Microsoft\MediaPlayer
```

2. Créez une nouvelle clé, que vous appellerez `Settings`.
3. Dans cette dernière, créez une sous-clé que vous nommerez `MP3Encoding`.
4. Créez alors quatre valeurs `DWORD`, que vous appellerez `LowRate`, `MediumRate`, `MediumHighRate` et `HighRate`. Ces valeurs correspondent, par ordre de qualité croissante, aux différents crans de la barre de défilement permettant de définir la qualité de la compression dans les options du Lecteur Windows Media.

Ainsi `LowRate` devra contenir la valeur la plus faible de qualité, par opposition à la valeur `HighRate`, qui devra contenir la valeur la plus élevée.

5. Double-cliquez sur chacune de ces valeurs, sélectionnez la base hexadécimale, puis saisissez, selon votre choix, les données du tableau suivant dans la zone de texte *Données de la valeur*.

Tab. 7.2 : Données à affecter aux valeurs créées suivant la qualité		
Données de la valeur	**Qualité**	**Taille d'un CD**
0000dac0	56 kbps	Environ 25 Mo
0000fa00	64 kbps	Environ 28 Mo
00017700	96 kbps	Environ 43 Mo
0001b580	112 kbps	Environ 50 Mo
0001f400	128 kbps	Environ 57 Mo
00027100	160 kbps	Environ 72 Mo
0002ee00	192 kbps	Environ 86 Mo
00036b00	224 kbps	Environ 100 Mo
0003e800	256 kbps	Environ 114 Mo
0004e200	320 kbps	Environ 144 Mo

Ainsi, si vous souhaitez fixer les différents paliers de la barre de défilement permettant de définir la qualité de la compression à 64, 96, 128 et 192 kbps, il suffit de créer les valeurs suivantes :

Tab. 7.3 : Exemple de quatre paliers de compression		
Nom de la valeur	**Donnée de la valeur**	**Qualité de compression et différents paliers**
LowRate	0000fa00	64 kbps
MediumRate	00017700	96 kbps
MediumHighRate	0001f400	128 kbps
HighRate	0002ee00	192 kbps

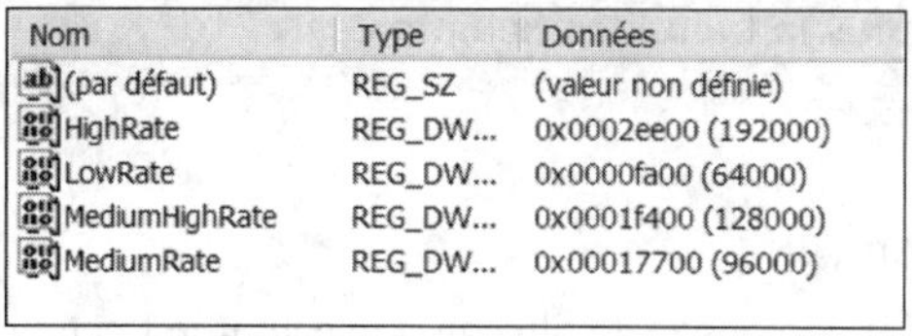

Nom	Type	Données
(par défaut)	REG_SZ	(valeur non définie)
HighRate	REG_DW...	0x0002ee00 (192000)
LowRate	REG_DW...	0x0000fa00 (64000)
MediumHighRate	REG_DW...	0x0001f400 (128000)
MediumRate	REG_DW...	0x00017700 (96000)

Fig. 7.16 : *Les quatre paliers*

6. Créez ensuite une valeur chaîne, que vous appellerez `PreferredCodecPath`, qui devra contenir le chemin d'accès au codec MP3.

Lorsque vous avez installé l'encodeur MP3, les codecs LAME MP3 ont été installés sous la forme du fichier *lameACM.acm*. Ce fichier se trouve dans le dossier *C:\Windows\system32*.

7. Double-cliquez sur la chaîne `PreferredCodecPath`, puis saisissez le chemin complet du codec MP3, à savoir : `C:\Windows\system32\lameACM.acm`. Validez par OK.

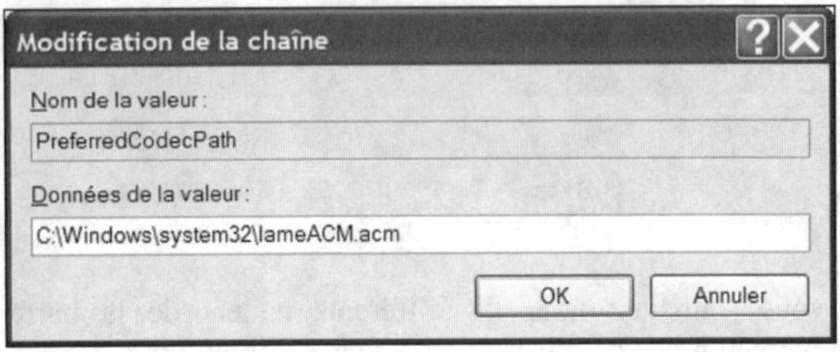

▲ Fig. 7.17 : *Le chemin du codec MP3*

8. Créez ensuite une nouvelle valeur chaîne, que vous appellerez `PreferredCodecName`.

9. Donnez alors un nom à votre encodeur, `Encodeur LAME MP3`, par exemple.

10. Fermez enfin l'Éditeur du Registre ; la modification est immédiate.

REMARQUE

Taille et qualité

Vous l'aurez certainement compris, plus la qualité est élevée, plus la taille des fichiers l'est.

Convertir un CD Audio en MP3

Maintenant que tout est prêt, il ne vous reste plus qu'à exécuter le Lecteur Windows Media.

1. Dans le menu **Outils**, cliquez sur la commande **Options**.

2. Cliquez ensuite sur l'onglet **Copier la musique**.

Vous pouvez spécifier l'emplacement de stockage de la musique en cliquant sur le bouton **Modifier**.

3. Dans la rubrique *Paramètres de copie*, déroulez la liste *Format de fichier*, puis sélectionnez **Encodeur LAME MP3** ou le nom que vous avez assigné à la valeur `PreferredCodecName`.

▲ Fig. 7.18 : *Sélectionnez votre encodeur*

4. À l'aide de la barre de défilement *Copier la musique en utilisant les paramètres audio ci-dessous*, choisissez une des qualités que vous avez définies auparavant dans le Registre. Validez enfin par OK.

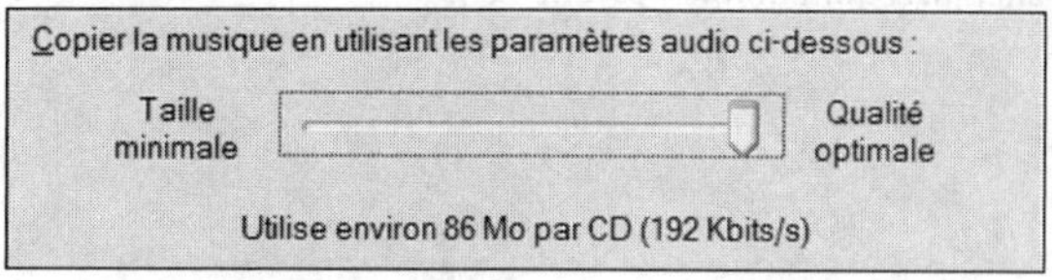

▲ Fig. 7.19 : *Sélectionnez une des valeurs que vous avez définie dans le Registre*

5. Insérez votre CD Audio, puis cliquez sur le bouton [Stop] pour arrêter la lecture automatique.

6. Dans le menu **Affichage**, cliquez sur **Barre des tâches**, puis sur **Copier à partir d'un CD**.

7. Sélectionnez les pistes à compresser en MP3 sur votre disque dur en cochant chaque case se trouvant devant elles, puis cliquez sur le bouton **Copier la musique** pour commencer la compression.

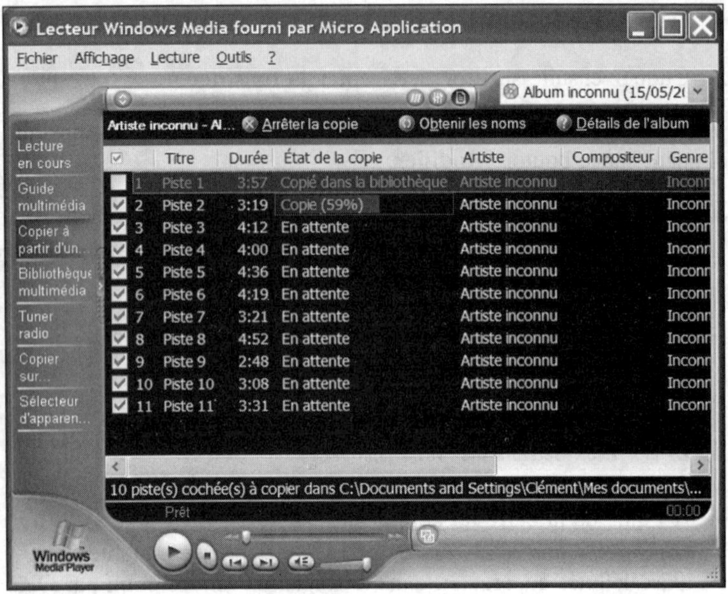

▲ Fig. 7.20 : *L'encodage fonctionne parfaitement*

Chapitre > 8

Mieux utiliser le matériel

8.1 Le clavier

Activer le verrouillage numérique au démarrage

Appelé aussi NUMLOCK, le verrouillage numérique permet d'activer ou non le pavé numérique de votre clavier au démarrage de Windows. Il arrive, en effet, qu'il soit activé au démarrage de l'ordinateur et que Windows le désactive à son lancement. Pour forcer l'activation du NUMLOCK, éditez le Registre.

1. Ouvrez la clé suivante :

```
HKEY_CURRENT_USER\Control Panel\Keyboard
```

2. Modifiez la valeur `InitialKeyboardIndicators` en lui attribuant la valeur 2 pour que NUMLOCK soit activé au démarrage.
3. Validez, puis fermez l'Éditeur du Registre.

Désactiver la touche Windows

Si la touche Windows de votre clavier peut vous faire gagner du temps, elle peut s'avérer extrêmement ennuyeuse. Et ce ne sont pas les joueurs qui nous contredirons.

La touche Windows, qui se trouve entre les touches Ctrl et Alt, à gauche de votre clavier, permet d'ouvrir le menu **Démarrer**, mais également d'accéder rapidement à des applications en la couplant avec d'autres touches du clavier. Ainsi, le raccourci Windows+E ouvre l'Explorateur Windows.

Or, de nombreux jeux utilisent les touches Ctrl et Alt pour les déplacements du personnage ou pour effectuer certaines actions. Il peut vous arriver alors d'appuyer sur la touche Windows par erreur en pleine partie, ce qui a pour conséquence d'ouvrir le menu **Démarrer**, et donc de vous faire sortir de votre jeu (ou du moins de le réduire dans la barre des tâches).

Par exemple, vous jouez à Quake 3. Vous poursuivez votre ennemi depuis 10 minutes à travers un gigantesque labyrinthe. Il est à quelques mètres de vous ; vous vous apprêtez à tirer, et là… boom, retour à Windows… Il y a de quoi être frustré.

Vous pouvez désactiver cette touche Windows pour ne vous cause plus qu'elle de soucis.

1. Éditez le Registre, puis ouvrez la clé suivante :

```
HKEY_LOCAL_MACHINE\SYSTEM\CurrentControlSet\Control\Keyboard
✂ Layout
```

2. Créez alors une nouvelle valeur binaire, que vous intitulerez `Scancode Map`.
3. Double-cliquez dessus, puis attribuez-lui la valeur `00 00 00 00 00 00 00 00 03 00 00 00 00 00 5B E0 00 00 5C E0 00 00 00 00`.

◄ Fig. 8.1 : *Ne vous trompez pas en saisissant la longue valeur*

4. Validez par OK. Fermez l'Éditeur du Registre, puis redémarrez votre ordinateur ou votre session pour que soit appliquée la modification.

8.2 Disques durs et amovibles

Désactiver la gravure de CD

Si vous avez déjà votre propre logiciel de gravure de CD, celui qui est inclus dans Windows XP ne sert alors à rien. Pis, il peut entrer en conflit avec le vôtre. Sachez, de plus, que l'outil de gravure de Windows XP n'est pas compatible avec Nero, par exemple. Si vous créez un CD multisession avec Windows XP, vous ne pourrez pas le continuer avec Nero ! Étonnant non ?

Mieux vaut donc désactiver les fonctions de gravure de Windows.

1. Éditez le Registre, puis ouvrez la clé suivante :

```
HKEY_LOCAL_MACHINE\SOFTWARE\Microsoft\Windows\CurrentVersion
✂ \policies\Explorer
```

2. Créez une nouvelle valeur `DWORD`, que vous intitulerez `NoCDBurning`, si elle n'existe pas déjà.

3. Double-cliquez dessus, puis assignez-lui la valeur 1. Plus tard, pour réactiver les fonctions de gravure, il vous suffira de saisir 0. Validez par OK.

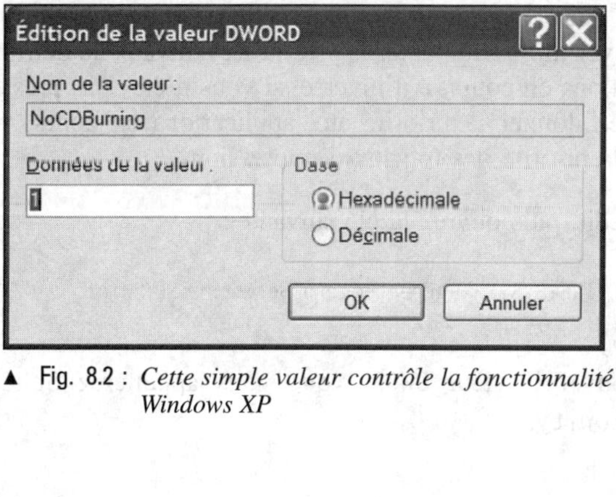

▲ Fig. 8.2 : *Cette simple valeur contrôle la fonctionnalité de gravure sous Windows XP*

4. Fermez l'Éditeur du Registre, puis redémarrez Windows pour que soit appliquée la modification.

ASTUCE

Redémarrer Windows plus rapidement

Lorsque vous cliquez sur le bouton **Redémarrer**, tout votre ordinateur est redémarré. Si en cliquant sur ce bouton, vous maintenez la touche Maj enfoncée, seul Windows sera redémarré, d'où un gain de temps.

8.3 Les imprimantes

Définir la priorité d'impression

Lorsque imprimez un document, celui-ci est stocké temporairement en mémoire sur le disque dur jusqu'à ce que l'impression soit terminée. Si vous imprimez plusieurs documents, ceux-ci se placent dans une liste d'attente d'impression accessible par un double clic sur l'icône de l'imprimante, qui apparaît dans la zone de notification.

Vous pouvez augmenter ou, au contraire, diminuer la priorité de ces tâches d'impression dans le Registre.

Si vous souhaitez que votre imprimante se mette au travail le plus vite possible, vous pouvez alors augmenter la priorité des travaux au détriment des autres applications en cours. À l'inverse, si vous n'êtes pas pressé et que vous souhaitez donner la priorité aux applications en cours, vous pouvez diminuer la priorité des travaux d'impression.

1. Exécutez Regedit, puis ouvrez la clé suivante :

```
HKEY_LOCAL_MACHINE\SYSTEM\CurrentControlSet\Control\Print
```

2. Créez une nouvelle valeur `DWORD`, que vous appellerez `SchedulerThreadPriority`.

3. Double-cliquez dessus pour la modifier. Dans la zone de texte *Données de la valeur*, saisissez 1 pour augmenter la priorité, ou `ffffffff` pour la diminuer, 0 correspondant à une priorité normale. Validez en cliquant sur le bouton OK.

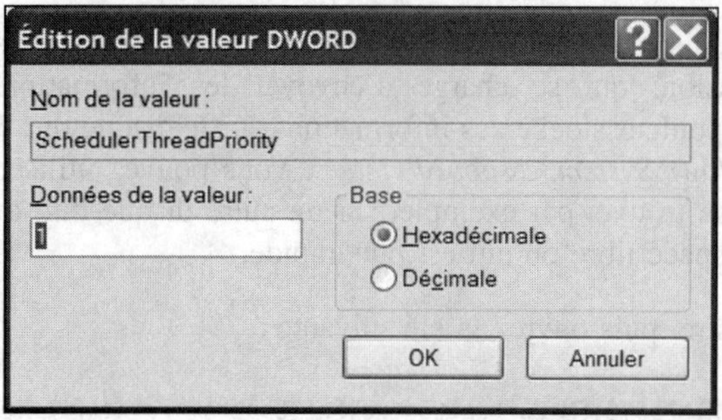

▲ Fig. 8.3 : *La priorité est maximale pour les travaux d'impression*

4. Fermez l'Éditeur du Registre, puis redémarrez votre ordinateur ou votre session pour que la modification soit effective.

Notifier par un bip sonore les erreurs d'impression

Lorsqu'un problème se passe au moment de l'impression : cartouche vide, plus de papier, etc., vous pouvez être averti par une série de bips sonores. Il est, en effet, probable que vous ne vous rendiez pas compte immédiatement d'une erreur d'impression si vous faites autre chose en même temps. Le bip sonore remédie à la situation. Vous pouvez l'activer dans le Registre.

1. Exécutez Regedit, puis ouvrez la clé suivante :

```
HKEY_LOCAL_MACHINE\SYSTEM\CurrentControlSet\Control\Print
```

2. Créez une nouvelle valeur `DWORD`, que vous appellerez `BeepEnabled`.

3. Attribuez-lui la valeur 1 pour activer les bips sonores, et 0 pour les désactiver. Validez par OK.

4. Fermez l'Éditeur du Registre, puis redémarrez Windows ou votre session pour que soit appliquée la modification.

Modifier le dossier du spouleur d'impression

Lorsque imprimez un document, celui-ci est envoyé d'abord dans le spouleur d'impression, qui se charge d'envoyer les informations à l'imprimante. Le spouleur stocke ces informations sur le disque dur dans le dossier *C:\Windows\System32\spool\Printers*. Vous pouvez utiliser un autre dossier, qui se trouve, par exemple, sur un autre disque dur, qui a beaucoup plus d'espace libre ou qui est plus rapide.

1. Éditez le Registre, puis ouvrez la clé suivante :

```
HKEY_LOCAL_MACHINE\SYSTEM\CurrentControlSet\Control\Print\Printers
```

2. Double-cliquez sur la valeur chaîne appelée `DefaultSpoolDirectory`.
3. Saisissez alors, dans la zone de texte *Données de la valeur*, le chemin complet du dossier à utiliser, `D:\Temp\Imprimante`, par exemple. Validez par OK.

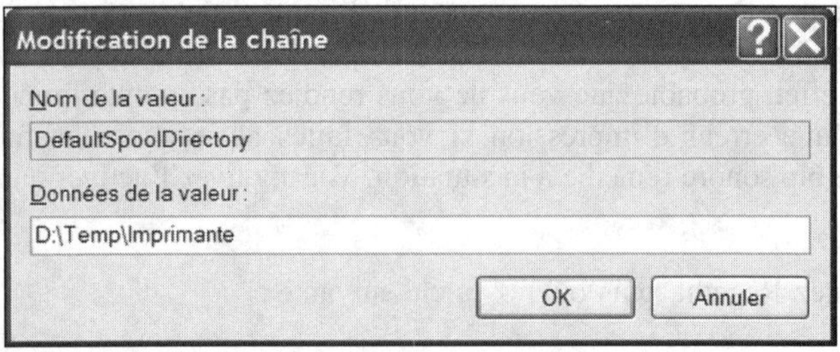

▲ Fig. 8.4 : *Les fichiers temporaires d'impression seront désormais stockés dans le dossier D:\Temp\Imprimante*

Ce dossier sera alors utilisé par toutes les imprimantes pour stocker temporairement les données avant l'impression.

4. Si vous souhaitez utiliser un dossier spécial pour une imprimante spécifique, trouvez la sous-clé correspondant à votre imprimante dans la clé `Printers`, puis ouvrez-la.

5. Double-cliquez sur la valeur chaîne `SpoolDirectory`, qui doit être vide, puis saisissez le chemin du dossier à utiliser uniquement pour le spouleur de cette imprimante.

6. Lorsque vous avez terminé, fermez l'Éditeur du Registre, puis redémarrez votre ordinateur ou votre session pour que soient appliquées les modifications.

REMARQUE

À propos du dossier

Le dossier que vous souhaitez utiliser doit exister. Vous devez donc le créer manuellement. S'il n'existe pas, Windows utilisera le dossier par défaut d'origine pour stocker les éléments du spouleur d'impression.

Dérouler le dossier Imprimantes et télécopieurs

Vous pouvez dérouler, sous la forme d'un dossier en cascade, le dossier *Imprimantes et télécopieurs* dans le menu **Démarrer**. Cela vous permettra d'accéder plus rapidement à vos imprimantes.

1. Éditez le Registre, puis ouvrez la clé suivante :

```
HKEY_CURRENT_USER\Software\Microsoft\Windows\CurrentVersion
✂ \Explorer\Advanced
```

2. Créez une nouvelle valeur chaîne, que vous appellerez `CascadePrinters`.

3. Editez-la, puis saisissez `Yes` dans la zone de texte `Données de la valeur`. Validez par OK.

4. Fermez l'Éditeur du Registre pour que soit appliquée la modification.

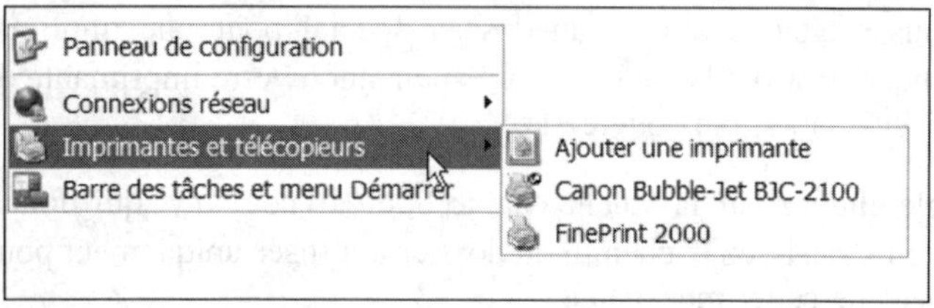

▲ Fig. 8.5 : *Et voilà le résultat !*

Utiliser les messages de notification

Lorsqu'un travail d'impression s'est terminé correctement, vous pouvez en être averti par une boîte de dialogue d'avertissement.

Activer les messages

1. Pour cela, éditez le Registre, puis ouvrez la clé suivante :

```
HKEY_LOCAL_MACHINE\SYSTEM\CurrentControlSet\Control\Print
✂ \Providers
```

2. Créez une nouvelle valeur `DWORD`, que vous appellerez `NetPopup`.
3. Fixez sa valeur à 1 pour activer la notification, à 0 pour la désactiver. Validez par OK.
4. Après avoir fermé Regedit, redémarrez Windows pour que soit appliquée la modification.

Spécifier où afficher les messages

Lorsqu'un document est imprimé, vous pouvez choisir d'afficher les messages de notification sur l'ordinateur sur lequel est branchée votre imprimante ou sur l'ordinateur de l'utilisateur qui a lancé l'impression (vous pouvez avoir partagé votre imprimante dans un réseau local, par exemple). Dans le premier cas, c'est toujours l'ordinateur sur lequel est branchée l'imprimante qui affichera les messages. Dans le second cas, cela dépend de l'utilisateur qui a mis le document à imprimer.

1. Pour choisir parmi ces deux méthodes, éditez le Registre, puis ouvrez la clé suivante :

```
HKEY_LOCAL_MACHINE\SYSTEM\CurrentControlSet\Control\Print
✂ \Providers
```

2. Créez une nouvelle valeur DWORD, que vous appellerez NetPopupToComputer.

3. Double-cliquez dessus, puis saisissez 0 dans la zone de texte *Données de la valeur* pour afficher les messages sur l'ordinateur courant. Saisissez 1 pour afficher le message sur l'ordinateur de l'utilisateur. Validez par OK.

4. Fermez l'Éditeur du Registre, puis redémarrez votre ordinateur ou votre session.

Modifier l'imprimante par défaut

Vous pouvez modifier directement l'imprimante utilisée par défaut en allant dans le Registre.

1. Exécutez Regedit, puis ouvrez la clé suivante :

```
HKEY_CURRENT_USER\Software\Microsoft\Windows
✂ NT\CurrentVersion\Devices
```

2. Une valeur porte le nom exact de l'imprimante que vous souhaitez utiliser par défaut. Cela peut être : Canon Bubble-Jet BJC-2100. Copiez ce nom, puis éditez la valeur. Copiez aussi ses données : winspool, LPT1:, par exemple (n'oubliez pas le signe :).

3. Ouvrez ensuite la clé suivante :

```
HKEY_CURRENT_USER\Software\Microsoft\Windows
✂ NT\CurrentVersion\Windows
```

4. Créez une nouvelle valeur chaîne, que vous appellerez Device.

5. Double-cliquez dessus. Saisissez le nom de votre imprimante, puis les données que vous venez de noter en les séparant par une virgule.

Ainsi, pour notre exemple, la zone de texte *Données de la valeur* de `Device` est : `Canon Bubble-Jet BJC-2100, winspool, LPT1:`.

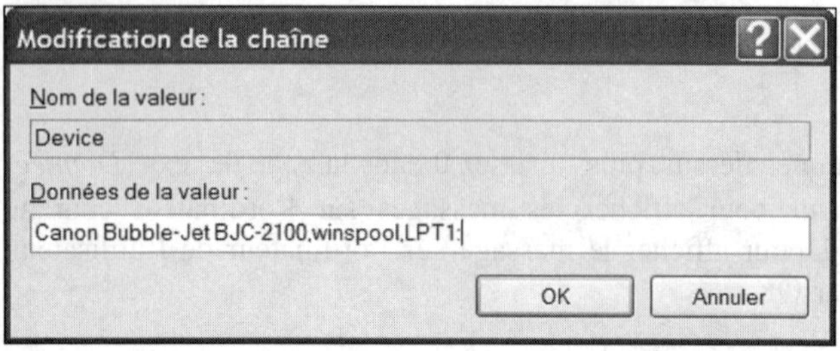

▲ Fig. 8.6 : *Définissez l'imprimante par défaut*

6. Validez par OK. Fermez Regedit, puis redémarrez votre ordinateur pour que soient appliquées les modifications.

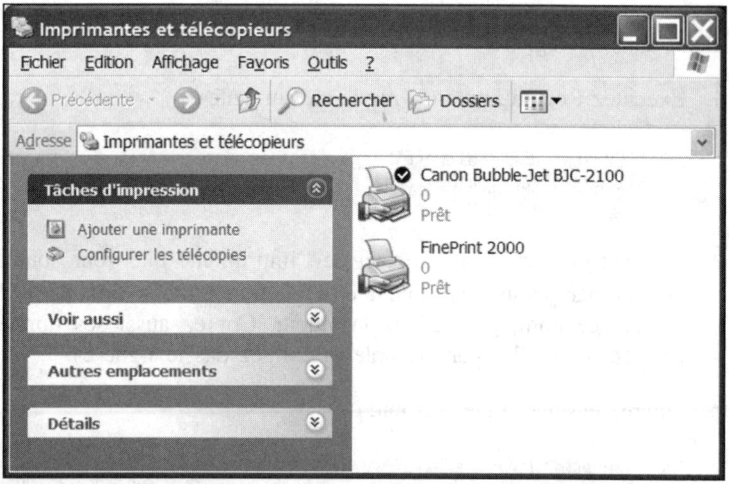

▲ Fig. 8.7 : *Le résultat se voit dans le Panneau de configuration*

8.4 Le processeur

Afficher les informations concernant votre BIOS

Le Registre stocke des informations au sujet de votre BIOS comme sa marque, sa date et sa version. Cela peut servir, par exemple, à connaître exactement la version de votre BIOS pour télécharger une mise à jour.

1. Éditez le Registre, puis ouvrez la clé suivante :

```
HKEY_LOCAL_MACHINE\HARDWARE\DESCRIPTION\System
```

2. Double-cliquez sur la valeur chaîne `SystemBiosDate` pour afficher la date de dernière mise à jour de votre BIOS.

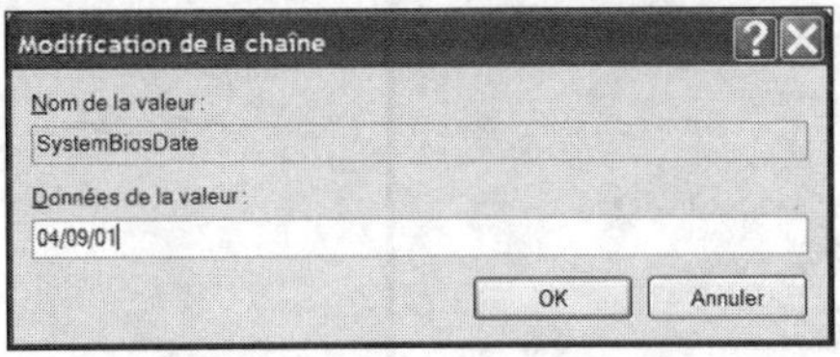

◄ Fig. 8.8 : *Le BIOS date du 4 septembre 2001*

3. La valeur chaîne `SystemBiosVersion`, quant à elle, contient le nom et la version du BIOS. Vous pouvez consulter ces informations, mais non les modifier.

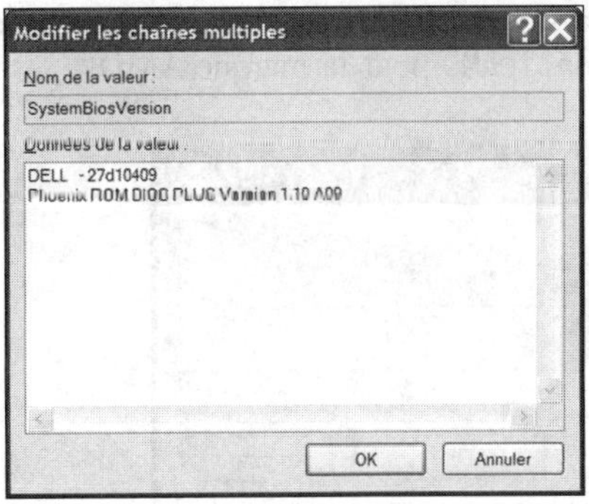

◄ Fig. 8.9 : *Le BIOS est de marque Phoenix et de version 1.10 A09*

4. Une fois que vous avez terminé, fermez l'Éditeur du Registre.

Afficher des informations sur votre processeur

Comme pour le BIOS, le Registre enregistre des informations sur votre processeur : sa marque, sa fréquence et son type.

1. Pour les consulter, exécutez Regedit, puis ouvrez la clé suivante :

```
HKEY_LOCAL_MACHINE\HARDWARE\DESCRIPTION\System\CentralProcessor\0
```

La valeur chaîne `~MHz` contient la fréquence de votre processeur.

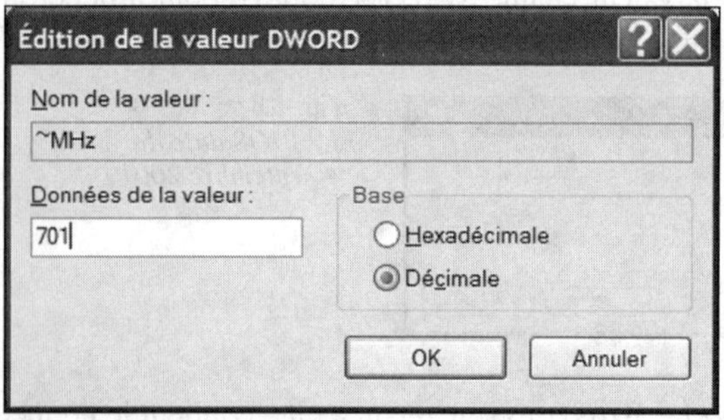

▲ Fig. 8.10 : *La fréquence de votre processeur*

La valeur chaîne `VendorIdentifier`, quant à elle, contient le nom du fabricant de votre processeur, à savoir : `GenuineIntel`, pour un processeur de marque Intel, ou `AuthenticAMD` pour la marque AMD.

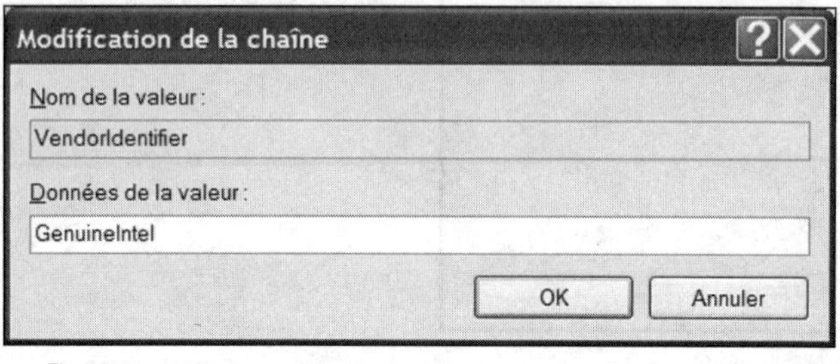

▲ Fig. 8.11 : *Windows fonctionne ici sur une machine équipée d'un processeur Intel*

Le type du processeur est consigné dans la valeur `Identifier`, par exemple `x86 Family 6 Model 8 Stepping 6`. Si cette chaîne peut vous sembler incompréhensible, elle vous apporte pourtant de nombreuses informations.

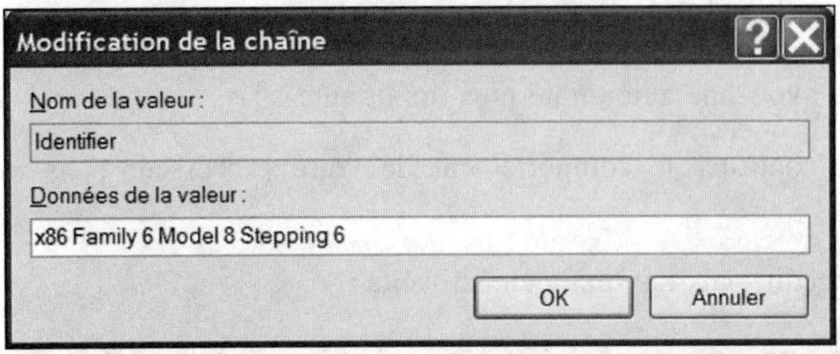

▲ Fig. 8.12 : *Le type du processeur qui équipe votre machine*

Ainsi, la classification *Family* indique la génération du processeur. La sixième génération inclut aujourd'hui les Pentium IV, les Pentium III, les Pentium II et les Celeron pour Intel, les Athlon, les Duron. La famille 5 regroupe les processeurs de type Pentium et Pentium MMX pour Intel, et K5 et K6 pour AMD.

La classification *Model* identifie la génération de technologie utilisée, pour la finesse de gravure notamment. Le modèle est utilisé avec la famille pour déterminer le processeur qui se trouve dans votre machine.

Enfin, la classification *Stepping* indique le numéro de révision du processeur. Cela permet ainsi de contrôler plus précisément la structure du processeur.

Pour plus d'informations sur votre processeur, vous pouvez effectuer une recherche avec ces informations comme mots-clés. Vous trouverez alors la documentation technique de votre processeur.

Le nom de votre processeur peut se également se trouver dans la valeur chaîne `ProcessorNameString`.

2. Fermez l'Éditeur du Registre une fois que vous avez terminé.

Contrôler les performances du processeur

Les processeurs mobiles d'Intel et d'AMD peuvent ajuster leurs performances et leur consommation d'énergie en adaptant dynamiquement leur fréquence et leur voltage. Ces technologies, plus connues sous le nom de SpeedStep pour Intel, et de PowerNow pour AMD, permettent ainsi de diminuer la fréquence du processeur lorsque vous êtes sur batterie, et, par conséquent, d'avoir une autonomie plus importante.

Vous pouvez contrôler le comportement de votre processeur dans le Registre.

1. Éditez Regedit, puis ouvrez la clé suivante :

```
HKEY_LOCAL_MACHINE\SYSTEM\CurrentControlSet\Services\P3\Parameters
```

`P3` signifie que la machine sur laquelle vous vous trouvez est un Pentium III. Si c'est un Athlon, ouvrez, à la place, la sous-clé `AmdK7`.

2. Créez une nouvelle valeur `DWORD`, que vous appellerez `HackFlags`, si elle n'existe pas déjà.

3. Double-cliquez dessus, puis fixez sa valeur à 1 pour activer l'ajustement automatique des performances. Pour désactiver les fonctionnalités SpeedStep ou PowerNow, fixez sa valeur à `0`.

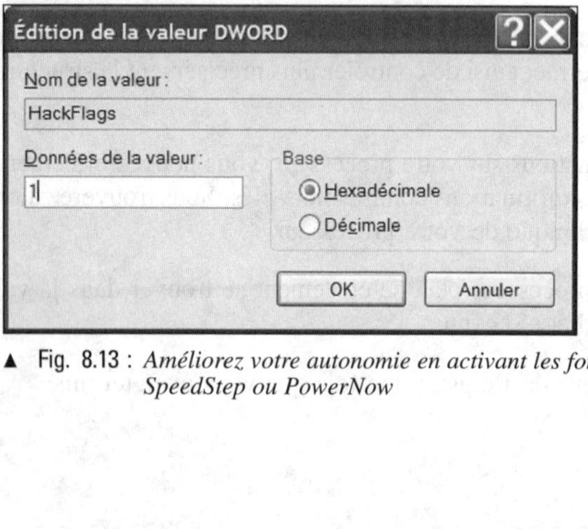

▲ Fig. 8.13 : *Améliorez votre autonomie en activant les fonctionnalités SpeedStep ou PowerNow*

4. Validez par OK, fermez l'Éditeur du Registre, puis redémarrez votre ordinateur pour que soit appliqué le changement.

REMARQUE

Plus sur le SpeedStep et le PowerNow

Si Windows XP est installé d'origine sur votre portable, cette fonctionnalité est alors certainement opérationnelle. Cela n'est pas forcément le cas si vous avez installé vous-même Windows XP.

Si vous possédez un processeur AMD Duron ou Athlon mobile, il se peut que vous ayez à télécharger une mise à jour du driver *Amdk7.sys* sur le site du fabricant de votre ordinateur pour que soit pris en charge l'ajustement dynamique de fréquence. Cela ne vous affranchit pas de modifier le Registre après avoir installé le driver pour que ce dernier soit pris en compte par le système.

8.5 La souris

Afficher une traînée dernière le curseur de la souris

Lorsque vous déplacez votre souris, vous pouvez augmenter la visibilité du curseur en lui ajoutant une traînée dernière.

1. Exécutez Regedit, puis ouvrez la clé suivante :

```
HKEY_CURRENT_USER\Control Panel\Mouse
```

2. Créez une nouvelle valeur chaîne, que vous appellerez `MouseTrails`.
3. Double-cliquez dessus, puis saisissez 1 dans la zone de texte *Données de la valeur* pour activer la traînée.
4. Validez par OK, fermez l'Éditeur du Registre, puis redémarrer votre session pour que soient appliquées les modifications.

REMARQUE

Longueur de la traînée

Vous pouvez spécifier la longueur de la traînée en créant une valeur DWORD appelée `TrailLength` puis en lui attribuant une valeur de 1 à 7. La longueur la plus importante est représentée par le chiffre 7.

Rendre une application active au passage de la souris

Par défaut, lorsque vous faites passer le curseur de la souris sur une fenêtre réduite de la barre des tâches, rien ne se passe, à part un petit effet de 3D. Vous pouvez configurer le Registre pour que Windows rende automatiquement actives les fenêtres sur lesquelles passe le curseur de la souris.

1. Pour cela, exécutez Regedit, puis ouvrez la clé suivante :

```
HKEY_CURRENT_USER\Control Panel\Mouse
```

2. Créez une nouvelle valeur `DWORD`, que vous nommerez `ActiveWindowTracking`, si elle n'existe pas déjà.
3. Double-cliquez dessus, puis saisissez 1 dans la zone de texte *Données de la valeur*. Validez par OK.
4. Fermez Regedit, puis redémarrez votre ordinateur pour que soit appliquée la modification.

Ajuster l'espace de sensibilité de la souris

Vous pouvez accommoder le nombre de pixels que le curseur de la souris peut déplacer entre deux clics pour que ceux-ci soient considérés comme des doubles clics. Cela revient tout simplement à agrandir l'espace de validité du double clic.

1. Éditez le Registre, puis ouvrez la clé suivante :

```
HKEY_CURRENT_USER\Control Panel\Mouse
```

2. Créez une première valeur chaîne, que vous appellerez `DoubleClickHeight`.

3. Double-cliquez dessus, puis assignez-lui la hauteur en pixels de l'espace de sensibilité de la souris en pixels. Disons 32, qui correspond à la taille des icônes sous Windows XP. Validez par OK.

4. Créez ensuite une seconde valeur chaîne, que vous nommerez `DoubleClickWidth`.

5. Double-cliquez dessus, puis saisissez, dans la zone de texte *Données de la valeur*, le nombre de pixels de largeur que doit avoir votre espace de sensibilité : 32 pixels, par exemple. Validez par OK.

DoubleClickHeight	REG_SZ	32
DoubleClickWidth	REG_SZ	32

▲ Fig. 8.14 : *L'espace de sensibilité est ici un carré de 32 pixels de côté*

6. Après avoir fermez l'Éditeur du Registre, redémarrez Windows ou votre session pour que soit appliquée la modification.

Configurer le défilement de la fonction IntelliMouse

Si vous êtes équipé d'une souris à molette, vous pouvez alors profiter de la fonctionnalité IntelliMouse. En faisant rouler la molette vers le haut, vous faites défiler la page vers le haut. En la faisant rouler vers le bas, la page défile vers le bas. Par défaut, chaque rotation de la molette fait défiler les pages de trois lignes. Vous pouvez modifier ce nombre dans le Registre.

1. Exécutez Regedit, puis ouvrez la clé suivante :

```
HKEY_CURRENT_USER\Control Panel\Desktop
```

2. Double-cliquez sur la valeur `WheelScrollLines`. Celle-ci contient bien le chiffre 3.

3. Saisissez alors le nombre de lignes que vous souhaiter faire défiler en une seule fois avec votre molette : 6, par exemple. Si vous saisissez 0, les pages ne défileront plus si vous faites rouler la molette. Dans le cas où vous saisiriez un chiffre plus grand que le nombre de lignes visibles, l'écran défilera d'une seule page. Validez ensuite en cliquant sur le bouton OK.

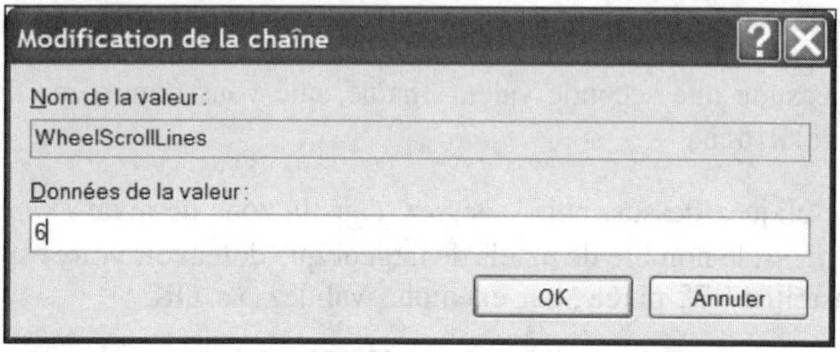

▲ Fig. 8.15 : *Vos documents défileront de six lignes à chaque "coup" de molette*

4. Enfin, fermez l'Éditeur du Registre, puis redémarrez Windows ou votre session pour que soit appliquée la modification.

ASTUCE

Les 1 001 utilisations de la molette

Internet Explorer exploite parfaitement la molette des souris. Ainsi, faites tourner la molette pour que le document défile. Pour le faire défiler en douceur, cliquez avec la molette : une double flèche apparaît à l'écran. Faites alors glisser la souris vers le haut ou vers le bas. Plus vous vous éloignez verticalement de la double flèche, plus le défilement est rapide. Enfin, pour modifier la taille des polices de caractères, tournez la molette tout en maintenant la touche Ctrl enfoncée.

ASTUCE

Word permet également de tirer avantage d'une souris à molette. Ainsi, faites tourner la molette pour que le document défile. Pour le faire défiler en douceur, cliquez avec la molette : une double flèche apparaît à l'écran. Faites alors glisser la souris vers le haut ou vers le bas. Plus vous vous éloignez verticalement de la double flèche, plus le défilement est rapide. Enfin, pour effectuer un zoom sur votre document, tournez la molette tout en maintenant la touche Ctrl enfoncée.

Inverser les boutons de la souris

Usuellement, le bouton gauche de la souris est le bouton principal, et le bouton droit est le bouton secondaire. Vous pouvez permuter les boutons de la souris pour que le bouton droit soit le principal, et pour que le bouton gauche soit secondaire. Cela peut être pratique pour les utilisateurs gauchers.

1. Éditez le Registre, puis ouvrez la clé suivante :

```
HKEY_CURRENT_USER\Control Panel\Mouse
```

2. Créez une nouvelle valeur chaîne, que vous appellerez `SwapMouseButtons`.

3. Double-cliquez dessus, puis saisissez 1 dans la zone de texte *Données de la valeur*. Validez alors par OK. Pour revenir en arrière et retrouver l'ordre normal des boutons, il vous suffit de supprimer cette valeur ou de lui assigner la valeur 0.

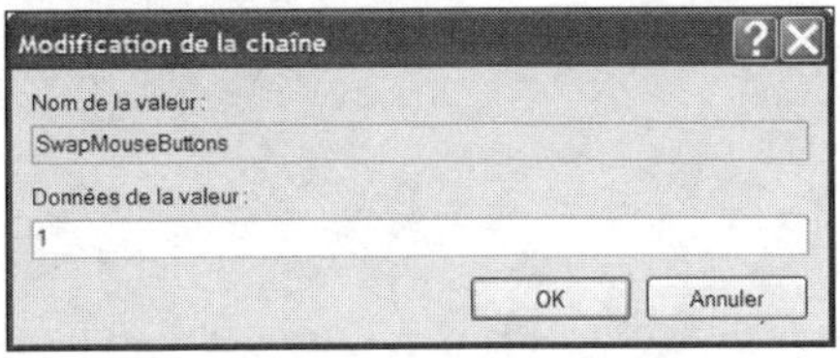

Fig. 8.16 : *Plus de discrimination envers les gauchers !*

4. Après avoir fermez Regedit, redémarrez votre ordinateur ou votre session pour que soient appliquées les modifications.

Activer le bouton par défaut

Par l'intermédiaire du Registre, vous pouvez configurer Windows pour qu'il déplace la souris automatiquement sur le bouton par défaut afin d'accélérer les manipulations en général.

1. Pour activer cette fonctionnalité, exécutez Regedit, puis ouvrez la clé suivante :

```
HKEY_CURRENT_USER\Control Panel\Mouse
```

2. Créez une nouvelle valeur chaîne, que vous appellerez `SnapToDefaultButton`, si elle n'est pas déjà présente.
3. Double-cliquez dessus, puis saisissez 1 dans la zone de texte *Données de la valeur*. Validez en appuyant sur la touche Entrée.
4. Fermez l'Éditeur du Registre, puis redémarrez votre session pour que soit appliquée la modification.

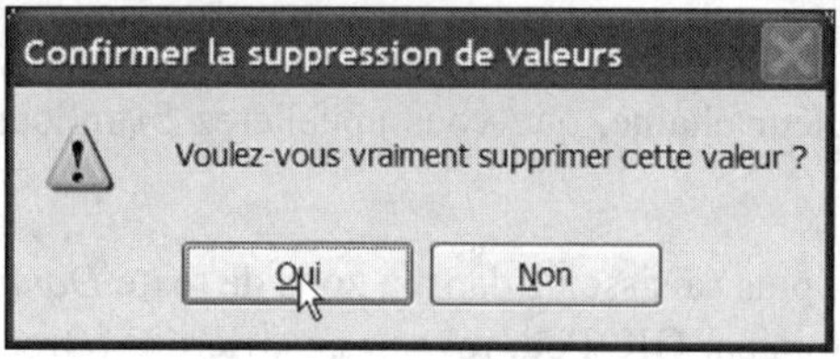

◄ Fig. 8.17 : *La souris accroche automatiquement le bouton par défaut*

Chapitre > 9

Optimiser le Registre

9.1 Administrer le Registre à distance

Si vous êtes l'administrateur d'un réseau local, vous pouvez accéder au Registre des autres machines du réseau directement à partir de votre poste. Tout comme Windows 2000, Windows XP comporte, en effet, un service d'accès à distance du Registre.

1. Exécutez Regedit. Cliquez sur le menu **Fichier**, puis sur **Connexion au Registre réseau**.

La boîte de dialogue **Sélectionnez Ordinateur** s'ouvre alors. Vous l'aurez deviné, c'est ici que vous allez choisir l'ordinateur auquel vous souhaitez accéder.

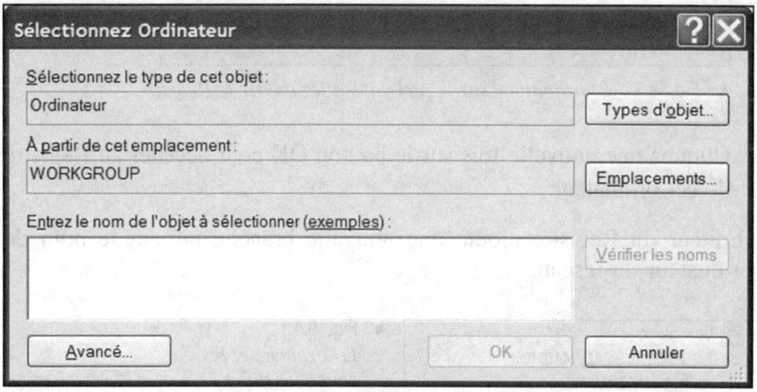

▲ Fig. 9.1 : *La boîte de dialogue Sélectionnez Ordinateur*

2. Cliquez sur le bouton **Avancé** pour avoir plus d'options.

3. Si l'ordinateur auquel vous voulez accéder ne se trouve pas dans le même groupe de travail que vous, cliquez sur le bouton **Emplacements**, puis sélectionnez le bon groupe de travail. Validez par OK.

4. Cliquez ensuite sur le bouton **Rechercher**. Quelques secondes plus tard, les ordinateurs trouvés sur le réseau local s'affichent.

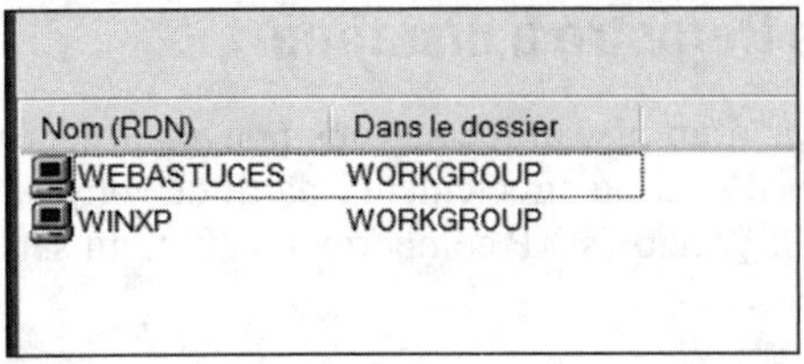

◄ Fig. 9.2 : *Liste des ordinateurs présents sur le réseau*

5. Sélectionnez le bon ordinateur, puis cliquez sur le bouton OK.

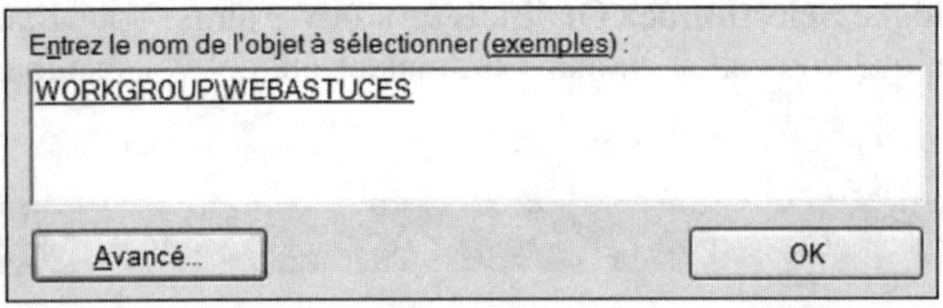

▲ Fig. 9.3 : *L'ordinateur sur lequel vous allez ouvrir le Registre*

6. Cliquez une nouvelle fois sur le bouton OK pour accéder au Registre de cet ordinateur.

L'Éditeur du Registre ajoute une nouvelle branche portant le nom de l'ordinateur du réseau.

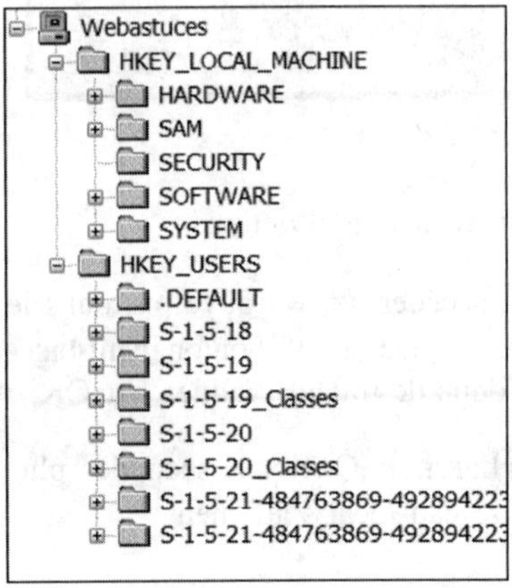

◄ Fig. 9.4 : *La branche et les sous-clés du Registre de l'ordinateur distant*

7. Double-cliquez dessus pour faire apparaître les clés principales HKEY_LOCAL_MACHINE et HKEY_USERS. Les autres clés ne sont pas affichées, puisqu'elles sont propres aux utilisateurs courants. Vous pouvez alors faire vos modifications à distance.

Attention, tout comme le Registre local, les modifications sont instantanées et irréversibles. Lorsque vous avez terminé, pensez à vous déconnecter du Registre distant en cliquant avec le bouton droit de la souris sur le nom de l'ordinateur, à la racine de la nouvelle branche, puis en choisissant la commande **Déconnecter**.

REMARQUE

Accéder au Registre d'un ordinateur distant par Internet

Si vous souhaitez accéder au Registre d'un ordinateur distant par Internet, cela est possible en utilisant l'assistance à distance. Vous la trouverez dans le *Centre d'aide et de support* accessible par la commande **Aide et support** du menu **Démarrer**.

9.2 Éditer efficacement le Registre

Revenir en arrière

Comme nous l'avons dit dans le premier chapitre, Regedit, l'Éditeur du Registre de Windows, ne permet pas de revenir en arrière lorsque vous effectuez des manipulations dans le Registre.

Pour contrecarrer cela, il faut donc veiller à bien sauvegarder le Registre avant chaque manipulation. Mais combien de fois avez-vous réellement sauvegardé le Registre en suivant les astuces de ce livre ? Il est évident que la majorité d'entre vous ne l'ont pas fait à chaque fois. Vous ne l'avez pas sauvegardé une fois, puis deux, puis trois, et vous n'avez pas eu de problèmes. Pourquoi alors continuer à sauvegarder le Registre, puisque cela fait perdre du temps ?

Une simple erreur dans le Registre peut tout simplement faire planter vos logiciels, voire Windows. Personne n'est à l'abri d'une suppression de clé involontaire. Plusieurs autres logiciels que Regedit existent pour éditer le Registre. Ainsi Registry Explorer permet d'annuler une manipulation dans le Registre.

1. Après avoir installé Registry Explorer, exécutez-le.

2. Dans le menu **View**, cliquez sur l'option *Undo* pour afficher la fenêtre d'annulation.

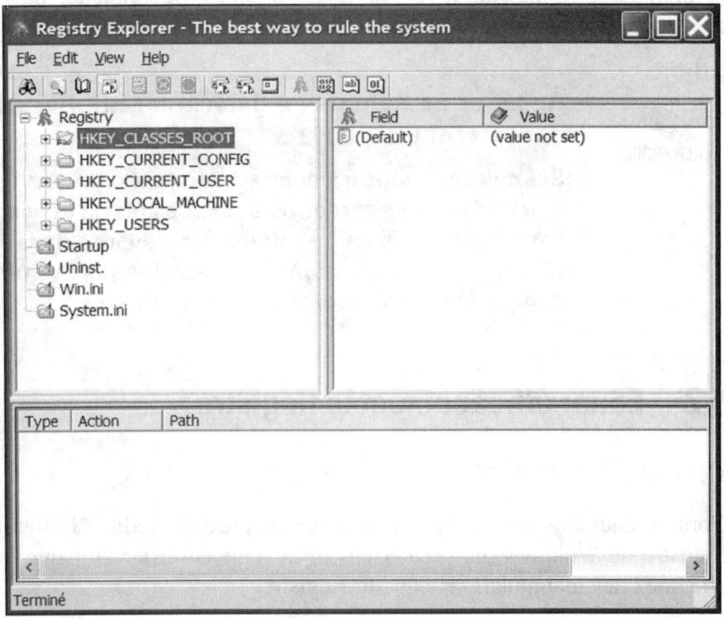

▲ Fig. 9.5 : *L'interface de Registry Explorer*

L'interface du logiciel est identique à celle de Regedit : clés à gauche et valeurs à droite. À cela s'ajoute la barre d'annulation du bas.

Servez-vous de Registry Explorer comme de Regedit pour effectuer vos manipulations. Vous n'avez plus à vous inquiéter de la sauvegarde du Registre, Registry Explorer enregistrement automatiquement ce que vous faites.

Ainsi, si vous supprimez une clé, celle-ci vient se placer dans la fenêtre d'annulation. Elle n'est alors plus dans le Registre.

▲ Fig. 9.6 : *Supprimez une clé...*

Pour la restaurer, il n'y a rien de plus simple.

1. Cliquez dessus avec le bouton droit de la souris.

2. Choisissez la commande **Undo this entry**.

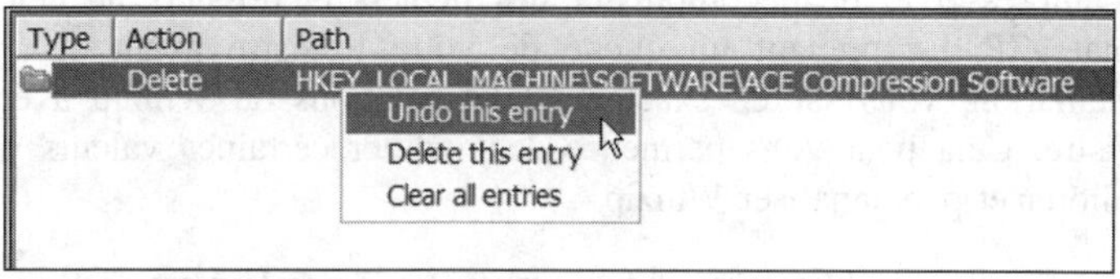

▲ Fig. 9.7 : *... restaurez-la d'un clic de souris*

3. Pour la supprimer définitivement, sélectionnez la commande **Delete this entry**. Cette option d'annulation correspond donc, en quelque sorte, à la Corbeille de Windows.

Vous avez modifié une valeur ou une clé ? Qu'à cela ne tienne. Cela est également consigné dans la fenêtre d'annulation.

La colonne *Action* vous renseigne sur ce qui est arrivé à un élément de la fenêtre **Annulation**. Ainsi, `Edit` signifie que la clé ou la valeur a été modifiée et `Delete` signifie qu'elle a été supprimée.

Type	Action	Path
	Delete	HKEY_LOCAL_MACHINE\SOFTWARE\ACE Compression Software
	Delete	HKEY_LOCAL_MACHINE\SOFTWARE\ASUS\ASUSAHD
	Rename	HKEY_LOCAL_MACHINE\SOFTWARE\ASUS\ASUS Probe
	Edit	HKEY_LOCAL_MACHINE\SOFTWARE\ASUS\ASUS Probe2\MonitorIC
	Edit	HKEY_LOCAL_MACHINE\SOFTWARE\ASUS\ASUS Probe2\MonitorIC
	Delete	HKEY_LOCAL_MACHINE\SOFTWARE\ASUS\ASUS Probe2\MonitorIC

▲ Fig. 9.8 : *Différentes opérations que vous pouvez annuler*

Vous pouvez ainsi désormais procéder à vos modifications dans le Registre en toute sérénité.

Aller plus loin

Le plus intéressant pour bien comprendre comment le Registre fonctionne est de suivre à la trace les modifications qu'il subit. Ainsi, en comparant le Registre avant et après une manipulation dans Windows, vous connaîtrez les influences de la manipulation sur le Registre.

Ainsi, par exemple, vous allez installer le programme Winzip, qui permet de compresser et de décompresser des fichiers et dossiers au célèbre format ZIP. En prenant un cliché de votre Registre avant et après l'installation, vous saurez exactement les relations de Winzip avec le Registre. Cela peut vous permettre de modifier certaines valeurs pour améliorer et personnaliser Winzip.

Pour suivre les modifications, il faut utiliser un logiciel externe à Regedit. Nous allons utiliser, pour cela, RegShot, qui est gratuit et en français.

Vous pouvez utiliser un autre programme de votre choix. Le principe d'utilisation est généralement identique.

1. Avant d'installer Winzip, exécutez RegShot.

2. Sélectionnez le type du fichier de comparaison qui sera généré, *Document HTML* par exemple.

3. Cliquez ensuite sur le bouton **1er passage**, puis sur **Passage** pour prendre un premier cliché de votre Registre. Si vous souhaitez enregistrer les informations récoltées, cliquez sur la commande **passage + Sauver**. Le jour où vous voudrez les réutiliser, il vous suffira de cliquer sur le bouton **1er passage**, puis sur **Load**.

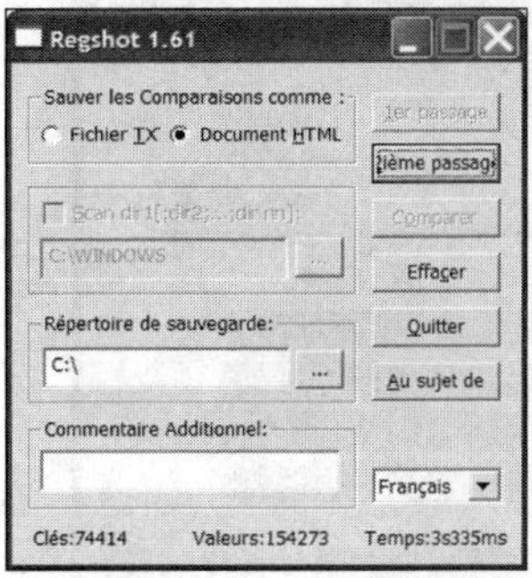

◄ Fig. 9.9 : *74 414 clés et 154 273 valeurs ont été analysées pendant le premier passage*

4. Réduisez RegShot, puis installez Winzip.

5. Une fois l'installation terminée, restaurez la fenêtre de RegShot.

6. Cliquez sur le bouton **2ième passage** pour prendre le second cliché de votre Registre, après modifications par Winzip. Si vous souhaitez enregistrer les informations récoltées, cliquez sur la commande **passage + Sauver**. Le jour où vous voudrez les réutiliser, il vous suffira de cliquer sur le bouton **2ième passage**, puis sur **Load**.

◄ Fig. 9.10 : *74 472 clés et 154 260 valeurs ont été analysées pendant le second passage*

7. Lorsque l'analyse est effectuée, cliquez sur le bouton **Comparer**.

Après quelques secondes de traitement, le rapport au format HTML s'affiche à l'écran.

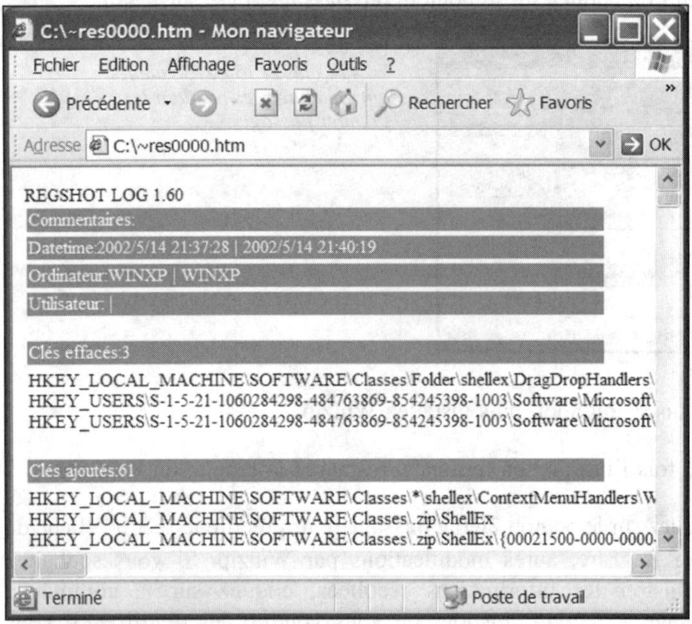

▲ Fig. 9.11 : *Le rapport de comparaison entre le premier et le second cliché*

8. Faites défilez la page jusqu'en bas, le nombre de modifications entre les clichés est affiché : 411 modifications dans ce cas-là !

Le rapport est divisé en plusieurs parties : clés effacées, clés ajoutées, valeurs effacées, valeurs ajoutées et valeurs modifiées.

Applications

Une nouvelle option dans le menu contextuel

Si vous jetez un coup d'œil aux clés ajoutées, vous vous rendez compte que Winzip a ajouté des commandes dans les menus contextuels des fichiers et des dossiers. On remarque que Winzip a ajouté les clés `Winzip\shell\print` et `Winzip\shell\print\command` dans la clé `HKEY_LOCAL_MACHINE\SOFTWARE\Classes`.

Un clic droit sur un fichier ZIP dans l'Explorateur vous confirme l'analyse : une nouvelle option *Imprimer* est disponible dans le menu contextuel.

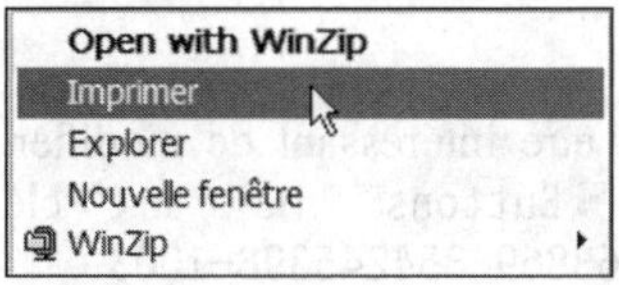

◄ Fig. 9.12 : *La fonction Imprimer ajoutée par Winzip*

Pour la retirer du menu contextuel, il vous suffit d'aller supprimer manuellement la sous-clé `print` dans la clé `HKEY_LOCAL_MACHINE\SOFTWARE\Classes\Winzip\shell`.

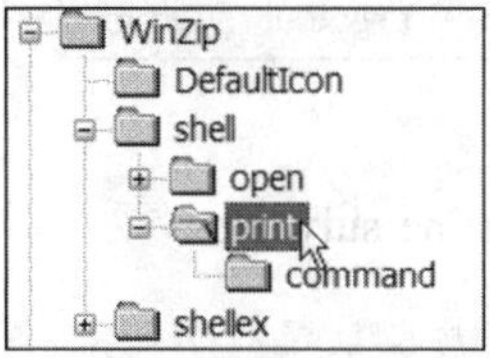

◄ Fig. 9.13 : *La sous-clé print est à supprimer dans le Registre pour enlever cette fonction Imprimer*

Ajout de Winzip dans le module Ajout/Suppression de programmes

Pendant l'installation de Winzip, le programme ajoute une option dans le module **Ajout/Suppression de programmes** du Panneau de configuration. Cela se voit dans la rubrique des valeurs ajoutées du rapport. On trouve, en effet, plusieurs références à la clé :

```
HKEY_LOCAL_MACHINE\SOFTWARE\Microsoft\Windows\CurrentVersion\Uninstall
```

Configuration de Winzip

Enfin, toutes les informations sur la configuration de Winzip sont consignées dans la clé suivante :

```
HKEY_USERS\S-1-5-21-1060284298-484763869-854245398-1003\Software\Nico
✂ Mak Computing\WinZip
```

Une centaine de valeurs créées y font ainsi référence dans le rapport de comparaison.

À vous de chercher les valeurs qu'il peut être intéressant de modifier. Citons, par exemple, la valeur `Buttons` de la clé `HKEY_USERS\S-1-5-21-1060284298-484763869-854245398-1003\Software\Nico Mak Computing\WinZip\ToolBar`, qui fait, sans aucun doute, référence aux boutons de la barre d'outils de Winzip.

▲ Fig. 9.14 : *Les boutons de la barre d'outils de Winzip*

On constate que cette valeur a pour donnée la chaîne suivante :

```
new,open,favor,add,extra,view,check,wiz.
```

Ainsi, pour supprimer le bouton **Wizard** de la barre d'outils de Winzip, il suffit de retirer les caractères `,wiz` de la zone de texte *Données de la valeur* de `Buttons`. Pour le bouton **View**, vous auriez retiré les caractères `,view`.

▲ Fig. 9.15 : *En supprimant ,wiz de la valeur buttons, le bouton Wizard disparaît*

Vous pouvez également inverser l'ordre des boutons en déplaçant les différents éléments.

Vous l'aurez compris : de cette façon, vous aurez un réel contrôle sur les applications que vous installez.

Cette démarche que nous avons faite pour Winzip est la même pour les autres logiciels ou manipulations que vous souhaitez surveiller.

9.3 Détecter et corriger les erreurs dans le Registre

Détecter les erreurs

Si le Registre est endommagé, l'accès à votre matériel et à vos logiciels peut être fortement compromis. Même pour un problème mineur, une application peut mal ou même pas du tout fonctionner.

Pourquoi le Registre se détériore ? Les principales causes de la détérioration du Registre sont :

- L'ajout d'applications et de pilotes.
- Les modifications de matériel.
- L'installation et la désinstallation fréquente de programmes.
- Vos modifications dans le Registre.

Quand un programme supprime une clé dans le Registre, elle est marquée comme supprimée. Lorsque vous éditez le Registre, vous ne la voyez plus. Mais elle est toujours présente ! À la longue, avec le mélange des anciennes et des nouvelles clés, cela risque d'entraîner une corruption du Registre.

Ces erreurs peuvent se traduire par des messages d'erreur, des applications qui plantent, etc.

De même, vous avez certainement constaté au cours de l'édition du Registre que de nombreux logiciels que vous avez supprimés laissent traîner des clés dans le Registre, alors qu'ils n'existent plus sur votre ordinateur !

Corriger les erreurs

Pour corriger toutes les erreurs précédemment énoncées, vous pouvez utiliser l'application RegCleaner.

Si vous souhaitez avoir plus d'informations sur RegCleaner, rendez-vous à la page regcleaner .

1. Exécutez RegCleaner, puis cliquez sur l'onglet **Logiciels**. La liste des logiciels inscrits dans le Registre s'affiche.

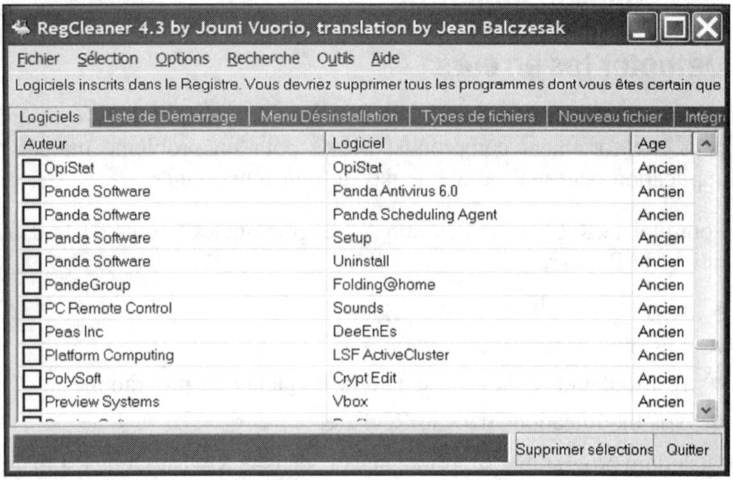

▲ Fig. 9.16 : *Les logiciels qui ont des références dans le Registre*

2. Vous pouvez alors sélectionner ceux dont vous êtes certain qu'ils ne sont plus installés sur votre ordinateur. La colonne *Auteur* vous renseigne sur l'éditeur du logiciel, tandis que la colonne *Logiciel* vous donne son nom.

3. Une fois que vous avez coché les cases devant les logiciels qui ne sont plus installés sur votre ordinateur, cliquez sur le bouton **Supprimer les sélections**.

Les clés obsolètes sont alors supprimées du Registre de Windows.

N'ayez crainte, les clés que vous supprimez sont enregistrées pour que vous puissiez les restaurer au cas où vous auriez effacé une clé par erreur. Pour accéder à ces clés supprimées, cliquez sur l'onglet **Sauvegardes**.

▲ Fig. 9.17 : *L'onglet Sauvegardes affiche les clés supprimées*

Recommencez alors, de la même façon, pour les rubriques *Liste de démarrage*, *Menu Désinstallation*, *Type de fichiers*, *Nouveau fichier* et *Intégration Shell*.

9.4 Quinze outils pour le Registre

Il existe de nombreux logiciels permettant de compléter l'Éditeur du Registre de Windows en lui apportant des fonctionnalités qui lui font défaut, comme l'impossibilité d'annuler une modification.

D'autres logiciels permettent de nettoyer le Registre des clés obsolètes, qui, à la longue, peuvent entraîner une corruption de ce dernier.

Enfin, la dernière catégorie de logiciels présentés ici regroupe les applications offrant une interface graphique intuitive pour régler quelques paramètres d'optimisation et de personnalisation dans le Registre. Cela vous permettra de faire des modifications dans le Registre sans avoir à l'éditer si cela vous rebute toujours.

Pour chaque logiciel, nous avons indiqué l'auteur, l'adresse de son site web, la version, la langue et le prix.

Vous ne devriez ne pas avoir de mal à utiliser les logiciels sélectionnés, même si la plupart sont en anglais, notamment grâce aux notions que vous avez acquises dans ce livre.

Tous ces logiciels sont téléchargeables sur Internet sur le site de leurs auteurs et sur le site de Micro Application, que vous pouvez consulter à l'adresse suivante : www.microapp.com.

Améliorer Regedit

Registry Explorer

Registry Explorer est une version améliorée de Regedit. Il offre toutes les fonctions standards et des outils additionnels, comme la possibilité d'annuler des modifications grâce à son historique. L'interface est très claire. Registry Explorer met en avant les informations concernant le démarrage de Windows et les logiciels installés pour y accéder rapidement.

Toutes les modifications sont enregistrées, et si vous souhaitez revenir en arrière, un simple clic de souris suffit.

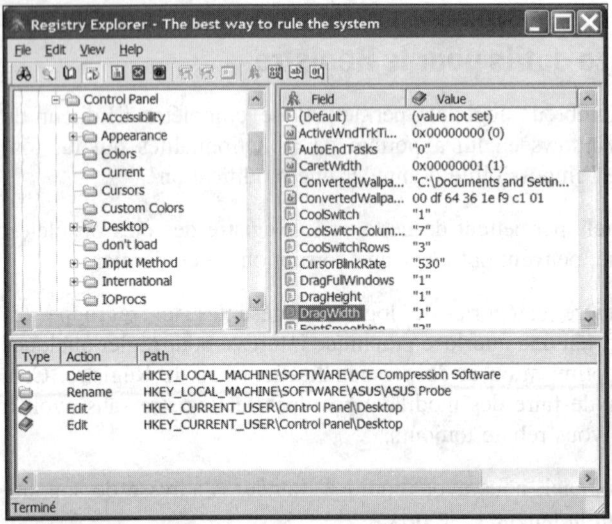

▲ Fig. 9.18 : *Aperçu de Registry Explorer*

Enfin, Registry Explorer possède une fonction de recherche plus avancée que celle de Regedit.

Notez que vous ne pourrez pas créer de valeurs de chaînes multiples ou extensibles avec Registry Explorer.

Tab. 9.1 : Fiche technique de Registry Explorer

Auteur	Vilma Software
Adresse	www.regexp.hit.bg
Version	1.2.5
Langue	Anglais
Prix	Gratuit

RegShot

RegShot est un petit utilitaire (moins de 20 ko), qui vous permet de prendre un cliché de votre Registre à un instant donné. Vous pouvez ensuite comparer ce cliché avec un autre réalisé après avoir fait des modifications dans le système ou installé un nouveau logiciel. Les résultats de la comparaison entre les deux clichés sont enregistrés dans un rapport au format TXT ou HTML.

Fig. 9.19 : *Aperçu de RegShot*

Cela est très pratique pour savoir réellement ce que produit, au niveau du Registre, une modification effectuée dans Windows. Vous pourrez ainsi découvrir vous-même des clés du Registre qui contrôlent telle ou telle partie d'un programme. Libre à vous alors de le personnaliser.

Tab. 9.2 : Fiche technique de RegShot

Auteur	TiANWEi
Adresse	www.regshot.ist.md
Version	1.61
Langue	Français
Prix	Gratuit

RegEditX

RegEditX est un utilitaire pour Regedit, dont vous ne pourrez plus vous passer. En effet, RegEditX lui ajoute une barre d'outils plus que pratique.

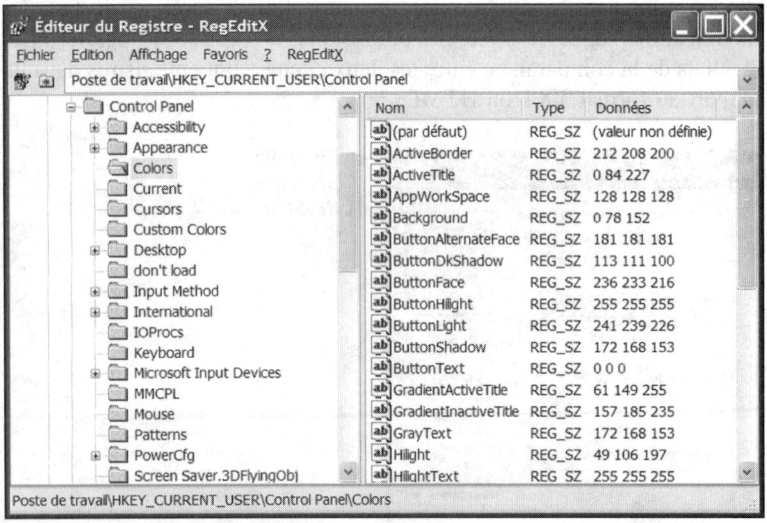

▲ Fig. 9.20 : *Aperçu de RegEditX*

Vous trouverez ainsi un bouton permettant d'ouvrir instantanément la boîte de dialogue **Rechercher**, ainsi qu'un bouton permettant d'ajouter immédiatement une clé aux favoris. Mais la véritable attraction de RegEditX est son historique se présentant sous la forme d'une liste déroulante, qui vous donne ainsi un accès instantané aux clés que vous avez déjà visitées. Ce ne sont pas les clés que vous avez visitées lors de cette session, mais toutes celles que vous avez visitées depuis que vous avez installé le programme qui sont ainsi accessibles.

RegEditX va rapidement vous devenir indispensable.

Tab. 9.3 : Fiche technique de RegEditX

Auteur	DC Software Design.
Adresse	www.dcsoft.com
Version	1.31
Langue	Anglais
Prix	Gratuit

RegWeb

RegWeb permet de gérer le Registre de Windows en utilisant un simple navigateur web. C'est un outil extrêmement puissant pour les administrateurs. RegWeb nécessite IIS (Internet Information Server) pour fonctionner, ce qui signifie que vous ne pourrez le faire fonctionner que sous Windows XP Professionnel, la version familiale ne disposant pas de cette fonctionnalité.

Une fois RegWeb installé, vous pouvez accéder aux clés et aux valeurs au Registre de la machine à distance à l'aide d'Internet Explorer, par exemple, et les modifier, en ajouter ou en supprimer.

Tab. 9.4 : Fiche technique de RegWeb

Auteur	ProStream
Adresse	www.prostream.com/regweb.htm
Version	1.0

Tab. 9.4 : Fiche technique de RegWeb	
Auteur	ProStream
Langue	Anglais
Prix	Gratuit

RegMon

RegMon est un utilitaire permettant de surveiller le Registre. Il vous affiche les applications qui accèdent au Registre, les clés qui sont ouvertes et les données lues et écrites en temps réel. Vous vous rendrez ainsi compte que Windows est constamment en interaction avec le Registre.

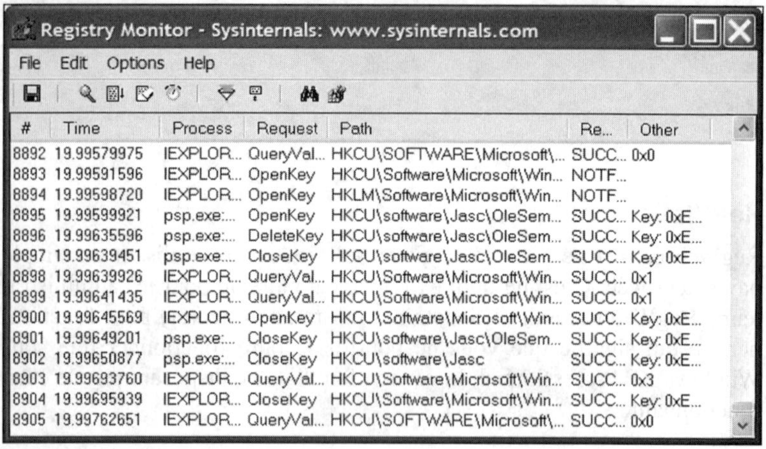

▲ Fig. 9.21 : *Aperçu de RegMon*

RegMon va plus loin que les outils du même genre en vous permettant de voir et de comprendre exactement comment les logiciels utilisent le Registre.

Vous pouvez configurer des filtres pour n'examiner qu'une seule partie du Registre. Vous pouvez ainsi limiter votre étude à la branche `HKEY_CURRENT_USER`.

Lorsque vous souhaitez modifier une valeur, sélectionnez-la dans la liste, puis double-cliquez dessus. RegMon l'ouvre alors avec Regedit.

Tab. 9.5 : Fiche technique de RegMon

Auteur	Sysinternals
Adresse	www.sysinternals.com
Version	4.34
Langue	Anglais
Prix	Gratuit

Active Registry Monitor

Active Registry Monitor permet d'analyser les changements dans le Registre de Windows en prenant des clichés de lui lorsque vous le souhaitez. Vous pouvez ensuite comparer les clichés et afficher la liste des clés et des valeurs ajoutées, supprimées ou modifiées. Vous pouvez limiter cette comparaison à une partie d'une branche.

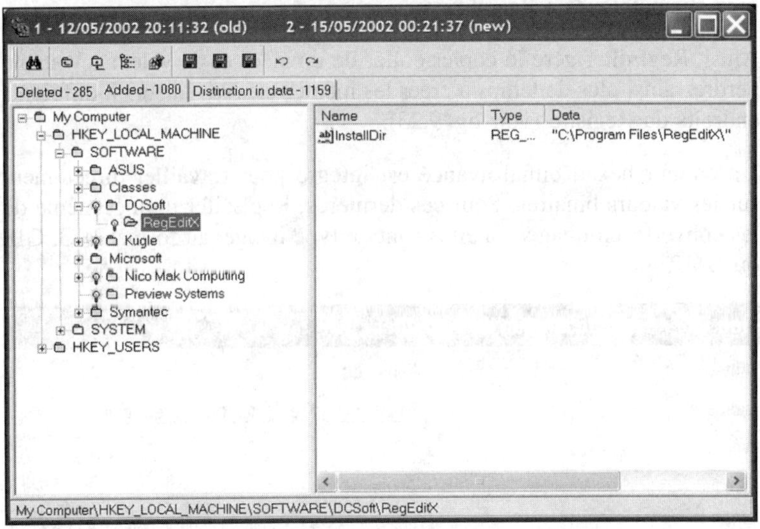

▲ Fig. 9.22 : *Afficher les différences entre deux clichés du Registre*

Il est également possible de créer un fichier REG permettant de revenir en arrière (en passant de l'état du second cliché à l'état du premier), ce qui est certainement la fonctionnalité la plus intéressante du logiciel.

Contrairement à RegMon, qui surveille le Registre en temps réel, Active Registry Monitor ne le fait qu'à votre demande, ce qui à au moins l'avantage d'économiser vos ressources systèmes.

Tab. 9.6 : Fiche technique d'Active Registry Monitor

Auteur	SmartLine
Adresse	http://ntutility.com/arm
Version	1.28
Langue	Anglais
Prix	44,14 € - Version d'évaluation limitée à 30 jours

RegEditer

RegEditer est un Éditeur du Registre qui apporte quelques fonctionnalités bien sympathiques à Regedit.

Ainsi, RegEditer gère le copier-coller de données et de valeurs. Vous ne perdrez ainsi plus de temps à créer les mêmes clés ou valeurs à différents endroits du Registre (voir fig. 9.23).

Un éditeur hexadécimal avancé est intégré pour travailler directement sur les valeurs binaires. Pour ces dernières, RegEditer permet même de les convertir en images, si elles sont de type image, au format JPG, GIF ou BMP.

Tab. 9.7 : Fiche technique de RegEditer

Auteur	KugleSoft
Adresse	http://kugle.home.chinaren.com
Version	1.3
Langue	Anglais
Prix	Environ 33 € - Version d'évaluation disponible.

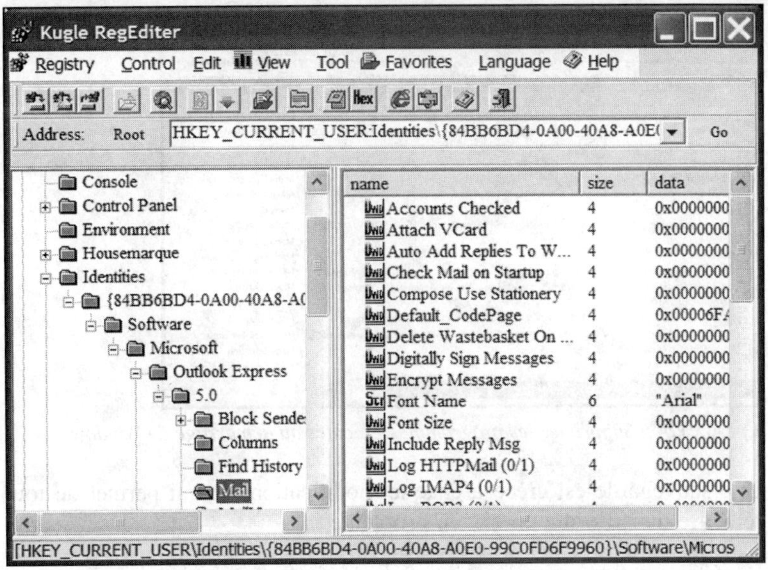

▲ Fig. 9.23 : *Aperçu de RegEditer*

Nettoyer le Registre

RegCleaner

RegCleaner est un utilitaire dont le but est de nettoyer votre Registre.

Rappelons que, au fur et à mesure de l'installation et de la désinstallation de logiciels, le Registre se charge de données complètement inutiles et de liens rompus.

RegCleaner est très agréable et facile à utiliser. Il permet, en outre, d'enregistrer automatiquement les modifications effectuées.

Ainsi, vous pourrez supprimer manuellement ou automatiquement (recommandée) les types de fichiers non utilisés, les entrées dans le registre d'anciens logiciels ; désinstaller et supprimer les entrées des programmes du module **Ajout/Suppression** du Panneau de configuration ; supprimer les DLL inutilisées, etc.

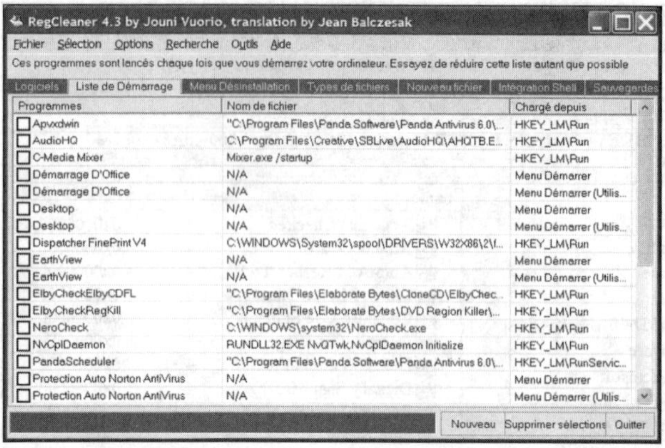

▲ Fig. 9.24 : *Supprimez les programmes exécutés au démarrage de Windows.*

Une sauvegarde est créée à chaque modification, ce qui permet de tout remettre dans l'ordre en cas de problème.

RegCleaner représente la solution la plus efficace et la plus sûre pour nettoyer votre base de Registre, centre nerveux de Windows.

Tab. 9.8 : Fiche technique de RegCleaner	
Auteur	Jouni Vuorio
Adresse	www.jv16.org
Version	4.2
Langue	Français
Prix	Gratuit

REMARQUE

Traduire le logiciel en français

Pour traduire RegCleaner en français, cliquez sur le menu **Options**, sur **Language**, puis sur **Select Language**. Sélectionnez le fichier *French.rlg*, puis cliquez sur le bouton **Ouvrir**. Le logiciel est désormais en français.

Reg Organizer

Reg Organizer regroupe quatre outils dédiés au Registre de Windows. Il comporte un éditeur de Registre tout ce qu'il y a de plus standard. On notera la possibilité d'ajouter des commentaires à n'importe quelles clés et valeurs.

Il comporte également un éditeur de fichier au format INI. Ce dernier présente les données contenues dans ces fichiers de configuration sous la forme de clés, de sous-clés et de valeurs, comme s'il s'agissait de morceaux du Registre.

L'outil de nettoyage du Registre est particulièrement performant. Il vous permet de supprimer les extensions invalides et les références à des fichiers et à des logiciels inexistants. Toutes les suppressions auxquelles vous procédez sont enregistrées pour que vous puissiez les restaurer en cas de fausse manipulation.

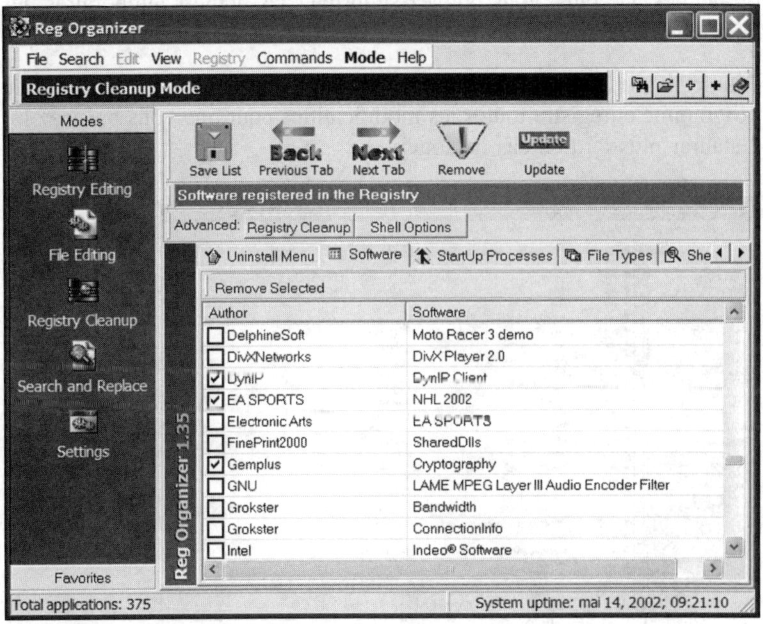

▲ Fig. 9.25 : *Supprimer les références du Registre à des logiciels que vous avez déjà désinstallés*

Enfin, un l'outil de recherche et de remplacement vient compléter le tout.

Tab. 9.9 : Fiche technique de Reg Organizer	
Auteur	Chemtable Software
Adresse	www.chemtable.com/downloads.com
Version	1.35
Langue	Anglais
Prix	Gratuit

JV16 PowerTools

JV16 PowerTools est un ensemble d'utilitaires qui va vous permettre de faire le ménage dans Windows. Il vous offre en effet la possibilité de nettoyer le Registre en supprimant les clés et valeurs obsolètes ou orphelines. De plus, vous pouvez supprimer les fichiers temporaires, les doublons et les raccourcis invalides dans l'Explorateur.

Pas de risque de supprimer n'importe quoi, le module **Sauvegardes** du programme enregistre toutes les modifications pour que vous puissiez les restaurer plus tard en cas de souci.

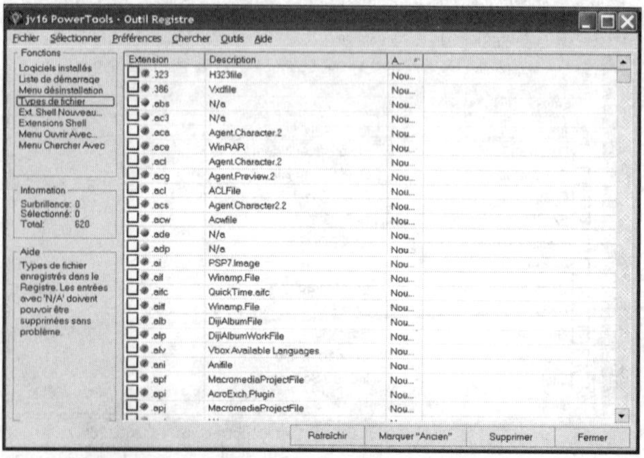

▲ Fig. 9.26 : *Supprimez les types de fichiers inutilisés de l'Explorateur*

Tab. 9.10 : Fiche technique de JV16 PowerTools	
Auteur	Jouni Vuorio
Adresse	www.jv16.org
Version	1.0
Langue	Français
Prix	Gratuit

REMARQUE

Traduire le JV16 PowerTools en français

Pour traduire le logiciel en français, cliquez sur le bouton **Preferences**, puis sur la section **Language**. Sélectionnez **French – Français** dans la liste déroulante, puis validez par OK.

Registry Compressor Pro

Registry Compressor Pro vous permet d'accélérer votre système en compressant et en défragmentant le Registre de Windows. Ce dernier a plutôt tendance à grossir avec le temps. Ainsi, il n'est pas rare d'avoir un Registre pesant plus de 70 Mo. Registry Compressor Pro permet de réduire sa taille en le compressant. Le Registre est alors plus petit et prend moins de place en mémoire.

Vous pouvez sauvegarder le Registre avant d'effectuer l'optimisation (voir fig. 9.27).

Vous n'avez pas besoin d'effectuer la compression toutes les semaines, faites-le une fois par mois pour garder un niveau de performance honorable.

Tab. 9.11 : Fiche technique de Registry Compressor Pro	
Auteur	KMCS Automated Software
Adresse	www.kmcsonline.com
Version	4.5

Tab. 9.11 : Fiche technique de Registry Compressor Pro	
Auteur	KMCS Automated Software
Langue	Anglais
Prix	Environ 25 € - Version d'évaluation limitée à 10 utilisations

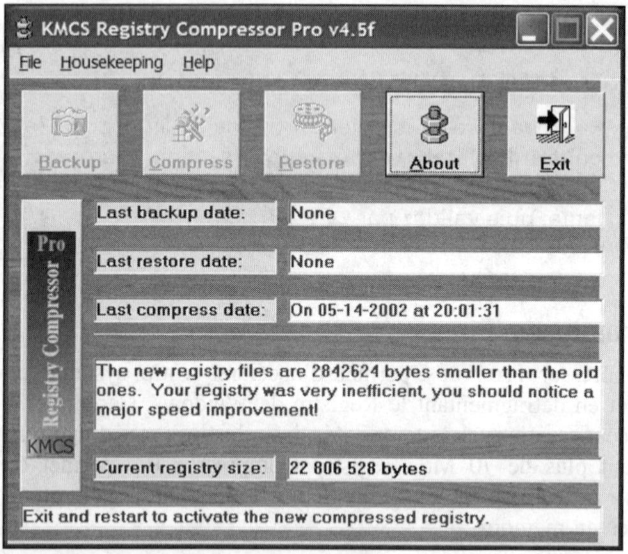

▲ Fig. 9.27 : *Nous avons réduit la taille de notre Registre de plus de 10 %*

Optimiser et améliorer Windows par une interface graphique intuitive

Customizer XP

Customizer XP est un utilitaire permettant d'optimiser votre système sous Windows 2000 ou XP en activant ou en désactivant certaines fonctions (plus de 80) dans le Registre.

À cela, Customizer XP ajoute la possibilité d'optimiser votre mémoire vive pour que vous disposiez de plus de ressources.

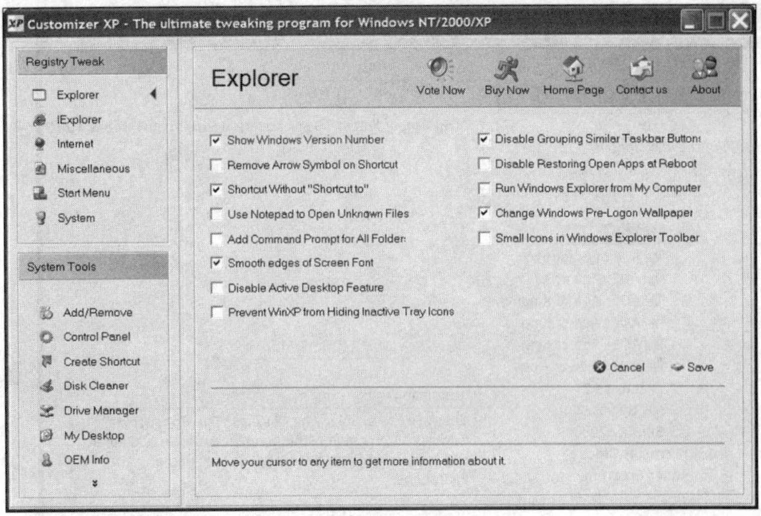

▲ Fig. 9.28 : *Accédez à de nombreuses modifications pour l'Explorateur*

Destiné aux utilisateurs confirmés, Customizer XP vous permettra de configurer minutieusement de nombreux paramètres cachés ou non de Windows 2000 ou XP.

Tab. 9.12 : Fiche technique de Customizer XP

Auteur	TweakNow
Adresse	www.tweaknow.com
Version	1.8
Langue	Anglais
Prix	28 € - Version d'évaluation limitée à 30 exécutions

X-Setup

X-Setup est certainement l'outil de configuration ultime pour votre système. En effet, ce ne sont pas moins de 750 fonctions cachées dans le Registre, qui peuvent être ainsi contrôlées d'un simple clic : Internet, matériel, système, personnalisation, Office, réseau, sécurité…, tous les domaines sont présents.

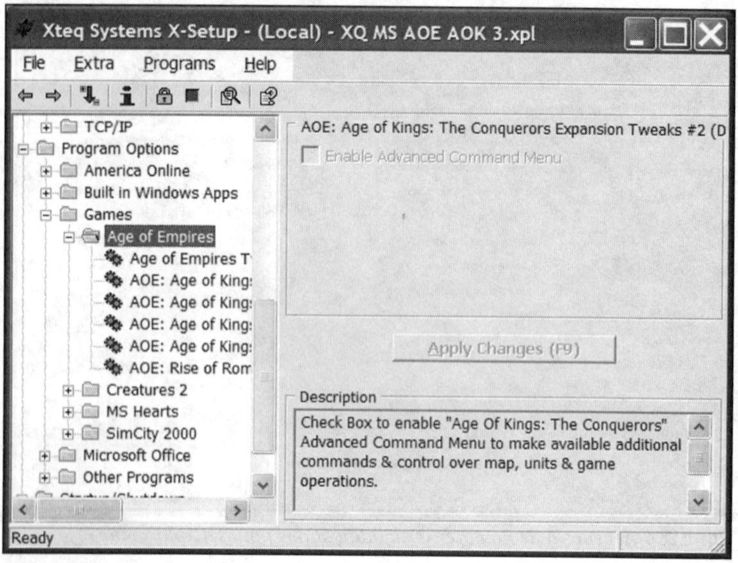

▲ Fig. 9.29 : *Vous pouvez même configurer les jeux installés sur votre ordinateur*

Il est possible d'enregistrer les modifications effectuées dans un fichier *.REG*, qu'il suffira de transmettre à un ami pour qu'il applique les modifications sans installer X-Setup.

Tab. 9.13 : Fiche technique de X-Setup	
Auteur	Xteq Systems
Adresse	www.xteq.com
Version	6.1
Langue	Français
Prix	Gratuit

Tweak UI

Tweak UI est l'utilitaire officiel de Microsoft pour personnaliser et configurer votre environnement de travail sous Windows XP. Avec lui, vous n'avez pas besoin d'éditer le Registre. Vous pouvez ainsi, par exemple, modifier le chemin du Bureau, cacher un module du Panneau de configuration… en deux clics de souris. Une cinquantaine de réglages sont ainsi accessibles très facilement.

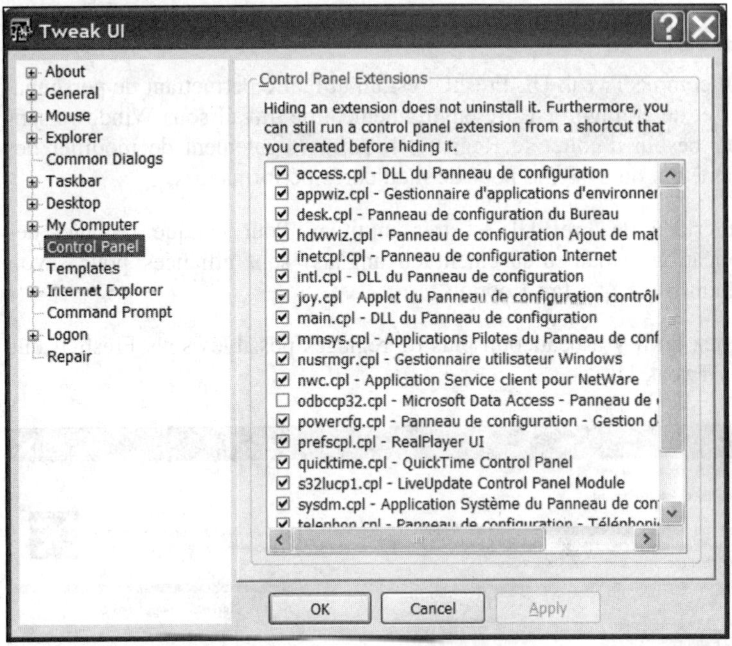

▲ Fig. 9.30 : *Sélectionnez les éléments à afficher dans le Panneau de configuration*

Gratuit et léger, le seul défaut de Tweak UI est qu'il est en anglais.

Tab. 9.14 : Fiche technique de Tweak UI

Auteur	Microsoft
Adresse	www.microsoft.com/windowsxp/pro/downloads/powertoys.asp

Tab. 9.14 : Fiche technique de Tweak UI	
Auteur	Microsoft
Version	2.0
Langue	Anglais
Prix	Gratuit

FreshUI

Tout comme Tweak UI, FreshUI est un utilitaire permettant de personnaliser et de configurer votre environnement de travail sous Windows sans avoir besoin d'éditer le Registre. Il permet également de modifier des paramètres du système pour de meilleures performances.

L'interface de FreshUI est très intuitive. Pour chaque réglage, des explications (malheureusement en anglais) sont affichées pour savoir réellement ce que fait l'option.

Sachez qu'il y a beaucoup plus de réglages possibles sous FreshUI que sous Tweak UI

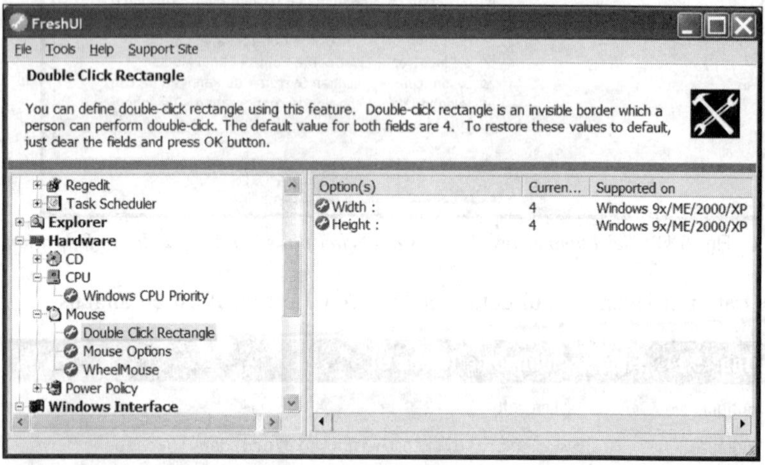

▲ Fig. 9.31 : *Chaque réglage est expliqué*

Entièrement gratuit (il suffit de s'enregistrer sur le site de l'éditeur, qui vous enverra dans la seconde un numéro de série par mail), FreshUI est tout simplement excellent. À installer sans plus tarder...

Tab. 9.15 : Fiche technique de FreshUI

Auteur	FreshDevices Corp.
Adresse	www.freshdevices.com/
Version	1.5
Langue	Anglais
Prix	Gratuit

Chapitre > 10

Index

A

B

C

D

E

F

G-H

I

J-L

M

N

O

P

R

S

T

V

W-X